E. PROSSER RHYS

1901–1945

E. PROSSER RHYS

1901-1945

RHISIART HINCKS

GWASG GOMER
1980

Argraffiad Cyntaf - Rhagfyr 1980

ISBN 085088 903 0

Dymuna'r cyhoeddwyr gydnabod cymorth a chyfarwyddyd Adrannau'r Cyngor Llyfrau Cymraeg a noddir gan Gyngor Celfyddydau Cymru.

ARGRAFFWYD GAN

J. D. LEWIS A'I FEIBION CYF., GWASG GOMER, LLANDYSUL, DYFED

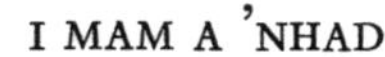

I MAM A 'NHAD

CYNNWYS

	Tud.
Lluniau	8
Dyddiadau	9
Rhagair	10
Rhagymadrodd	13
Pennod 1 : 1901-1916	
(i) Cartref a Bro	21
(ii) Yr Ysgol	29
(iii) Nant-y-moel a Mynydd Bach	35
Pennod 2 : *Tyfu'n Llenor* 1916-1922	
(i) Cyfeillion Llengar	42
(ii) Seiadau Llenyddol	48
(iii) Eisteddfota a Llenydda	53
(iv) Newyddiaduraeth Gynnar	63
Pennod 3 : *Gwaed Ifanc ac ' Atgof'*	
(i) Gwaed Ifanc	76
(ii) Atgof	
(a) Cefndir	85
(b) Beirniadaeth a Dadlau	92
Pennod 4 : 1922-1936	
(i) Yn Terrace Road	111
(ii) Gwleidydda	
(a) Cymdeithas Cymru Well	121
(b) Brwydro dros Gymru : 1924-1936	126
(iii) Beirniadu	135
(iv) Gwasg Aberystwyth	143
Pennod 5 : 1936-1945	
(i) Barddoniaeth y Cyfnod Diweddar	154
(ii) Prynu'r *Faner*	159
(iii) Blynyddoedd y Rhyfel	165
(iv) Y Clwb Llyfrau Cymreig	176
(v) Y Blynyddoedd Olaf	182
Llyfryddiaeth Ddethol	187
Mynegai	191

LLUNIAU

1. Portread.
2. Pentremynydd, Trefenter, 1977.
3. Elizabeth Rees, Dinas Terrace, Aberystwyth.
4. Disgyblion Cofadail, 1913.
5. Ysgol Cofadail, 1977.
6. Portread.
7. Prosser a Chadair Eisteddfod Had y Cymry, 1920.
8. Prosser a Charadog Prichard.
9. Portread.
10. Eisteddfod Genedlaethol Pont-y-pŵl, 1924.
11. Portread.
12. Ysgol Haf y Blaid Genedlaethol, Llangollen, 1927.
13. Eisteddfod Genedlaethol Dinbych, 1939.
14. Prosser wrth stondin Gwasg Aberystwyth yn yr Eisteddfod Genedlaethol.
15. Portread.
16. 33, Rhodfa'r Gogledd, Aberystwyth.
17. Bedd Prosser ym mynwent Aberystwyth.

DYDDIADAU

Geni, Pentremynydd, Trefenter	4 : 3 : 1901
Disgybl yn Ysgol Cofadail	191?-1914
Disgybl yn Ysgol Sir Aberystwyth	Hydref 1914- Gwanwyn 1915
Cystadleuaeth eisteddfodol gyntaf, Lledrod	Chwefror 1916
Ennill ei Gadair gyntaf, Nant-y-moel	26 : 12 : 1917
Symud o Bentremynydd i Forfa-du	Mawrth 1918
Mynd i Aberystwyth yn ohebydd i'r *Welsh Gazette*	1919 am rai wythnosau
Sgrifennu ' Chwaon o Geredigion ' i'r *Darian*	1919
Dechrau gwaith ar *Yr Herald Cymraeg*, Caernarfon	Ionawr 1920
Ennill Cadair Eisteddfod Had y Cymry, Penbedw	1 : 5 : 1920
Ennill Coron Eisteddfod Ieuenctid Bryn-rhos, y Groeslon	3 : 3 : 1921
Dechrau gwaith ar *Y Faner*	Ionawr 1922
Ennill Cadair Eisteddfod Moriah, Caernarfon	1 : 3 : 1923
Penodi'n Olygydd *Y Faner*	1923
Cyhoeddi *Gwaed Ifanc* gyda J. T. Jones	1923
Ennill Coron Eisteddfod Genedlaethol Pont-y-pŵl	1924
Priodi Mary Prudence Hughes	17 : 1 : 1928
Cychwyn Gwasg Aberystwyth	1928
Symud o Dinas Terrace i North Parade	1936
Sefydlu'r Clwb Llyfrau Cymreig	1937
Symud *Y Faner* i Ddinbych	Ionawr 1939
Marw, Aberystwyth	6 : 2 : 1945

RHAGAIR

Fersiwn byrrach ar draethawd a sgrifennwyd i gystadleuaeth yn Eisteddfod Genedlaethol Caerdydd 1978 yw'r gwaith hwn, a hoffwn fynegi fy niolchgarwch i Mr. Gwilym R. Jones a Dr. Derec Llwyd Morgan, beirniaid y gystadleuaeth, am eu hanogaeth i'w gyhoeddi. Gwaetha'r modd, nid oes gofod i fynegi'n llawn fy niolchgarwch i bawb sydd wedi fy nghynorthwyo drwy sgwrsio â mi am Brosser a thrwy anfon ataf wybodaeth amdano.

Yn gyntaf, hoffwn ddiolch i Mrs. Prosser Rhys a Mrs. Eiddwen Jones, ei merch, am eu parodrwydd i roi benthyg eu casgliad o lawysgrifau, toriadau o newyddiaduron, a lluniau o Brosser. Yr wyf hefyd yn ddiolchgar i Miss Mary Rees, chwaer Prosser, am ddwy sgwrs.

Yn Aberystwyth, cefais gymorth o wahanol fathau gan y rhai canlynol: Mr. Ifor Davies; Mr. P. J. Donovan; Mr. Alun Griffiths; Dr. R. Geraint Gruffydd; Dr. David Jenkins; Mr. B. Jones; yr Athro R. M. Jones; Mr. D. Myrddin Lloyd; Mr. Deulwyn Morgan; Mr. T. I. Phillips; Dr. John Rowlands; a Mr. R. Bryn Williams.

Yr wyf yn llawn mor ddyledus i'r rhai canlynol: y diweddar J. M. Edwards; Mr. a Mrs. John Eilian; Mr. a Mrs. B. T. Hopkins; yr Athro Bedwyr Lewis Jones; Mr. John Tysul Jones; Dr. John Gwilym Jones; Mr. J. H. Lewis; y diweddar Caradog Prichard a'i briod; Dr. Kate Roberts; Mr. Dafydd Williams; a'r ddiweddar Mrs. G. J. Williams.

Yr wyf hefyd yn dymuno diolch i bobl ardal Mynydd Bach Llyn Eiddwen am eu caredigrwydd, i'm brawd am dynnu'r tri phortread o Brosser ac i Lal, fy ngwraig, am fy symbylu i ymgymryd ag ysgrifennu'r traethawd gwreiddiol. Yn olaf, hoffwn ddiolch i ddarllenydd y Cyngor Llyfrau Cymraeg am ei waith manwl ac am fy nghyfeirio at ffynonellau a esgeuluswyd gennyf ac i Wasg Gomer am eu parodrwydd i gyhoeddi'r gwaith.

Cedwir yr orgraff wreiddiol bob amser yn y dyfyniadau yn y gwaith hwn ond rhoir diwygiadau weithiau rhwng bachau petryal. Cyfeirir at strydoedd a phobl wrth yr enwau a ddefnyddid yn y cyfnod dan sylw ond rhoir enwau Cymraeg strydoedd rhwng cromfachau wrth eu cyflwyno yn y testun am y waith gyntaf. Defnyddir y byrfodd 'LC' am 'Led-led Cymru', colofn wythnosol Prosser yn *Y Faner*.

RHAGYMADRODD

Dechreuodd Prosser Rhys ar ei yrfa lenyddol ac ar ei yrfa newyddiadurol tua chanol y rhyfel byd cyntaf pan oedd yn adfer o'i bwl cyntaf o salwch difrifol. Fel canlyniad i'w afiechyd, fe'i hynyswyd am fisoedd lawer gartref ar aelwyd Pentre', yn Nhrefenter, ac yna ar aelwyd Morfa-du, yng nghanol y fawnog sydd wrth odre Mynydd Bach Llyn Eiddwen. Yno, mewn rhan anghysbell o Geredigion, gallai sylwi ar fywyd y wlad ac ar fyd natur, a daeth i adnabod planhigion, adar ac anifeiliaid Mynydd Bach yn ogystal â chymeriadau gwledig a thrigolion hynaws Trefenter a Llangwyryfon. Deffrowyd ei ddiddordeb mewn llenyddiaeth yn ei flwyddyn olaf yn yr ysgol gan ei athro M. D. Morgan, a thrwy gyfrwng yr eisteddfodau lleol a chymorth Isgarn, daeth i ymdeimlo ag ysbryd y dadeni llenyddol yng Nghymru gan ymserchu yng ngwaith llenorion ei wlad—yr union lenorion nad oedd wedi dysgu odid ddim amdanynt yn yr ysgol. Cododd awydd arno i fynegi'r hyn a welai ac a glywai o'i gwmpas ac i fynegi'i syniadau, ei feddyliau a'i deimladau'i hun. Dechreuodd lenydda. Heblaw eu bod yn ollyngfa, profodd ei gerddi a'i ysgrifau iddo nad methiant mohono, a llwyddasant i gadw'i hyder ynddo'i hun. Drwy gyhoeddi darnau yn y papurau ac yn *Cymru'r Plant* gallai'i gysuro'i hun nad oedd ar ben ar ddisgybl addawol Ysgol Cofadail hyd yn oed os oedd y pla gwyn wedi rhoi terfyn ar ei addysg swyddogol. Yr oedd cyfansoddi'n her iddo ac yn ei alluogi i fwrw'r syniad o fethiant o'i gyfansoddiad ; a phan siaradai am lenyddiaeth neu pan adroddai mewn eisteddfod fach, collai'i swildod a'i ofnusrwydd cynhenid a chyfareddai'r sawl a wrandawai arno.

Er ei fod yn swil, yr oedd Prosser yn fod cymdeithasol iawn, a hyd yn oed yn llencyn medrai wrando'n amyneddgar ac yn astud ar gwynion ac ar broblemau'r rhai o'i gwmpas. Gwelir hynny o'r hanes hwn amdano yn dewis y 'partner' mwyaf digrap a adwaenai i hela calennig gydag ef ac yn sylweddoli wedyn nad oedd y llanc mor wirion ag y tybid :

> Wedi ail-ymuno a'r fyddin yr oedd, a chartref am dro, pan welsom ni ef ddiwethaf. Noson serlog (efallai nad yw "serlog" yn iawn, ond dyna air ein henfro am noson frith gan ser) ydoedd, a phwysem ill dau ar lidiart

cae. Gwybuom y noson honno fod mwy yn y llanc nag a welodd ei athrawon erioed. Ymddiriedodd lawer cyfrinach i ni, rhwng ysbeidiau distaw o wrando ar y dwr yn tincial dros gerrig, ger llaw, neu ar gi yn cyfarth yn y pellter. Ac ni anghofiasom fynegi'n hiraeth am yr adegau pan oeddym ill dau'n hela "Calennig" gyda'n gilydd. Heno, y mae ef tan haul crasboeth y Dwyrain, a ninnau yma mewn cell unig yn sgrifennu "Led-led Cymru" i'r "Faner." A phlant nad adwaenom ni sydd yn gweiddi "Calennig" wrth ddrysau amaethdai Llan Gwyryfon eleni. (LC, 3-1-1924)

Wrth dynnu at ei ganol oed, collodd Prosser ei swildod cynnar, ond yr oedd yn dal i feddu ar y ddawn i wrando ar broblemau pobl eraill yn dawel ac yn amyneddgar ac yr oedd yn rhaid iddo o hyd fynegi'i gyfrinachau mewn cerddi ac ymddiddanion personol. Cwrddodd Kate Roberts â Phrosser gyntaf ym Medi 1926 yng nghyntedd trên llawn rhwng Cyffordd Dyfi a Machynlleth a hwythau'n mynd i Ysgol Haf y Blaid Genedlaethol. 'Bachgen ifanc swil a distaw oedd y pryd hynny,' meddai, (*Y Faner*, 14.2.1945) 'a phrin y codai ei olygon i ddweud gair.' Gwelodd Prosser am y tro olaf tua diwedd Awst 1944, ac meddai, 'yn lle'r dyn ifanc swil, yr oedd dyn profiadol canol oed yn bwrw'i gyfrinachau ar hyd y ffordd o Ddinbych i Gorwen.'

Agorwyd pennod newydd ym mywyd Prosser pan drodd ei gamre tua Chaernarfon. Cyfnod o newid a gwrthryfel oedd hwn iddo a chyfnod pan oedd arno angen barddoni i ollwng ei emosiynau a chyffroadau'i brofiadau newydd yn ogystal ag i brofi ac i feithrin ei ddawn. Yr oedd yn byw llenyddiaeth yn y cyfnod hwn; deffrôdd ddiddordeb Morris T. Williams, ei gyfaill gorau, ym myd llên, ac yr oedd ef ei hun yn ysu am greu gwaith llenyddol 'pwysig'. Yn y gerdd 'Duw Mudan', mynegodd y syniad ei fod wedi'i ordeinio'n fardd, ond meddai,

. . . y mae
Mynegi'n ormod im. Yr wyf yn wir
Yn ysig gan f'anallu . . .

Fel un ysig gan ei anallu, yn awyddus i fod yn ffigur o bwys ac yn llenor a oedd yn cyfrif ac yn teimlo'i fod yn brwydro'n erbyn amser, y cofia cyd-awdur *Gwaed Ifanc* am Brosser.

Dichon fod yr ysfa wyllt i greu ac i fyw yn un o effeithiau anuniongyrchol afiechyd Prosser. 'Nid adnabum i neb a ferwai drosodd o frwdfrydedd a chynlluniau fel ef,' meddai Kate Roberts amdano, (*Y Faner*, 14.2.1945) gan ychwanegu nad 'tân siafings' mo'i frwdfrydedd. Ymrôi i dasgau â'i holl egni heb adael i anawsterau anffafriol fod yn drech nag ef. Agwedd arall ar yr un brwdfrydedd oedd ei duedd i ganmol yn anghymedrol yr hyn a apeliai ato.

Yr oedd ochr arall i'r dyn brwd diorffwys, sef y dyn hamddenol a allai sgwrsio'n ddiymdrech er gwaethaf pwysau'i waith. Cyfunir y ddwy elfen, y tanbeidrwydd a'r mwynder hamddenol, ym mhortread J. M. Edwards ohono'n ddyn ifanc yn un o seiadau llenyddol y cyfnod pan oedd Prosser newydd ddechrau ar *Y Faner*:

> Tra'n siarad smociai'n un rhibyn, gan eistedd ag un goes dros y llall a chydio yn ei figwrn de, a orffwysai ar ei ben-glin, â'i law chwith, gan ddal ei sigaret â'r llall,—dyma'i hoff ystum fel rheol. Y *Gold Flake* oedd ei ffefrynnau, a bron bob tro pan ddôi i'r tŷ gosodai focs tun crwn ohonynt ar ganol y ford. Pan oeddem wedi llwyr anghofio am amser caem ein gwahodd at y bwrdd. Gwraig hynod o garedig a diwyd oedd ei fam, ond pan fyddai Prosser yn dweud rhywbeth go wyllt weithiau, meddai "Edward, be' sy arnat ti, grwt?" Eisteddai ei dad yn dawel ar y sgiw yn gwrando a mwynhau'r cyfan.*

Yr oedd yn ei gymeriad gyfuniad o wylltineb a chydbwysedd. Ar y naill law, âi i bob man ar garlam wyllt, ac ar y llaw arall, deliai â phroblemau yn ddiffwdan â'i ymadrodd: 'Popeth yn iawn, 'does dim isie i chi ofidio dim.'

Cytuna pawb fod gan Brosser wyneb a thalcen bardd—wyneb gwelw a gwallt du disglair a thalcen llydan—a phwysleisir drosodd a thro'i fod yn ddyn hardd eithriadol. 'Yr oedd yn hawddgar,' sgrifennodd Gwilym R. Jones adeg ei farwolaeth,

> ei wallt yn loywddu, ei lygaid gleision yn llawn chwerthin—ond pan ddeuai fflach o ddigofaint drostynt—a'i groen wedi ei felynu gan yr haul. (*Y Faner*, 14-2-1945)

Ym 1924, ac yntau bellach wedi creu rhywbeth 'pwysig', dechreuodd Prosser Rhys gyfeirio'i egnïon fwyfwy i gyfeiriadau busnes. Yr oedd eisoes yn Olygydd *Y Faner*, a chyn hir byddai'n un o gyfarwyddwyr Gwasg Gee, yn Drefnydd y Clwb Llyfrau ac yn Rheolwr Gwasg Aberystwyth. Yr oedd ganddo wraig a phlentyn, a llenwid ei ychydig amser hamdden gan sgyrsiau â

*J. M. Edwards, *Y Crefftwyr ac Ysgrifau Eraill* (Abertawe, 1976), 35.

llenorion ac â gwleidyddion Cymru yn ogystal â chan amrywiaeth o ddiddordebau. Darllenai'n helaeth a meddai ar wybodaeth drylwyr o farddoniaeth Gymraeg heblaw bod yn hyddysg ym marddoniaeth ddiweddar Lloegr. Dywed Mrs. Mati Prichard wrthyf mai ef a Chynan oedd dau o'r ychydig iawn o Gymry y gellid eu galw'n gydgenedlaetholwyr, oherwydd er na chafodd gyfle i deithio tramor, darllenai Prosser lawer o lyfrau taith a nofelau estron mewn cyfieithiad, gwyddai drwyddynt am hynt a helynt Ffrainc a'r Amerig a gallai siarad am fywyd yno ac am lenorion fel Victor Hugo a Balzac yn union fel y gallai siarad am waith T. Gwynn Jones neu Thomas Hardy. Yr oedd fel pe bai'n byw mewn caets ac yn dyheu am wneud pethau. Un ddihangfa oedd y sinema y byddai wrth ei fodd yn mynd yno, a dihangfa arall oedd cerddoriaeth. Casglai recordiau a thrwy ddarllen a gwrando'n aml ar gerddoriaeth glasurol crynhodd gryn wybodaeth am fyd cerdd a'r cyfansoddwyr mawr. 'Yr oedd ei ddiddordebau'n rhyfedd ac amrywiol', meddai Kate Roberts,

> recordiau gramaffon (miwsig gan mwyaf), darluniau byw, cathod (ond nid cŵn), busnes, llyfrau fel llyfrau ac nid fel llenyddiaeth, ond llenyddiaeth yn bennaf. Yr oedd rhai pethau na chymerai ddim diddordeb ynddynt o gwbl, megis bwyd, garddio, a chŵn. Cariad greddfol at lenyddiaeth oedd ganddo fel tuag at bobl. (*Y Faner*, 14-2-1945)

Sylwyd uchod fod Prosser wedi ysu am gyfnod i greu gwaith llenyddol o bwys, ac yn enwedig o 1928 ymlaen pan sefydlwyd Gwasg Aberystwyth, yr oedd Prosser y cenedlaetholwr yn ysig i achub y Gymraeg ac i chwyldroi'r byd cyhoeddi Cymraeg. Yr oedd y blynyddoedd hyn yn flynyddoedd anodd i weithio dros yr iaith, a dylid cofio i Brosser fyw drwy gyfnod o anawsterau ac ansicrwydd rhwng dau ryfel byd. Nid oedd cymorthdaliadau na chefnogaeth swyddogol i'r Gymraeg, ond llwyddodd er hynny i gyhoeddi amrywiaeth o lyfrau ar destunau nad oeddent wedi cael sylw cyn hynny yn Gymraeg. Sicrhaodd werthiant o dros dair mil o gopïau i lyfrau'r Clwb Llyfrau, marchnad y byddai cyhoeddwyr ac awduron yn falch iawn ohoni heddiw. Rhan o'i waith fel cyhoeddwr a golygydd oedd annog llenorion, ac er nad hawdd mesur ei gyfraniad yn y cyfeiriad hwn, y mae'n sicr o fod yn un o'i gyfraniadau pwysicaf i fywyd Cymru. Ef, er enghraifft, a anogodd lenorion fel R. Bryn Williams a Jane Ann Jones i gyhoeddi'u gwaith.

Gan fod ei fusnes yn llwyddiant, tybiai rhai i Brosser wneud arian mawr iddo'i hun ac fe'i cyhuddwyd gan rai o fod yn ddyn ariangar. Eto i gyd, yr oedd mewn gwirionedd yn ddyn hael, ac er ei fod yn awyddus i ddiogelu bywoliaeth ei deulu byddai'n mentro symiau mawr wrth gyhoeddi llyfrau ac yn ymddiried symiau mawr o arian i'w gyfaill Morris T. Williams heb ofyn am yr un dderbynneb na chytundeb ffurfiol. Ar ôl blynyddoedd cymharol ddigyffro o 1924 hyd 1939, daeth yr ail ryfel byd ac ailgyneuwyd awen Prosser. Fel blynyddoedd cyntaf ei fywyd fel llenor, yr oedd blynyddoedd olaf ei fywyd yn flynyddoedd o ryfel a chyni, ac yr oeddent hefyd yn flynyddoedd o waeledd. Fel y llencyn sâl ym 1916 brwydrai'n erbyn ei afiechyd a chynlluniai am y dyfodol. Fel llanc synhwyrus 1924 daliai i fynegi'i brofiad personol o fywyd yn ei gerddi, ond yr oedd y profiad yn wahanol—sadrwydd, diflastod a chaethiwed i ' gynefindra cegin a thân '. Hiraethai am yr hen afiaith a blas profiadau newydd, ond câi o hyd ysbeidiau o obaith a gollyngdod o'i hunllefau a'i salwch :

Aeth heibio'r noson hunllefus, y palfalu rhwng wybren a llawr,
A'r ffwdan ddi-ddim mewn hen fannau lle teriais i lawer awr.
Darfu'r undonedd lleuadlyd. Torrodd y wawr.

Er gwaethaf ei afiechyd, arhosodd Prosser yn ddyn siriol a hapus a meddai o hyd ar y synnwyr digrifwch chwareus a welwyd yn rhai o'i ysgrifau newyddiadurol cynnar. Dywedodd Kate Roberts na adawai i'w waeledd droi'n brudd-der, ond yn hytrach boddai'i gystuddiau drwy fyw a mwynhau bywyd i'r eithaf. Y mae'n ddiau fod gwirionedd yn hyn ond dylid cofio'i fod yn ddyn hydeiml ac yn adnabod prudd-der dwys ar brydiau. Eglurodd i ddarllenwyr ' Led-led Cymru ' ym 1938 ei fod yn cael pyliau digalon. ' Ac eto, fe ddaw dyddiau fel heddiw yn achlysurol ar fy nhraws—diwrnod ag ynddo rhyw [sic] gyfres o fân-ergydion a bair imi deimlo'n fwy digalon na chlwyfus, ac y mae'r tywydd yn porthi'r digalondid, tywydd trymaidd gwlyb canol haf,' meddai,

Ar ddiwrnod fel hyn, wedi i'r gyfres fân-ergydion amlhau, byddaf weithiau'n arswydo rhag dywedyd dim na mynd i unman—rhag digwydd a fyddo gwaeth, a blysio am yr hwyr, a chwsg a thoriad gwawr bore newydd, pan fydd yr helynt wedi cilio, a bywyd yn myned yn ei flaen eto yn eithaf da. (LC, 28-6-1938)

Ysgogodd y cyffesiadau hyn 'J. W., Llundain' i anfon dau englyn o werthfawrogiad at Euroswydd ac ymddangosodd y rhain yn 'Led-led Cymru' ymhen wythnos :

Dy "ddydd du" a fu un fodd—i minnau,
  Ond mwyniant yw adrodd—
Y trannoeth a'i dinoethodd,
Ei gaddug a'i ffug a ffodd !

Ai "dydd du" fydd diwedd y daith ?—o ras,
  Euroswydd, mae gobaith
Inni gael 'rol gorffen gwaith
Oes felys o fyw eilwaith. (LC, 5-7-1938)

Yr oedd Robert Williams Parry yntau'n deall anian sensitif Prosser, ac ar ei farw cyfeiriodd yn ei soned goffa at y ddeuoliaeth o ysgafnder a phrudd-der a oedd yn nodweddu'i gymeriad. Teitl y soned yw 'Pump Mawr Prosser Rhys, Saunders Lewis, Lewis Valentine, D. J. Williams, George M. Ll. Davies a Tom Nefyn'. Fel yr eglurodd T. Emrys Parry, George Davies yw'r 'ymarferol frawd' y cyfeirir ato ar ddechrau'r chwechawd, a Tom Nefyn yw'r 'bugail unig' yn y ddeuddegfed linell :

Er mor ddibryder ydoedd, byddai'n brudd
  Hyd ddagrau weithiau, ie dagrau, dioer,
Wrth weld rhyw fagad fach o deulu'r ffydd
  Yn chwysu i achub hen Gristnogion oer—
Wrth gofio gwyw a chystuddiedig wedd
  Y tenau ffyliaid hynny a roes mor hael
O'u rhyddid ac o'u hienctid ac o'u hedd
  I dderbyn dirmyg hen gyd-Gymry gwael :
Wrth ganfod ôl rhyw ymarferol frawd
  Yn goffadwriaeth i'w hwsmonaeth seml
Ar ddu domenydd Mynwy ; wrth weld rhawd
  Blygeiniol bugail unig tua'r deml
I ymbil dros y gweithiwr yn y graig
Gan gariad sydd yn fwy na chariad gwraig.

(*Y Faner*, 21-2-1945)

Deffrowyd enaid Prosser Rhys ar adeg ddyrys a thrychinebus yn ei wlad, ac yr oedd ei benderfyniad, ei ddiffuantrwydd a'i ymroddiad yn gyfrwng i oleuo cyfnod tywyll yn hanes Cymru ac yn hanes y Gymraeg. Yn Chwefror 1945, pan ddiffoddwyd y tân a oedd wedi llosgi'n amlwg ers deng mlynedd ar hugain, yr oedd Prosser wedi gwneud tair cymwynas fawr â Chymru : yr oedd wedi ychwanegu at gyfoeth ei barddoniaeth ; yr oedd wedi estyn ffiniau'r byd cyhoeddi Cymraeg, ac yr oedd wedi golygu papur cenedlaethol Cymru'n llwyddiannus am dros ugain mlynedd a sicrhau bod gan y papur hwnnw bolisi trwyadl Gymreig.

Ar ôl ei farw daeth Mr. Gwilym R. Jones i'r adwy yn Olygydd newydd i'r *Faner*. Aeth Gwasg Aberystwyth i ddwylo Gwasg Gomer, ac ar ôl ychydig flynyddoedd symudwyd hi i Landysul. Gwasg Gomer hefyd a gymerodd ofal o'r Clwb Llyfrau. Ym 1952, pan gynhaliwyd yr Eisteddfod Genedlaethol yn Aberystwyth, gosodwyd cerdd goffa i Brosser Rhys yn un o destunau'r Eisteddfod. Dewi Morgan a feirniadodd y gystadleuaeth a rhannwyd y wobr rhwng Cledlyn Davies, Cwrtnewydd, a'r Parchedig Stafford Thomas, Penmaen-mawr. Ddwy flynedd cyn hynny talwyd teyrnged bwysig arall i'r bardd pan gyhoeddwyd y gyfrol *Cerddi Prosser Rhys,* detholiad ynghyd â rhagymadrodd gan J. M. Edwards.

PENNOD 1. 1901—1916

(*i*) CARTREF A BRO

Yn ôl Llyfr Bedydd Eglwys Bethel, Trefenter, pentref bach gwasgarog ym mhlwyf Llangwyryfon yng nghanolbarth Ceredigion, ganed Edward Prosser Rhys ar Fawrth 4, 1901, yn fab i David ac Elizabeth Rees, 'Pentremyny', ac fe'i bedyddiwyd ar y nawfed o'r un mis. Ffurf dafodieithiol ar 'Pentremynydd' yw 'Pentremyny' ac y mae'r tŷ hwnnw yn Nhrefenter, nid nepell o Gapel Bethel. Ganed tad Prosser, David Rees, rywle tua Banc y Grip yng Nghwm Wyre yn yr un plwyf yn fab i un o deulu gofaint Maes-llyn. Gwraig sionc a bywiog ryw ddwy flynedd yn hŷn na'i gŵr oedd mam Prosser. Elizabeth Jones oedd ei henw pan ddaeth gyntaf yn llances o forwyn dros Fynydd Bach o Fronnant ac ennill calon David Rees, y gof.

Ar ôl priodi, aeth Elizabeth a David Rees i fyw i dyddyn Llainffwlbert y disgrifir ei leoliad yn 'Y Gof':

Dechreuodd 'mam a 'nhad eu byd, ill dau,
  Mewn bwthyn cyfyng oedd fwy clyd na hardd,
Tan lethr eithinog, rhwng prysglwyni cau,
  Ar gyrrau isaf mamfro Ieuan Fardd.

Yno, yn nhyddyn Llainffwlbert, y ganed chwe phlentyn cyntaf y pâr priod, ond erbyn geni Edward Prosser, yr ieuengaf o'r pum bachgen a'r ddwy ferch, a'r mwyaf dawnus a disglair ohonynt, yr oedd y teulu wedi symud i Bentremynydd, Trefenter. Ychydig o lathenni o flaen y tŷ, yr oedd gefail David Rees, ac yno ceir rhai o atgofion bore oes Prosser:

Ym Mynydd Bach, mewn gefail arall un,
  Am hir flynyddoedd wedyn gweithiodd 'nhad . . .
Ac ar ei phentan 'rwy'n fy nghofio f'hun
  Yn bedair oed ar lin hen gobliwr gwlad.
Gwelais yng ngwyn a choch a glas y tân
  Ddewiniaeth ryfedd, nas adnabu'r byd,
Ond, teimlais, a hi'n hwyr, pan losgai'n lân,
  Fod cariad 'nhad yn well na'r swyn i gyd.

Dywedir mai John Griffiths, Tyn-rhyd, oedd yr hen grydd y cofiodd eistedd ar ei lin.

Dywedwyd uchod mai Prosser oedd y mwyaf dawnus a disglair o'r saith plentyn ond y mae lle i gredu bod y lleill hefyd yn ddiwylliedig ac yn dalentog yn eu gwahanol feysydd. David Wyre Rees oedd y brawd hynaf. Dywedir bod ' nodwedd grefyddol a llenyddol ynddo er yn blentyn ',[1] ac fel Edward, yr oedd yn adroddwr da ac yn hyfforddi plant yr ardal i adrodd. Aeth ef i'r Brifysgol, graddiodd yn B.A., ac ar ôl dilyn cwrs yng Ngholeg Diwinyddol y Methodistiaid Calfinaidd yn Aberystwyth, aeth yn weinidog yn Ne Cymru. Oherwydd bod ei iechyd yn fregus bu'n rhaid iddo adael y weinidogaeth tua diwedd ei oes fer. Yr oedd John, un arall o'r brodyr, yn saer coed ac yn ymgymerwr yn Nant-y-moel ac yr oedd yntau'n gantor dawnus a gystadlai o dro i dro yn eisteddfodau'r wlad.

Efallai na ellir amgyffred heddiw faint y diboblogi sydd wedi digwydd yn ardal ddiarffordd a hardd Trefenter a Mynydd Bach Llyn Eiddwen ond yn unig drwy gerdded o gwmpas yr ardal a gweld yno'r bythynnod gwag, y murddunod a'r teios adfeiliedig niferus. Fel ugeiniau o blant Trefenter, tynged pob un o blant Elizabeth a David Rees fu ymadael â'u bro enedigol i chwilio am waith. Fel y sylwyd eisoes, aeth John a David i Dde Cymru ac aeth Tom yntau'n ddilledydd yng Nghwm Ogwr. I Lundain yr aeth Mary a Jane, dwy chwaer Prosser, ac yno yn Fulham y mae Miss Mary Rees yn byw hyd y dwthwn hwn. Aeth William yntau i'r de am gyfnod ond dychwelodd ef i Geredigion a mynd yn ffermwr ym Mryn-hir, Llangeitho. Gwasgarwyd y teulu, ond er i'r hen ardal golli llawer o'i bywyd diwylliannol a chrefyddol yn ystod y ganrif hon, erys ei thraddodiadau'n fyw. Y mae cefndryd pell i Brosser yn dal i fyw ym Maes-llyn, ac y mae David Jones, y bardd gwlad, yn perthyn o bell iddo.

Yr oedd diboblogi wedi taro cylch Trefenter ymhell cyn plentyndod Prosser, fel y gwelir yn y disgrifiad canlynol o leoliad y pentref, ei hanes a'i gyflwr ym 1916—disgrifiad sy'n cyfleu i'r dim yr hyn a olygai'r ardal i Brosser. Ar wahân i ychydig fisoedd yn yr ysgol yn Aberystwyth ac ymweliad byr â Nant-y-moel, yma yn ymyl Mynydd Bach y treuliodd ei flynyddoedd ffurfiadol, y blynyddoedd a luniodd ei gymeriad a'r ffordd arbennig o feddwl a adlewyrchir yn y disgrifiad hwn o'r olygfa o ben Mynydd Bach yn y gwanwyn :

Ar ein deheu, wrth odre ac ar lethrau'r bryniau yn ymyl, y mae ardal fechan, fynyddig Trefenter (neu Bethel, fel y mynn rhai ei galw). Saif yr ardal hon yn rhan uchaf plwyf Llangwyryfon, rhyw ddeng milltir i'r de o Aber Ystwyth. Prin y gellir galw'r lle yn bentref, gan nad ydyw ond nifer o dyddynod gwasgarog, a chapel rywle tua'u canol. "Bethel" ydyw enw'r addoldy—perthynol i'r Hen Gorff Methodistaidd. Nid yw'r ddwy siop neppell o'r capel, ac, fel mewn ardaloedd gwledig ereill, dyma'r mannau y bydd crynhoi'r nos i drin materion pwysig y dydd. Prudd-der ydyw meddwl gynifer o hen dai'r ardal sydd wedi eu gadael i syrthio'n adfeilion yn ystod y blynyddoedd diweddaf, yn hytrach na chymmeryd y draul o'u hadgyweirio. Cesglir y tiroedd at eu gilydd—anghofir y tai. Priodol iawn y gallesid dweud am lawer o'r hen dai hyn yng ngeiriau'r bardd—

"Y plant hedasant ymaith—
Rhowd tad a mam mewn bedd,
A syrthiodd yr hen fwthyn llwyd
Fu gynt yn gartref hedd."

Ond pwy a ŵyr nad oes dyddiau gwell i wawrio yn y man ar Drefenter ?

Y mae hanes gorffennol yr hen ardal annwyl yn dra diddorol. Hi yw bro y tai unos a'r ymosodiadau disymmwyth berfedd nos—yn wir, "tre o fenter" fu yn y dyddiau gynt. Palla amser a gofod i ni adrodd wrthych yr ystraeon difyr adroddir gan y trigolion hynaf parthed y tai unos. Hwyrach y cewch eu darllen eto.

Ar ein chwith, yn ymyl, y mae ardal Moriah. Yn union odditanom gwelwn Ysgol y Cynghor, Cofadail . . .

Bron o'r tu ôl i ni, yn ymnythu'n ddedwydd yng nghanol y mynyddoedd, gwelwn Lyn Eiddwen fel drych o risial tryloew. Nid ydyw ond llyn bychan, tua milltir ei amgylchedd. Yng nghẁr pella'r llyn y mae ynys, âg adeilad pedronglog arni. Craig, yn dyrchafu ei phen yn uwch na'r dwr, ydoedd yr ynys hon ar y cyntaf. Dywedir mai Treadwell, y Sais fu'n byw ym Mhont Llolwn, a wnaeth yr ynys a'r adeilad ryw bymtheg mlynedd ar hugain yn ol. Modd bynnag, ni fu byw'n hir yn ei drigfod ynysawl ; gadawodd y lle yn dra disymmwth, ac ni welwyd ef yma mwy. Bellach y mae'r adeilad, a'r rhai llai yn ei ymyl, yn prysur ddadfeilio. O gornel deheuol y llyn y llifa'r Aeron, ac ar ol crwydro drwy ddarn helaeth o wlad, ä i'r môr yn Aber Aeron.

Tuhwnt i Drefenter, o bobtu Dyffryn Wyre, y mae ffermydd meillionog Llangwyryfon a Llan Rhystyd. Fwyned yw'r coed a'r dolydd îr tan hud adfywiol y gwanwyn ! Yn wir, anodd ydyw cael geiriau i ddisgrifio'r olygfa hon yn foddhaol.

Tuhwnt i Foriah, gwelwn wastadedd llydan, a gynhwysa amaethdai Penrhiw, Bethania, Llannon, ac ardaloedd ereill. Gan mai prin y gellwn weld yr hyn elwir yn "bentrefi" yr ardaloedd hyn, ni ellwn son dim am eu neilltuolion. Ymddengys yr oll i ni fel un gwastadedd arddunol. Tra'n syllu arno teimlwn yn barod i ofyn gyda Chaledfryn,

"Pa wlad, wedi'r siarad, sydd
Mor lân a Chymru lonydd ?"

Tuhwnt i'r oll, o'n blaen gwelwn y môr—Bau Ceredigion—yn ymestyn o enau'r Ddyfi i Geinewydd . . .

Wedi edrych o bob tu, gwelwn fod y golygfeydd yn rhai gwir odidog ; nid golygfeydd undonog mohonynt, eithr rhai byw a tharawiadol llawn prydferthwch hud-ddenol i'r llygad, llawn ysprydoliaeth i'r teimlad.

"Olygfa baradwysaidd,
Ail yw i Eden ardd,
O gyfaneddol ddarlun,
Mae'n dotio awen bardd."[2]

Y mae saernïaeth ac unoliaeth y disgrifiad hwn yn rhyfeddol i fachgen pymtheng mlwydd oed a dengys yn glir fod arbenigrwydd meddwl a dawn lenyddol yn nodweddu Prosser Rhys o oedran cynnar iawn. Dylid cofio nad oedd eto wedi teimlo effeithiau'r pla gwyn a rhydd y darn argraff ohono'n fachgen llawn afiaith a brwdfrydedd.

Yn nyddiau gwendid a llesgedd trysorodd Prosser ei atgofion am ddyddiau diniwed a hwyliog ei blentyndod, ac y mae'n bosibl ei bod yn ymddangos erbyn hynny'n adeg fwy dedwydd nag yr oedd mewn gwirionedd. Boed a fyddo am hynny, yr oedd bywyd y wlad wrth fodd calon Prosser ac nid anghofiodd byth y pleser a gâi ar achlysuron arbennig fel dydd Calan pan âi gyda'r plant eraill i hela calennig. Ar Ionawr 3, 1924, pan gyhoeddwyd 'Led-led Cymru' ganddo am y waith gyntaf, cynhwysodd yn ei golofnau rai o'i atgofion am ddydd Calan, atgofion sy'n taflu tipyn mwy o oleuni ar ei gefndir ac ar fywyd Mynydd Bach. Yr hyn a wnâi'r plant, meddai, fyddai mynd o dŷ i dŷ ddiwrnod olaf yr hen flwyddyn a diwrnod cyntaf y flwyddyn newydd a gweiddi neu ganu'r gair 'Calennig'. Wrth eu clywed, dôi rhywun i'r drws a rhoi ceiniog neu ddimai i bob un o'r plant, ond ambell dro siomid y plant gan y geiriau 'D'yn ni ddim yn rhannu' o'r tu mewn i'r tŷ. Rhôi pobl y siopau nwyddau'n hytrach nag arian ac ymddengys fod ffrwythau ffres yn bur brin yr adeg honno oblegid dywedodd Prosser ym 1924 fod aroglau orens o hyd yn peri iddo gofio am 'ddyddiau annychwel "hela Calennig"' pan gâi ambell orens gan y siopwyr. Fel mamau eraill yr ardal byddai'i fam yn gwneud cwdyn o galico i'w phlant a llinyn i'w glymu wedi'i wnïo'n agos i'r genau. Â'i gwdyn yn ei law, i ffwrdd â Phrosser i gwrdd â'r plant eraill :

> Pwnc o bwys hefyd oedd dewis partneriaid. Bernid nad doeth oedd inni fyned yn ormod o gwmni i weiddi—ofnem y parai ein nifer i'r bobl dda roddi inni ddimeiau yn lle ceiniogau ! Bob yn ddau a phob yn dri neu bedwar o fwyaf, yr oeddym, fel rheol. Cerddem dros un parth, o fferm i fferm "y diwrnod cyntaf," sef diwrnod olaf yr Hen Flwyddyn. Cymerem dipyn o'n hamser y diwrnod cyntaf, rhyw ymarferiad ydoedd at ymweled â'r parth brasach drannoeth. Codem "yr ail ddiwrnod," sef dydd Calan, yn fore iawn, ymhelloedd cyn torri o'r wawr. Yr oedd cred ymysg rhai o'n hen ardalwyr fod gweled bachgen pryd du yn gyntaf peth fore'r Calan yn beth lwcus, a rhoddent i'r cyntaf bachgen pryd du a gyrhaeddai eu tai fore'r Calan dair ceiniog, ac weithiau chwe cheiniog. Dyna oedd gwaith cyntaf y bore, rhedeg i weiddi wrth dai'r bobl ofergoelus, neu yn ein golwg ni, y bobl ddethol. (Dylasem ddywedyd mai pryd du oedd gan y mwyafrif ohonom !)

Y mae Prosser yn adrodd hanes am un tro trwstan hefyd. Aeth un tro, yn un o bedwar, i hela calennig, a rywsut dyma'i goesau'n mynd ynghlwm wrth wifren ac yntau'n ei gael ei hun yn wyneb i waered a'i ben bron â bod mewn rhigol ddŵr. Gan ei fod wedi peri dolur i'w fraich, bu'n rhaid iddo'i dal o dan y pistyll oer am mai ' dyma feddyginiaeth y wlad i straen ', a'r flwyddyn honno, i'w gysuro, rhoes ei rieni ganiatâd iddo i brynu'r hyn a fynnai â'i arian calennig. Prynodd wats a bu honno ganddo'n gweithio'n gyson am ddeng mlynedd :

> Yr oedd hi gennym pan ysgrifenasom rai o'n penillion a'n [h]ysgrifau cyntaf. Yr oedd hi gennym pan deimlasom gyntaf bigau melys cariad. Yr oedd hi gennym pan ddaeth afiechyd difrifol i'n tynnu oddiwrth ein hefrydiau. Yr oedd hi gennym wedyn pan ddaeth hwyl ar brydyddu a'n galw i'r llwyfan i nol y wobr Eisteddfodol gyntaf o ddeuswllt am ddau bennill. Ac yr oedd hi gennym hefyd pan ddaeth dau "fardd" i'n dwyn hyd at y gadair farddol gyntaf, a phan gyhoeddwyd ni'n fardd cadeiriol. (Rhyfedd mor ddibwys yn ein golwg yw'r pethau "mawr" hynny erbyn heddyw !) Yr oedd hi gennym hefyd pan ddigwyddodd llu o bethau na thalai inni son amdanynt yma.

Nid ar ddydd Calan yn unig y câi plant Trefenter hwyl ychwaith, a gwyddys am rai o'r chwaraeon y byddai Prosser yn cymryd rhan ynddynt o ysgrif a gyfansoddodd adeg dathlu'r heddwch ym 1919 :

Gorymdeith io, cydwledda, cyflwyno medalau i lewion y Rhyfel Mawr, annerch, canu, chwarae, a goddeithio, a'r cwbl yn fyw gan wir lawenydd, —dyna'r sut y dathlwyd yr Heddwch dydd Sadwrn yn nhrefi a phentrefi Ceredigion. Atgyfodwyd ambell i hen chwarae a aethai bron yn angof, mewn amryw ardaloedd, megys "un cam a naid," "tynnu'r rhaff," a'r "cylch cusanu." Bum yn chwarae pob un o'r tair gêm a nodais, a'r olaf efallai oedd y goreu ! Yn y chwarae hwnnw cefais siom o'r ochr oreu o gaffael "pit" cyn amled. (*Y Darian*, 31-7-1919)

Tua diwedd Mawrth 1918, pan oedd Prosser newydd droi'n ddwy ar bymtheg oed, symudodd y teulu o Bentremyny', neu Bentre-isa' fel y'i hadweinir bellach, i dyddyn Morfa-du, tua chanol y gors sydd wrth droed Mynydd Bach ac ' yng nghanol brwyn di-wên'. Dywed Miss Mary Rees wrthyf y byddai'r teulu'n cadw rhyw ddwy fuwch, dau lo a mochyn yn ogystal â gardd lysiau, a rhwng gofalu am y teulu a gofalu am y tyddyn gellir bod yn weddol sicr fod Elizabeth Rees yn fenyw eithaf prysur. Yr oedd David Rees, y gof, yntau'n ddyn gweithgar a diwyd. Ato ef, yn ei efail, yr âi trigolion y ffermydd cyfagos â'u gorchwylion a'u problemau niferus, ac yn hyn o beth y mae'n hawdd gweld tebygrwydd rhwng yr efail wledig fel man cyfarfod a thrafod, a swyddfa fyrlymus Prosser ymhen ychydig flynyddoedd. Nodweddid yr efail gan ffraethineb naturiol a hwyl ac yr oedd y gwaith crefftus a'r siarad cyfeillgar yn rhan annatod o'i hawyrgylch. Disgrifiodd y mab efail ei dad yn ' Y Gof ' :

' R oedd tinc yr eingion yno o'r gwawriad gwan
  Hyd gefn y nos yn atsain dros y wlad,
Cans oni ddygai'r ffermwyr o bob man
  Geffyl neu offer fyth i efail 'nhad ?

Prin y gallai'r gof beidio â dod i adnabod pobl na pheidio â bod yn gyfaill i'r cwsmeriaid a'r cymdogion a alwai i'w weld, a dichon i'r cefndir cymdeithasgar hwn gyfrannu hefyd at gymeriad hoffus a chyfeillgar y mab.

Dechreuodd Prosser ei yrfa newyddiadurol cyn symud o Bentremyny' drwy sgrifennu colofn i'r *Cymro*, ond ar aelwyd Morfa-du y sgrifennodd ei golofnau cyntaf dan y ffugenw Euroswydd, sef ei golofnau ' Chwaon o Geredigion ' i'r *Darian*. Erbyn hynny, yr oedd y rhyfel ar ben ond yr oedd bachgendod Prosser hefyd wedi gorffen a chaethiwed y darfodedigaeth wedi'i orfodi i droi oddi wrth hwyl chwarae corfforol at hwyl chwarae â geiriau. Yn *Y Darian,* ar Dachwedd 20, 1919, ceir hunanbortread o Brosser yn chwythu'i chwaon o Forfa-du ar ddiwedd diwrnod o aeaf—hawdd yw dychmygu'r olygfa o ffenestri'r tŷ:

> Min hwyr yw hi, a minnau'n rhoi'm pin ar bapur ar fwrdd yn ymyl y tân. Dros y tir disgynnodd haenen o eira, a'r awel oer, iachus, yn rhyddhau ffroenau y neb a'i hanadlo. O edrych drwy'm ffenestr gwela rês greigiog bryniau fy mro a santeiddrwydd y wisg wen o hyd amdanynt. Ar eu llechweddau cerdd ambell fugail yn awr ac eilwaith, er mwyn cael gwybod ba sut y tarawsai ei ddefaid, a'r gormeswr distaw yn gwarafun iddynt eu porfeydd llwm. A thyma'r plu eira yn dechreu disgyn heno eto, yn ddyfalach, ddyfalach, ac os deil hi i fwrw fel hyn yn hir fe fydd yn rhaid i'r bugeiliaid hwythau bore yfory blymio
>
> "Gwyn ddyfnderau llawer grwn."

Byddai amryw achlysuron yn y flwyddyn pan gwrddai gwladwyr gogledd Ceredigion â'i gilydd. Cwrddent i gydaddoli neu i gydweddïo, i gynnal eisteddfod, i gydganu, ac weithiau i fasnachu. Masnach oedd y prif gymhelliad i gynnal y ffeiriau Calangaeaf ond ymddengys fod Prosser yn hoff ohonynt fel yr oedd yn hoff o bob un o'r achlysuron pan welid y werin yn ymgynnull. Cefndir ffair Galangaeaf sydd i 'Ar Ben Ffair', un o gerddi serch cynnar Prosser, ac ar ôl cyhoeddi'r gân honno yn *Y Darian,* soniodd yn chwareus amdano'i hun yn mynychu Ffair Garon ym 1919:

> Fe'm mwynheais fy hun yn rhagorol yn Ffair Garon eleni, a gynhaliwyd ar y 17 cyfisol. Yr oedd "mynd" da ar y ceffylau, ond nid oedd cystal "mynd" mi dybiwn, ar y rhianedd yno, er bod amryw o'n beirdd yn bresennol, ac yn eu mysg E.P.R., bardd y gerdd "Ar ben ffair", ond ni welais efe hyd yn oed yn trugarhau wrth yr un riain y tro hwn. (*Y Darian,* 27-3-1919)

Cofiodd ef ym 1924 bwysiced oedd ffair Galangaeaf tua 1916 a 1917 i hogyn a dreuliai'i fywyd 'yn unigedd bryniau Ceredigion', (LC, 20.11.1924) a chofiodd yn ogystal am y fan a ddefnyddid yn y dyddiau hynny i hyrwyddo teithio—yr unig broblem, meddai, oedd bod yn rhaid cerdded y rhiwiau i arbed y ceffyl! Yn y fan byddai digon o sgwrsio, a sonia am un gyriedydd arbennig o siaradus a oedd hefyd yn adroddwr straeon tan gamp. Hwn oedd yr ymgnawdoliad perffeithiaf o fewn ei gof o'r ysbryd sy'n gwneud Mynydd Bach Llyn Eiddwen yn llecyn nodedig:

Yr oedd ef yn ei afiaith ar ddydd Lluniau "cyflogau." Clywn eto ei lais dwfn soniarus yn y pen blaen, a'i chwerthin mawr, tymhestlog,—chwerthin fel ton wyllt yn dryllio ar draeth,—a oedd yn fwy tarawiadol pan ddigwyddai oherwydd sefydlowgrwydd urddasol ei leferydd. Adroddai helyntion ieuenctid yn y pwll glo ac ar y fferm. Adroddai ffwdan caru ar draws tai ffermydd yn nhrymderau'r nos. Adroddai orchestion dyddiau ei anterth. Adroddai anffodion henaint. A'r fath adrodd? Llond pen o Gymraeg glana'r mynydd, a greddf i ddewis y gair mwyaf mynegiadol bob tro. Llais a lliw ynddo, o bu liw ar lais erioed. Pwy a'i clywodd, a anghofia ei stori am ysbryd ffordd Lluest Newydd, neu hanes ei arhosiad yn yr ysbyty pan gyfarfu a damwain erchyll?

Dyna un o gyfarwyddiaid Mynydd Bach, a'i dynged, meddai, oedd darfod '—wedi llawer anffawd—o'r darfodigaeth, o bopeth!'

Âi Prosser hefyd i Gwrdd Gweddi'r Mynydd. Cynhaliwyd y cwrdd hwn gyntaf ger Llyn Eiddwen tua 1908 pan oedd Prosser yn saith mlwydd oed, ac adeg cwrdd 1931 dywedodd ei fod yn ddigon hen i gofio'r sôn cyntaf am ei gynnal. Rhai o selogion Diwygiad Evan Roberts oedd y trefnwyr, a man y cwrdd oedd llethr un o drumau Mynydd Bach yng ngolwg Bae Ceredigion ac wrth Lyn Eiddwen. Mewn ysgrif yn *Y Cymro* ar Fai 23, 1917, soniodd am rai o'r problemau a oedd yn wynebu'r cwrdd oherwydd effeithiau'r rhyfel:

"A gynhelir Cwrdd Gweddi'r Mynydd eleni?" Dyna holir gan bawb ymron yn y cylch weithion. Clybu'r darllenydd yn ddiau am y cyfarfod gweddi awyr agored poblogaidd hwn. Myn rhai mai ffolineb yw ei gynnal yn wyneb yr amgylchiadau presennol parthed ymborth; wrth gwrs diflas fyddai i'r torfeydd sy'n dylifo o bell gael bod heb eu diwallu a'u hangenion naturiol fel arfer yn Ysgoldy Cofadail. Ond, rhwydd yr eddyf pob dyn fod cymaint angen ymbil eleni ag erioed ar i'n hamcan gogoneddus fel gwlad a gwledydd gael ei hyrwyddo i goncwest buan. O edrych ar bobtu anodd dywedyd beth sydd oreu, eithr gwych yw cofio fod dynion pwyllog a doeth wrth y llyw. O'r herwydd tawaf finnau.

Y mae'n amlwg mai achlysur difrifol oedd Cwrdd Gweddi'r Mynydd i Brosser yn un ar bymtheg oed, a cheir agwedd arall ar ei safonau uchel yn ei sylwadau anffafriol ar feddwdod ac ysmygu yn rhai o'i ysgrifau cynnar. Pan awgrymodd rhyw gyfaill o fardd iddo fynychu tafarn yn Aberystwyth ym Mai 1919 yr oedd safiad Prosser yn erbyn y syniad yn gadarn:

"Dere i fanco" ebr cyfaill wrthyf yn Aberystwyth neithiwr,—gan estyn ei fys at dy tafarn adnabyddus. "Na ddo i, ni fynychais dafarn er f'oed," ebr finnau, "a syn yw gennyf dy fod dithau tan yr hud anllad hefyd,"—canys pregethwr, a bardd ieuanc ydoedd fy ffrind. "Dw i ddim am iti ddod i mewn, a dw i byth yn mynd yna f'hunan," oedd yr ateb, "ond dere at ymyl y drws, ma gen i rywbeth i ddangos iti." A mynd a wnaethom, a gweled ar ddau panel [sic] y drws gyferbyn a'i gilydd—y geiriau (syn nas gwelswn o'r blaen !)—"Duw a'n bendithio." Arswydais wedi'r darllen, rhag y rhyfyg, a gair nid ymganais i. "A ddyry Duw ei fendith wrth borth uffern," ebr fy nghyfaill. "Tyred am dro i lan yr hen for yna" ebr finnau. (Y *Darian*, 29-5-1919)

(*ii*) Yr Ysgol

O Bentre-isa' âi Prosser beunydd i Ysgol Cofadail, Ysgol y Cyngor, Moriah, a chofia ei chwaer am hoffter ei brawd o'r ysgol. Ategir ei hoffter o fywyd yr ysgol gan yr ebychiad a gynhwysodd yng nghanol ei ddisgrifiad o'r olygfa o ben Mynydd Bach yng ngwanwyn 1916. Fel hyn y trodd i sylwi ar Ysgol Cofadail :

> Saif tua hanner y ffordd rhwng Trefenter a Moriah, ac iddi hi y daw ieuenctyd y ddwy ardal am eu haddysg elfennol. Ysgol fechan ydyw, gyda thua hanner cant o blant ar gyfartaledd. Hen ysgol hoff ! y mae syllu arnat yn peri i ni hiraethu am y dyddiau hapus pan oeddem yn ddisgybl ynot, ac am ein hathro siriol drafferthodd gymmaint i'n dysgu, y sydd heddyw'n huno'n dawel o ddwndwr blin y byd yn naear garedig Cilcennin.

Enwir Mr. H. Parry, Llawr-y-glyn, yn athro iddo ; a Mr. John Williams gynt o Felin-foel, Llanelli, a fu'n gyd-fyfyriwr a chyfaill i Gwili, oedd prifathro'r ysgol o 1909 hyd 1913. Nid oes llawer arall yn hysbys am ei fywyd ysgol ond y mae'n sicr nad oedd yr ysgol wedi ennill lle yn ei galon yn syth. 'Cefais f'addysg fore yn ysgol y fro, ond anedwydd oeddwn i yno hyd fy mlwyddyn ddiweddaf yno,' sgrifennodd at J. T. Jones ar Orffennaf 29, 1924. Dichon mai Seisnigrwydd y gyfundrefn addysg oedd y prif reswm dros annedwyddwch ei flynyddoedd yn yr ysgol oherwydd dywed mewn un ysgrif mai peth prin ac amheuthun oedd clywed Cymraeg ar wefusau arolygydd yr ysgol :

> Da y cofiaf arolygydd ysgolion yn galw gyda ni un bore, a gwnaeth beth eithriadol iawn, sef son wrthym am Alun Mabon, a darllen mewn ffordd nodedig y gainc honno "Awel groes, ar fy oes godai'n gryf wedyn." Y peth eithriadol oedd clywed Cymraeg o gwbl gan yr arolygydd hwnnw, ei [sic] ei fod yn Gymro Cymreig a chanddo gysylltiadau a llenyddiaeth

Gymraeg. Lawer tro wedyn y bum yn meddwl y fath drueni na buasai'r arolygydd hwnnw yn rhoddi tipyn o sylw i'r Gymraeg bob tro y galwai, canys fe barodd ef inni y bore hwnnw gredu bod y Gymraeg yn iaith ag urddas ynddi. (LC, 28-6-1932)

Y mae adroddiad T. I. Ellis am Brosser yn fachgen ieuanc yn ysgol y pentref yn cael ei ddewis i arwain dau athro coleg o gwmpas y mynydd i helpu un ohonynt i gael hyd i flodau neu i drychfilod arbennig, yn dangos ei fod yn cael ei ystyried yn dipyn o naturiaethwr ar y pryd, a bod ei adnabyddiaeth o gyfoeth natur ei fro eisoes wedi'i hamlygu'i hun. Pe byddai angen rhywun o'r ysgol i adrodd o flaen yr arolygydd neu ymwelydd arall, dywedir y byddai'r ysgolfeistr yn dewis Prosser bob tro.

Digwyddodd un peth o bwys mawr i Brosser yn ystod ei flwyddyn olaf yn Ysgol Cofadail, sef cael athro da a agorodd ei lygaid i werth llenyddiaeth ac a'i hanogodd yn ei ymdrechion llenyddol cyntaf. Mr. M. D. Morgan, mab i Mr. a Mrs. David Morgan, Esger-wen, Cilcennin, oedd yr athro hwn, ac ymhlith papurau Prossei ceir sawl dalen garpiog yn sôn am y dyn diwylliedig hwn a ddaeth yn brifathro dros dro yng Nghofadail o Fedi 29, 1913, hyd Fehefin 30, 1914, ac a fu farw'n bump ar hugain oed yn Ebrill 1916. Hwn yw'r 'athro siriol' y cyfeirir ato yn y disgrifiad uchod o Gofadail ac i hwn, 'Mocyn Titshiar' fel y'i llysenwyd gan y plant, y diolchodd am ddeffro ynddo'i hoffter angerddol o lenyddiaeth. Yn y disgrifiadau rhyddiaith a'r cerddi am yr athro a geir yn nifer o lawysgrifau cynnar Prosser, fe'i canmolir fel dyn amryddawn a medrus. 'Meddai law gelfydd at ddarluneg, a chredaf yn ddiysgog y gallasai ddod i fri fel arlunydd ped fai yn cymeryd ati', barnodd ei ddisgybl mewn un ysgrif,[3] ac yn ei ddisgrifiad o fro Mynydd Bach yn *Yr Ystwythian* cyfeiriodd at ei ddawn fel cantor :

Ni chlywir mwyach y nodau arianaidd, coeth hynny yn lleisio y leddf "I hear you calling me," y brydferth "For all eternity," "O'r niwl i'r nef" galon-symmudol, a'r "Hen Gerddor" dyner, yn ei ddull digymmar ei hun, nes gwefreiddio pawb a'i clywai. Y mae'r athro galluog wedi'n gadael ; y mae'r wyneb hawddgar wedi cilio o'n gŵydd ; y mae'r organ bersain wedi tewi—am byth ! Ond erys atgofion melys am dano, "fel clychau arian yn y gwynt," am flwyddi maith.

Er na chredodd Prosser iddo erioed lunio pennill, dywedodd iddo feddu hefyd ar anian bardd.

Heblaw ei ddyled iddo am hyfforddiant campus mewn cerddoriaeth, cydnabu Prosser ei ddyled iddo am agor ' drysau'r Awen ' iddo, ac am ddangos iddo, lawer tro, ' pa fodd i wneud "essay", yn enwedig ysgrifau yn disgrifio natur.'[4] Bu farw'r athro ifanc hwn o'r darfodedigaeth, yr un clefyd ag a drawodd Prosser. Ysgytwad iddo oedd marw'r dyn a oedd wedi cyfrannu cymaint at ei addysg ac at ffurfiant ei feddwl, ac yn naturiol canodd y disgybl ifanc farwnad i'w athro :

Felysed cofio'r dyddiau gynt
Pan ar fy hynt yn llawn o hoen
Lawr yng Nghofadail gydag ef ;
R' own mewn rhyw nef,—ymhell o boen ;
Roedd swyn ei bersonoliaeth hardd
Fel persawr gardd Mehefin teg ;
Ysprydiaeth oedd ei gwmni llon,—
Gwnai Marah'r fron i gyd yn chweg.

Hael ddoniwyd ef fel athro'n wir,—
Drwy'r tir nid oedd yr un mwy myg ;
E' driniai'r plant mor rhwydd a'r chwa
Hwyr ha,' sy'n siglo deilios gwig ;
Llawn addysg oedd ei wersi cun,—
Arabedd iach ei rin ymhleth,
Am danynt mawr yw nyled i,—
Rhan brawd wnaeth imi yn ddifeth.

(*The Welsh Gazette*, 4-1-1917)

Ceir golwg wahanol ar M. D. Morgan yn Llyfr Log yr ysgol lle y nododd J. Williams, y prifathro ym 1909 :

> Advised M. D. Morgans not to use the expression "Shut up" in speaking to the scholars as to me it sounds rather rude.

Nid Morgan, ei ' athro cu ', oedd yr unig ddyn diwylliedig i ddylanwadu ar Brosser yn y cyfnod hollbwysig hwn pan ddaeth gyntaf yn ymwybodol o iaith a llên. Byddai ambell weinidog mwy llengar na'i gilydd hefyd yn pregethu ym Methel, y capel lle yr âi ar y Sul cyn i'r teulu symud i Forfa-du, a châi gyfle i gwrdd â'r gweinidog yn y ' Tŷ Capel ', ac wrth fynd i'w hebrwng at y cerbyd byddai hwnnw weithiau'n ei gyfeirio at lyfrau da. Eithr, y mae'n rhaid cydnabod mai drwy gyfarwyddyd a hyfforddiant gofalus M. D. Morgan y llwyddodd gyrfa Prosser yng

Nghofadail, ac ef a'i paratôdd gogyfer ag eistedd y 'Teacher Candidate Scholarship Examination' yn yr Ysgol Sir yn Aberystwyth ym Mehefin 1914. Llwyddodd yn yr arholiad, enillodd yr ysgoloriaeth ac yr oedd yn bosibl felly i Brosser fynd yn ei flaen i'r 'Cownti Sgŵl'—Ysgol Ardwyn, Aberystwyth.

Yn Llyfr Log Ysgol Cofadail am 1914 ac yn llaw George M. Loyn, yr ysgolfeistr newydd y pryd hynny, ceir :

> Oct. 2nd. Average attendance for the week very low, due to the fact that some children are still suffering from Measles. Two children have left, Edward P. Rees attending the Aberystwyth County School, and Elizabeth Jones . . . The number on books is now 50.

Dywedodd Dewi Morgan na ddiolchai Prosser am fynd i Ysgol Ardwyn am na fyddai bellach gyfle iddo gwrdd â'i gyfeillion ac am na hoffai'r athrawon na'u dulliau o ddysgu ; ac yn ddeunaw oed yr oedd Prosser ei hun yn ddigon parod i feirniadu'r gyfundrefn addysg yng Nghymru. Seiliai ei feirniadaeth ar ei brofiad ei hun yn yr ysgol. 'Dysgir amryw bethau diwerth i'r plant yn yr ysgolion, a fyddai'n fendith ei tynnu i ffwrdd,' ysgrifennodd yn *Y Darian* ar Fai 29, 1919,

> eithr addefaf gyda rhai o'm ffrindiau y dylasid gwneuthur mwy wedyn o'r testunau ereill a ddysgir ynddynt, megis Saesneg, Cymraeg, Hanes Cymru, etc ; yn wir fe synnech cyn lleied a wyr y plant am y testunau hyn. Wedi dod allan o'r ysgol y dysgais i yr ychydig a wn am ramadeg Cymraeg, ac ni wyddwn i ddim o werth am Hanes Cymru nes darllen cyfrolau J. E. Lloyd rai blynyddoedd yn ol. Cefais i a'm cyfoed rifyddeg [d]diddiwedd yn yr ysgolion, a gwastraffwyd llawer o amser wrth wneuthur yr un symiau,—neu yn hytrach symiau, a weithid allan drwy'r unrhyw egwyddor, am wythnosau lawer wedi inni feistroli'r egwyddo'r [sic] honno'n llwyr.

Er ei bod yn bur anodd gwybod llawer mwy na hynny am gyfnod Prosser yn yr ysgol yn Aberystwyth, ceir cyfeiriadau at o leiaf dri o'i athrawon yn yr Ysgol Sir yn ei waith.

Dr. D. J. Davies oedd yr athro ieithoedd diweddar yn yr Ysgol Sir, a soniodd Prosser mewn nodyn llawysgrif ar 'Llangwyryfon a'r Cylch' am hwn yn mynd i bregethu yn Saron. Gwelir ei fod wedi cael lles o'i gwmni a'i wersi o'r ysgrif derfynol a gyhoeddwyd yn *Y Cymro* ar Hydref 18, 1916 lle y dywed ei fod 'wedi bod yn y cylchoedd hyn droion a throion', a'i fod yntau 'wedi cael mwyn-

1. Portread.

2. Pentremynydd, Trefenter, 1977.

3. Elizabeth Rees, Dinas Terrace, Aberystwyth.

4. Disgyblion Cofadail, 1913.

5. Ysgol Cofadail, 1977.

hau llawer o'i gwmni a chael llawer ymgom ddyddorol ag ef,' a'i gael bob amser 'yn wr hollol ddiymhongar, o syniadau moesol uchel, diysgog ei farn, ac unplyg ei gymeriad.' Er na chyfarfu ag ef fel pregethwr, meddai, yr oedd yn disgwyl yn hyderus gael gwledd ganddo yn y 'Capel Bach'. Gwnaeth heddychiaeth Dr. Davies argraff ddofn ar Brosser oherwydd, gan fod rhai'n gwgu ar ei safiad fel gwrthwynebydd cydwybodol, aethpwyd mor bell â'i atal rhag dysgu am gyfnod. Gan nad oedd unrhyw gyhuddiad pendant yn ei erbyn cythruddwyd Prosser gan anghyfiawnder yr helynt, a phan aeth ati i gyfansoddi cerdd ar y testun 'Gwyn eu Byd y rhai a Erlidir o Achos Cyfiawnder', ym 1917, trybini Dr. Davies a ddaeth i'w feddwl.

Ystyriai Prosser fod Mr. David Samuel, prifathro'r ysgol, yn ysgolhaig mawr ac yn athro da, a sylwodd ei fod ef, yn wahanol i'w olynydd, yn hyddysg yn y Gymraeg. (LC, 5-6-1924) 'Efô, ac efô yn unig a allodd wthio rhyw dipyn o "algebra" i'n pen ni', meddai ymhellach. O oedran ifanc, yr oedd Seisnigrwydd rhai Cymry'n wrthun i Brosser a chan y byddai'n uchel ei gloch yn condemnio Seisnigrwydd sefydliadau Cymreig, pan ymddangosodd llythyr yn *Y Darian* yn ymosod ar Seisnigrwydd yr Ysgol Sir, tybiodd Mr. Samuel mai Prosser a oedd yn gyfrifol amdano ac ymosododd arno 'yn anghyfrifoldeb llid'. I glirio'i enw, gyrrodd Prosser lythyr i'r *Darian* yn hysbysu'r Golygydd nad ef oedd awdur y llith. Cyn hir, gwelwyd yr ymosodydd yn llachio ar Seisnigrwydd yr ysgol eto, ond ym 1924 talodd Prosser deyrnged i'r prifathro, oherwydd ymhen rhyw fis ar ôl yr helynt 'cawsom lythyr oddiwrth un o'r athrawon oedd tan Mr. Samuel yn datgan gofid Mr. Samuel am ei gamgymeriad a'i ymosodiad.' Y mae'n ddiddorol sylwi mai 'Ap Arthur', sef B. T. Hopkins, oedd yr un a oedd wedi sgrifennu'r llythyr gwreiddiol.

Yr olaf o'r athrawon y cyfeirir atynt yw Edwin Griffith Jones, B.A.. Adroddodd hanes trist yr athro hwnnw i ddarllenwyr 'Led-led Cymru' ar Hydref 4, 1939:

> Ymhen rhywbeth gyda mis wedi i'r rhyfel dorri allan yr oeddwn yn dechrau yn Ysgol Sir Aberystwyth, a'r peth cyntaf a wnaeth imi sylweddoli o ddifrif fod rhyfel ar gerdded oedd gweled rhyw dri neu bedwar o hogiau o ffoaduriaid o Felgiwm yn dyfod i'r ysgol. Hogiau tawel, hoffus oedd y rheini er na allem siarad llawer â hwy am na fedrent ond ychydig iawn o Saesneg. Cofiaf hefyd ein bod yn cael dysgu anthemau cenedlaethol

Ffrainc a Rwsia, a hefyd ddarfod i un o aelodau'r staff, dyn gwylaidd, gonest, ymuno â'r fyddin. Cofiaf ef yn ein hannerch mewn cyfarfod ymadawol yn yr ysgol, a chofia[f] ei eiriau : "Nid wyf yn dal ei bod yn ddyletswydd ar bawb ohonom ymuno â['r] fyddin. Ni ddywedaf ond hyn : fy mod yn teimlo bod gwneuthur hynny yn ddyletswydd arnaf i."

Lladdwyd yr athro yn Ffrainc a chyfansoddodd Prosser y gerdd hon er cof amdano a'i chyhoeddi yn rhifyn yr haf o'r *Ystwythian* ym 1916 :

i

Atebodd ef i wŷs ei wlad,
  Gadawodd bopeth erddi
Wynebodd waedlyd faes y gâd,
  A'r gelyn du, heb ofni.

ii

Ym maes y ddu gyflafan fawr,
  Yn nhrwst yr erch fagnelau,
Fe rodd ei fywyd glân i lawr
  Tros dirion wlad ei dadau.

iii

Draw yn Afallon,—ynys fwyn,—
  Hoff gartref y gwladgarwr,—
Gwlad bythol hoen,—gwlad bythol swyn,
  Y mae yr athro-filwr.

Pan aeth Prosser i Aberystwyth yr oedd y rhyfel byd cyntaf newydd ddechrau a thwymyn jingoistaidd y rhyfel hwnnw'n rhemp. Prin bod pellter Aberystwyth o Lundain yn ddigon i'w hachub rhag y clefyd militaraidd Prydeinig, ac erbyn Rhagfyr 1914 dywedir bod wyth mil o filwyr o wahanol rannau o Brydain yn aros yn Aberystwyth a'r nifer hwnnw ar gynnydd. Nid yw'n syndod felly fod llety Prosser yn llety llawn o filwyr :

Yr oedd pedwar ar ddeg ohonynt yn aros lle lletywn i, a chofiaf yn dda fyned i mewn i'w hystafell eistedd fawr fin hwyr a sgwrsio â hwy a chwarae ambell gêm gyda hwy. Bechgyn Mynwy oeddynt, ac nid oedd yr un ohonynt a siaradai Gymraeg. Yr oedd yn eu plith rai pur fwyn, ac eraill dipyn mwy garw eu ffordd. Y pryd hwnnw y gwelais ac yr arogleuais i gwrw gyntaf : deuent a chyflenwad go dda o gwrw i mewn yn fynych, ond ni welais yr un ohonynt yn feddw ychwaith. Deuthum i gynefino â swn yr utgorn deffro yn y bore, â [sic] swn cyson traed milwyr yn ymdaith yn llwydni'r Rhagfyr hwnnw. (LC, 4-10-1939)

Erbyn gwanwyn 1915 yr oedd ei chwe mis yn Ardwyn ar ben a'r pla gwyn eisoes yn gwasgu arno. Y mae'n debyg na fu ganddo lawer o gyswllt â'r ysgol ar ôl hynny, ond dylid nodi bod ei gân 'Pen Dinas' yn fuddugol yn Eisteddfod Ysgol Sir Aberystwyth ar Ŵyl Ddewi 1917. Gellir credu bod Prosser yn bur siomedig fod yn rhaid iddo roi'r gorau i'w yrfa yn yr ysgol ac ymddengys ei fod yn ymwybodol ar hyd ei oes o brinder ei addysg ffurfiol. Ceir golwg ar ei wyleidd-dra a'i barch mawr i wŷr dysgedig Cymru mewn llythyr (heb arno ddyddiad) a sgrifennodd at J. T. Jones lle y mae'n ymhonni'n rhy anwybodus i ystyried adolygu cyfieithiad T. Gwynn Jones o *Faust*:

> Cefais hwyl anfarwol gydag ef [T. Gwynn Jones]. Synnodd fi pan ddywedodd ei fod yn disgwyl i *mi* adolygu 'Faust',—ei fod wedi gofyn i'r cyhoeddwyr anfon copi i mi! Dywedais ar unwaith na wnawn i mo'r cyfryw beth, y cai gwr a wyddai fwy am farddoniaeth ac am Ellmynneg na myfi adolygu ei gyfieithiad. Ond *gwasgai'r* peth, a daliai nad gwybodaeth o'r Ellmynneg, yn gymaint â *thymer llenyddol* oedd yn eisiau. Ond nid sgrifennaf i mo'r adolygiad. Y mae gennyf ormod o barch i Gwynn. Mynnaf adolygiad o'r radd flaenaf i'r gyfrol. Cefais ddarlith ganddo—ni ellir galw'r peth yn ddim llai—ar farddoniaeth Iwerddon, a darllenodd imi ddarnau o 'Awen y Gwyddyl' i brofi ei "osodiadau". Chwarae teg iddo!

Mewn llythyr arall at J. T. Jones, fe'i cymharodd ei hun â 'Jude the Obscure' ac yn wir, fel Jude uchelgeisiol a hunan-addysgedig, byrlymai Prosser â breuddwydion a chynlluniau.

(*iii*) Nant-y-moel a Mynydd Bach

Hyd yn oed onid oedd yn arbennig o hapus yn Ysgol Sir Aberystwyth, y mae'n sicr fod bryd Prosser ar yrfa addysgiadol a bod cael ei yrru o'r ysgol gan salwch a gwendid corfforol yn siom mawr iddo. Yr oedd mwy o siom i ddod oblegid, ymhen ychydig, pan ddatgelwyd iddo natur ei salwch, tybiodd nad oedd gobaith y câi fyw. Fe'i hanfonwyd i Nant-y-moel am gyfnod yn y gobaith y byddai newid awyr a newid bro'n gwneud lles iddo ac yr oedd yno pan gafodd wybod beth oedd o'i le arno.

Ymddengys i Brosser fynd i Nant-y-moel yn Awst 1915 a hwn, meddai, oedd y tro cyntaf iddo deithio y tu allan i Geredigion. Cymru ddieithr a gwahanol iawn oedd y Gymru y cafodd hyd iddi yn y de a chofnodir hanes ei daith a rhai o'i argraffiadau cyntaf o'r lle mewn rhai darnau llawysgrif sydd ym meddiant Mrs. Rhys :

> Bore o Awst ydoedd pan deithiem yn gyflym yn ein cerbyd tros Fynydd-Bach tua chyfeiriad Tregaron, o ba le yr oeddwn i gymryd trên am Benybontarogwy [sic] (Bridgend) ac yna i Nantymoel, a hynny am y tro cyntaf erioed. Mynd yno yr oeddwn ar gyfrif fy nghwendid corffol, —tybio y gwnai newid awyr Trefenter am awyr Nantymoel effeithiau er lles arnaf. Yr oedd y bore'n dra chyfnewidiol [;] weithiau cuddid lleuer huan gan gymylau hacr-wedd, bygythiol ; bryd arall deuai gwybren laslliw lwys i'r golwg, a gwenai'r haul yn ei ogoniant mawreddog ar fro a bryn.

Ar ôl iddo gyrraedd Aberafan, dyma drên Nant-y-moel yn dod i mewn ond ni ddaeth neb i gyfarfod ag ef :

> Codais docyn, ac ar fyr dechreuodd y tren ar ei daith, a mwyn ydoedd meddwl fod pen ein siwrne ar fin dod. Daeth Blackmill a rhaid oedd canu'n iach a'm cwmni caredig : daeth Cwmogwy [sic], a phwy welwn yn yr orsaf ond fy mrawd yn llygadu'n fanwl, a welai rywun tebyg i'w frawd ieuangaf yn gwthio ei ben gwirion allan drwy'r ffenestr. Canfu fi ar unwaith : daeth i mewn ataf a chyd deithiasom i Nantymoel, lle gwelwn fy mrawd arall at yr hwn yr oeddwn yn mynd i aros, yn disgwyl y tren yn yr orsaf. Disgynasom, ac aethom ein tri, i fyny'r heol, ac i lawr ar ein deheu, tua'r ty yn Heol Dinam.

Buan y daeth Prosser i sylweddoli bod cryn wahaniaeth rhwng bywyd y cwm diwydiannol a bywyd tawel gwledig ei gynefin :

> Melysaf hun,—hun y sawl fyddo wedi blino. Yr oeddwn yn dra blinedig ar ol y daith, ac ni chefais felysach cwsg erioed na'r un y noson honno. Pan ddeffrois drannoeth, yr oedd y lle'n fywyd i gyd. Mor wahanol i Drefenter ! Y cwbl glywsid yno ar doriad cyntaf y dydd ar fore o Awst fyddai salm ehedydd yn dylifo o ddor Gwynfa ; swn y pladurwr yn hogi ei bladur, neu trwst [sic] y peiriant, tra'n dorri'r [sic] yd ; bref buwch neu lo ; gweryriad caseg neu ebol—dyna'r oll ! A chwith ydyw newid ar arferion cysefin. Yma, clywn drwst tryciau glo, yn symud ol a blaen ; swn olwynion masnach yn chwyrnellu drwy'r heolydd, a chant a mil o bethau ereill.

Glöwr oedd John ei frawd ar y pryd a dechreuodd Prosser yntau weithio fel clerc yng nglofa'r ' Ocean '.

Uchafbwynt hanes yr ymweliad â Nant-y-moel yw'r disgrifiad o fynd i weld y meddyg. Trefnwyd iddo'i weld ddydd Sul a dywedodd Prosser y byddai wedi bod yn llawer gwell ganddo fynd i gapel Dinam na mynd gyda'i frawd i weld Dr. Thomas, meddyg pwll glo'r 'Ocean'. 'Gŵr tâl [sic], gwargam i raddau, ysgwyddog, graenus urddasol ei drem ydoedd y Dr,' meddai, 'tebycach i feirniad mewn Eisteddfod Genedlaethol na meddyg un o byllau glo Llandinam.' Profiad ysgytwol ac ofnadwy oedd clywed barn y meddyg :

> Yn ffodus ni fu raid imi aros yn hir, cyn i'r olaf o'r cleifion gael eu diwallu o'i anghenion meddygol, ac yna cefais innau fy arwain, "fel oen i'r lladdfa" i'r prawf ofnadwy. Anfuddiol, ac anweddus ar fy rhan, fyddai, pe rhoddaswn hanes manwl o'r hyn ddigwyddodd yn y ddifyngell y bore hwnnw ; digon ydyw dywedyd i mi orfod mynd drwy oruchwyliaethau celyd, ac imi ddyfod oddiyno yn filwaith pruddach, nag yr euthum i mewn. Pwy na ellai lai ? Dim ond trem graffus ar loewder fy llygaid gymrodd y meddyg cyn fy sicrhau beth ydoedd natur fy afiechyd —dim amgen na chainc o'r ddarfodigaeth. Cynghorodd fi i aros am dri neu bedwar mis yn Nantymoel a chael triniaeth ddyddiol, a thaflu heibio'r syniad o fynd yn ol
>
> I gwmni'r hen gyfeillion hoff
> I'r ysgol ar y bryn
>
> am yspaid o leiaf.

Darfodedigaeth yr esgyrn oedd y gainc, a chredai'r hogyn eiddil na fyddai'n byw ond am gyfnod byr ar ôl clywed beth oedd natur ei salwch, oherwydd yr oedd wedi arfer credu bod y darfodedigaeth yn afiechyd na ellid ei drechu, ac yn wir, meddai, nid oedd ond ymdrechion diflino'r meddyg a'r newid awyr a barodd i'r syniad o farw gilio. Yn y cyswllt hwn y mae'n werth sylwi iddo sôn nifer o weithiau yn ei ysgrifau newyddiadurol am 'y gred ffatalistig bod y neb a ddioddefo oddi wrth y darfodigaeth yn rhwym o farw o ganlyniad', ac am niwed yr agwedd ddi-sail honno. Yn yr hanes llawysgrif, â ymlaen i egluro sut y daeth llinell o waith Telynog i'w feddwl pan glywodd beth oedd o'i le arno, ac mor ddiweddar â Mawrth 24, 1927, ceir Prosser yn dyfynnu'r un llinell yn 'Led-led Cymru' wrth sôn am ddadorchuddio'r maen coffa i Delynog ac i Osian Davies yn Aberteifi :

> Prydydd a fu farw o'r darfodigaeth yn bump ar hugain oed oedd Telynog, ac y sy a'i enw'n adnabyddus ac annwyl ar gyfrif ei gerdd fechan, deimladwy "Blodeuyn bach wyf i mewn gardd." Fe wyr pob Cymro gweddol lengar a fu'n dioddef rhag y darfodigaeth am gyfaredd trist y gan honno.

Er bod Prosser yn brudd o glywed ei fod yn ysglyfaeth i'r decâd, y mae'n weddol sicr ei fod wedi lled-amau mai dyna oedd yr afiechyd cyn mynd at y meddyg. Yr oedd y darfodedigaeth yn rhemp ar Fynydd Bach. Cofia Richard Phillips amdano'n ' araf ladd teulu cyfan yn nechrau'r ganrif ac yn bylchu llawer teulu arall ' yn yr ardal honno.[5] Yr oedd y darfodedigaeth ar ei anterth yng Nghymru tua chanol y bedwaredd ganrif ar bymtheg, ond daliodd ei afael yn gryf mewn ardal fel Llangwyryfon ac y mae'r adeg pan fyddai dwy ddarlith yn y pentref bob blwyddyn, y naill ar ddirwest a'r llall ar ddarfodedigaeth, yn dal mewn cof.

Yn Nant-y-moel âi Prosser bob bore tuag un ar ddeg o'r gloch i gael triniaeth feddygol, a rywbryd tua'r cyfnod hwn bu'n rhaid torri un o'i fysedd i ffwrdd oherwydd yr afiechyd. ' Cymeriadau llon, a siaradus ydoedd y glowyr, fel rheol, a deuthum yn fuan i deimlo'n gartrefol iawn yn eu mysg ', sgrifennodd yn ei ddisgrifiad o'i arhosiad yn Nant-y-moel ond, yn ddiau, yr oedd arno hiraeth am ei gynefin, a chyn hir teimlai fod yn rhaid iddo ofyn i'w feddyg a gâi fynd adref. Disgrifiodd sut y daeth yr hiraeth am Geredigion drosto :

> Cofiaf y bore pan gododd y chwa o hiraeth troswyf. Ni chefais fawr blas ar foreufwyd y bore hwnnw, a chwedi i mi ei orffen aethum am dro i fyny'r mynydd. Yr oedd fy nghalon yn fy nghwddf tremais i gyfeiriad Ceredigion a sibrydais
>
> Os mai gwlad tecâd y'i gelwir
> Os mai gwlad afiechyd yw
> Gwell yw *marw* 'Ngheredigion
> Na [sic] yn Sir Forganwg *fyw*.

Caniataodd y meddyg iddo fynd, ac er ei fod yn dal yn nychlyd, amheuthun o beth iddo oedd cael dychwelyd i Geredigion. Yr oedd wedi dechrau adfer ei iechyd eisoes a chlodd hanes Nant-y-moel drwy fynegi hyfrydwch y teimlad o gryfhau ar ôl llesgedd a salwch :

> Hyfryted y teimla dyn ieuanc, pan yn cryfhau ar ol gwendid maith. Teimla ei waed yn llifo'n ffrydlif gynnes drwy ei wythienna[u], teimla bob giau'n ystwyth a gwydn ; dychwel y gwrid yn ol i'w wyneb irad, ac y mae'r galon yn teimlo['n] ysgafn a llon, a gwel dyn banorama bywyd yn ymagor o'i flaen. Felly finnau wedi treulio wythnosau yn Nantymoel. Yr oedd y meddyg yn deall fy afiechyd, teimlwn fy hun yn cryfhau bob dydd ; a "chiliai niwloedd Mawrth fy nigalondid o flaen heulwen Mai fy nghobaith [."]

Mynegodd brofiad tebyg iawn ym 1942 yn ei gerdd 'Troi'r Gornel' pryd, meddai,

> I'r dyfrllyd waed fe ddaeth gwres, bwriodd corff ac ysbryd eu gwae.

Dychwelodd Prosser i Geredigion, ond er iddo deimlo'n gryfach ar ôl ei driniaeth yn y de, ni ddaeth byth yn wirioneddol gryf a dengys y gerdd 'Y Nefoedd' a gyfansoddodd ar Fehefin 4, 1916, mor wan a phrudd y teimlai o bryd i'w gilydd. O dan y teitl 'Y Nefoedd' nodir i'r gân gael ei chyfansoddi 'pan mewn gwaeledd a digalondid':

Ynghanol dwndwr blin y byd
A chwiban ei gorwyntoedd
Felysed meddwl cawn ryw ddydd
Dawelwch yn y nefoedd.

Tra'n brwydro'n erbyn croesau dur
Ag anhawsterau filoedd.
Drwy lygad ffydd mwyn tremio 'mlaen
At ber orffwystra'r nefoedd.

Tra yn y byd grwm ydyw gwar
A rhychiog gwedd y lluoedd
Ond bendigedig meddwl am
Dragwyddol hoen y nefoedd.

O henffych! wynfydedig fan
Teg hafan o'r tymhestloedd
Lle byddis oll heb boen, heb graith
Nac anrhaith yn y nefoedd.[6]

Gartref, ymroes ei fam i edrych ar ei ôl orau y gallai, a chofir o hyd am ei gofal amyneddgar. Wrth iddo raddol ymgryfhau daeth Prosser i ymddiddori fwyfwy yn eisteddfodau'r wlad a chyrddau llenyddol lleol. Câi gyfle yn yr eisteddfodau i ymarfer ei ddawn a chyfle hefyd i ddod i adnabod pobl o gyffelyb fryd. Adlewyrchir ei serch at ei fro enedigol yn ei gerddi ac yn ei ddisgrifiadau o natur. Nid nepell o'i gartref yr oedd Llyn Eiddwen a golygfeydd gwych i'w gweld o Drefenter ac o Fynydd Bach, ac nid yw'n rhyfedd felly iddo ddod i garu byd natur ac i ganu amdano. Pan sonia am drefi yn ei gerddi a'i ysgrifau cynnar, sonia fel arfer am eu dwndwr ffôl, mursendod a Seisnigrwydd eu trigolion a hagrwch diwydiant ynddynt. Y mae hoffter Prosser o'i dafodiaith hefyd yn tystio i'w hapusrwydd yn ardal Mynydd Bach. Ar Ebrill 24, 1919, cyhoeddodd Prosser stori o'r enw 'Trefor Wyn a Minnau' yn nhafodiaith Ceredigion yn *Y Darian*, a dengys y dyfyniad hwn ohoni ei ymwybyddiaeth o'i phrif nodweddion :

> Dodd Dilys ddim ar y bont yn 'y nghwrdd i, i moyn i i'r ty ; a gweyd y gwir, nid yw Dilys na finne chwaith yn credu yn yr hen garu dôf, gole dydd, diramant, sy mor gyffredin 'nawr. Wedi colli Trefor, mi es i i whilo a welwn i'r Scryfennydd, ac ar ol cal gafel yndo fe, mi dries i swmpo fe ara bach i gal gweld a widde fe rwbeth o helynt y Gader. Ond, widde fe ddim, odd y beirniad heb gyrradd, a dyna'r prif achos na fyse'r cwrdd yn starto yn i bryd. "Wyt ti werth dim yto", mynte fi wrth f'hunan, a bant a fi 'nol at y bont i edrych pwy welwn i i ddal pen rheswm ag e. Tra 'rown i wrthi'n gwadu pob llw ar 'y nghorff wrth rywun nag o'n i ddim mewn ar y Gader (be nisech chi arall a rhw hen dacle bysneslyd ?), pryd yma, dath Trefor a Megan ymlân, a gweyd : "Dere yn lle clebran gwas, ma'r Steddfod wedi dechre", medde nhw. Ac mi eson, ac rodd y plant wedi starto arni 'no.

Gan na wyddai odid neb pwy oedd Euroswydd ar y pryd, dyna Brosser, yn llawn direidi fel arfer, yn ei ganmol ei hun yn 'Chwaon o Geredigion' am sgrifennu'i stori dafodiaith :

> Diolch i chwi Mr. Gol., am roi lle i'n hen dafodiaith bersain ar eich tudalennau'n ddiweddar yn yr hanes hwnnw, "Trefor Wyn a Minnau." Pam na chân ein beirdd ynddi hefyd ? Anghofiodd amryw o ddarllenwyr "Trefor Wyn a Minnau" fe ymddengys, mai ffug oedd y cwbl. Ysgrifennodd rhai i longyfarch Prosser Rhys ar ennill ohono Gadair Llanrhystyd, fel pe cymerasai'r awdur y DARIAN yn gyfrwng i utganu'i glod ei hun,—yr olaf peth a wnai, mae'n sicr. Gwybu gael llythyr hefyd oddi wrth adroddwr hyglod o'r De, yn gofyn ffafr ar ei law, fel un genedigol o'r unlle a "Threfor Wyn," ac yn hyderu y caffai hi ganddo pe ond er mwyn y cyfaill hwnnw ! ! ! Bid hysbys, [sic] i bawb na fu Eisteddfod Gadair erioed yn Llanrhystyd, a dywed awdur y stori wrthyf nad oes un o['] i lu cyfeillion yn hannu o Drawscoed. Gore te. (*Y Darian*, 8-5-1919)

Er bod lle i gredu bod bywyd yn eithaf llwm i Brosser gartref yn Nhrefenter yng nghanol y rhyfel ac yn dioddef o'r darfodedigaeth, yr oedd ei rieni yno i ofalu amdano, a chyfaddefodd ei hun nad oedd mor gyfyng arno ag yr oedd ar dlodion y trefi :

> Daeth dognu bwyd a daeth bara llwyd yn y man. Yn ffodus i mi ni welais ddim o'r prinder a wybu'r trefi—ag eithrio prinder siwgr. Yr oedd digon o ymenyn yn cael ei gynhyrchu ar y tyddyn, digon o gig hallt, ac nid oedd yn anodd cael cig ffres. Yr oedd y dogn o gig ffres a ganiateid yn llawer mwy na'r hyn a arferem ei fwyta o gig ffres yn y wlad. Ond peidiwch â sôn am siŵgr, ac am y gwahanol bethau a dreiem, yn niffyg siŵgr, i felysu'r te ! Yr oedd prisiau rhagorol am anifeiliaid a chynnyrch fferm, a cheid cystal pris am ymenyn nes temtio rhai pobl i'w gymysgu â margerîn fel y byddai ganddynt fwy i'w werthu. Cofiaf i rai yn ein hardal ni gael eu dirwyo am werthu ymenyn â margerîn ynddo. Yn wir, ar y cyfan ystyrid amser rhyfel yn amser da yng nghanol gwlad, er y taflai marw ambell fachgen o'r fro ar faes y gad brudd-der ar led weithiau. (LC, 4-10-1939)

Cofia B. T. Hopkins fod Prosser yn arfer mynd atynt yn y Triael hefyd i brynu ymenyn a nôl rhyw ddau neu dri phwys ar y tro.

NODIADAU

[1]*Eglwys Bethel M.C.* 1834-1934 *Trefenter, Llangwyryfon,* (Aberystwyth, [1934]), 25.

[2]E Prosser Rees, ' Bore o Wanwyn ar Ben Mynydd Bach ', 58-61.

[3]Casgliad Mrs. Rhys, llsgr.

[4]Ibid., llsgr.

[5]R. Phillips, *Dyn a'i Wreiddiau,* (Dinbych, 1975)105.

[6]Casgliad Mrs. Rhys, llsgr.

PENNOD 2

TYFU'N LLENOR 1916-1922

(*i*) Cyfeillion Llengar

Nid oedd bro enedigol Prosser yn fro ac ynddi draddodiadau llenyddol cryf, ac er dweud i rai yn yr ardal fedru llunio penillion er mwyn dathlu achlysuron lleol, ymddengys nad oedd llawer yn hyddysg yn y gynghanedd. Traddodiad o ganu corawl mewn eisteddfodau oedd prif nodwedd ddiwylliannol y fro ac odid nad aelwydydd llon yn adlewyrchu traddodiad canu'r cylch oedd yr aelwydydd y magwyd Prosser arnynt ym Mhentre' ac ym Morfa-du. Dywedodd mewn adolygiad llawysgrif (sydd ym meddiant Mrs. Rhys) ar *Cofiant Dr. Joseph Parry*, gan y Parchedig E. Keri Evans, ei fod yn cofio clywed ei dad a'i frodyr yn sôn am Dr. Joseph Parry pan nad oedd yntau'i hun ond yn ifanc iawn, a chenid llawer ar ei donau cynulleidfaol, meddai, ' ac ar ei unawdau ar aelwyd fy hen gartref, a dycpwyd ni i orawen y gân ganddynt aml i dro.' Dywed B. T. Hopkins wrthyf ei fod yn cofio tad Prosser yn y wagen adeg Cwrdd y Mynydd un tro pan oedd wedi'i ddewis yn arweinydd y gân, ac y mae'n amlwg oddi wrth ' Y Gof', cân Prosser am fywyd ei dad a'i fam, fod ei dad yn aelod o gôr a bod cerddoriaeth yn agos at ei galon :

Carodd ddirodres fywyd gwŷr y pridd,
 A'u difyr ystorïau am a fu ;
A charodd gywair llon a chywair prudd
 Alawon ac emynau'i henwlad gu.
Canai'n y côr na chollodd, ond ar gam ;
 Bu lawen yn nigrifwch bore'i oes ;
A gallai golli deigryn, fel ei fam,
 Pan folai'r hen bregethwyr Waed y Groes.

Byddai Prosser fel David, ei frawd hynaf, yn treulio rhywfaint o'i amser yn hyfforddwr adrodd ac yr oedd 'Jac a Joe', adroddiad i blant dan wyth oed, ymhlith y pethau cyntaf a gyhoeddodd yn *Cymru'r Plant.* Ymhlith ei ddisgyblion adrodd mwyaf disglair yr oedd Dewi Eiddwen Morgan y daeth ei ddawn adrodd gyntaf i'r amlwg tua dechrau 1919. Ymddengys fod ei ddull o adrodd wedi creu argraff ddofn ar yr ardal. ' Yr wyf wedi ffurfio rhyw fath ar "ysgol newydd" o adrodd yn Dewi, er cryn gyffro a barnu o frawdoliaeth adrodd y cylch,' sgrifennodd at Isgarn ar Chwefror 25, 1919, '—adrodd a'r elfen ddramatig ynddo yw'r adrodd a wna'm disgyblion i, a rhaid iddynt oll yn gynta peth gen i, feistroli goslefau eu llais, yn ogystal a'r gwahanol ystumiau, —a dysgu swnio pob cytsain, llafariad a dipton yn gywir a chlir'. Yr oedd D. C. Morgan, Trefenter, yn un arall o ddisgyblion Prosser, a phan enillodd fedal yr her-adroddiad i rai tan 16 yn Eisteddfod Llan-non ym 1919 cyfarchodd Prosser ef ag englyn a gyhoeddwyd yn *Y Darian* ar Fawrth 27 y flwyddyn honno :

A thirf hynt tua Threfenter,—y dug
Ein Dai'n tlws nos Wener ;
Campwr sydd yn cwympo'r ser
Ydyw, heb drai i'w hyder.

Gwnaeth adrodd Prosser ei hun argraff ddofn ar lawer un—gyrrwyd B. T. Hopkins a J. M. Edwards ' i stad lesmeiriol ' wrth wrando arno'n darllen rhannau maith o ' Mab y Bwthyn ' ac ' Yr Ynys Unig ' gan Gynan,[1] ac arhosodd y cof am glywed a gweld Prosser yn adrodd gyda D. Llywelyn Jones yntau :

> Bûm yn aros unwaith yn ardal Llyn Eiddwen, ac y mae gennyf gof byw plentyn am fyned i'r cwrdd plant a chlywed Prosser yn adrodd un o Chwedlau Esop ar fydr, sef "Y Llew a'r Llygoden." Ni ddiflannodd arnaf y peth trawiadol hwnnw yn ei wyneb a gadwodd hyd y diwedd, sef y glesni yn ei lygaid y byddai rhyw ryfedd wawr, gymysg o wên a difrifwch, yn llewyrchu drwyddo arnoch. (*Y Faner*, 14-2-1945)

Yr oedd canu ac adrodd yn rhan hanfodol o draddodiad yr ardal ac yn rhan annatod o fywyd y capel. Capel, neu'n hytrach ' Eglwys ', Bethel oedd prif ganolfan ddiwylliannol Trefenter a cheir mwy nag un tyst i bwysigrwydd Bethel i Brosser yn nyddiau'i ieuenctid. Ym 1916, er enghraifft, dyna ef yn cael ei ddewis yn un o'r rhai a oedd i hel arian at achos cenhadol Bethel. ' Y mae eglwys Bethel (M.C.), Trefenter yn un o'r rhai mwyaf selog yn y Cyfarfod Misol at yr achos cenhadol, ac y mae yn casglu cymaint os nad mwy na'r un eglwys arall yn y dosbarth at yr athro brodorol ', sgrifennodd Prosser yn *Y Cymro* ar Hydref 18, 1916,

Cyhoeddwyd yn Bethel y Sul diweddaf, fod yr adeg i gasglu at yr athro ar fin dod, a bod David Morris Jones, Pantyffynnon, ac E. Prosser Rees, Pentre, wedi eu dewis at y gwaith eleni. Merched sy'n arfer gwneud hyn, ond awgrymwyd eleni y dylid cael newid, ac ar y ddau uchod y syrthiodd coelbrennau y pwyllgor. Deallaf y bydd i'r ddau ymweled a thai'r aelodau yn fuan.

Mewn cwrdd crefyddol rai milltiroedd o'i gartref, tua 1912, clywodd Prosser Granogwen, sefydlydd ac ysgrifenyddes Mudiad Merched y De a Golygydd *Y Frythones,* ac arhosodd y cof amdani'n fyw iddo byth wedyn, 'nid yn gymaint ei phregeth', meddai, (LC, 4-11-1942) 'â Chranogwen, gydnerth, awdurdodol, ei hun.'

Gellir credu bod cael ei gyfyngu i'w gartref am gyfnod hir wedi cael cryn effaith ar feddwl Prosser. O ganlyniad i'r caethiwed a achoswyd gan ei waeledd, ar y naill law dihangodd rhag Seisnigrwydd llethol Ysgol Ardwyn, Aberystwyth, gan gadw'i agosatrwydd at y werin Gymraeg, ond ar y llaw arall collodd fanteision yr addysg ffurfiol yr oedd yn ei gwerthfawrogi'n fawr. Torrwyd ar draws ei yrfa addysgiadol unwaith ac am byth ond, o'r hyn lleiaf, nid oedd perygl i'w gariad at ei famiaith gael ei difa yn ei gartref yn Nhrefenter, ac erbyn iddo ddechrau adfer ei iechyd yr oedd cwmni cyfeillion a llenorion lleol i ddod yn fath ar addysg farddol gartref. Isgarn, 'Bardd y Mynydd Mawr', oedd y pwysicaf o 'athrawon' barddol Prosser. Daeth Isgarn, a oedd yn byw ym Mlaencaron, i wybod am y llencyn sâl ac am ei ddymuniad i gael llyfrau a dyna ef yn mynd ati i ymweld â Phrosser, a thros bedair blynedd ei anhwyldeb ddysgu iddo rai o hanfodion prydyddiaeth.

Mewn erthygl a gyhoeddwyd yn *Y Darian* ar Dachwedd 20, 1919, darluniodd Prosser gefndir a chymeriad ei athro-gyfaill:

Rhyw saith neu wyth mlynedd yn ol yr oedd llygaid gwyr llengar Ceredigion tua chyfeiriad y Mynydd Mawr, canys yno ymhell yn y mynyddoedd yr oedd bardd ifanc yn dechreu canu, a chanu'n addawol iawn hefyd. Ganesid a magesid ef yn nistawrwydd dwfn y mynyddoedd rheiny, ac heb lawer o fanteision addysg fore tyfodd yn feddyliwr a bardd ymysg y bugeiliaid, a thrwy ymdrech ddygn daeth yn un a ellid ei alw'n ddiwylliedig. Fel Richard Davies, mi gredaf yr adweinid ef ymysg ei bobl ei hun, eithr Isgarn y gelwid ef bob amser o du allan i gylch i faboed, yn enwedig pan sonid am ei ganu. Gwr tawel—tawel iawn, darllengar a chraff ydyw, a charedig hefyd i'r neb un ieuanc a fyn daro'r tannau'n well.

Erbyn hyn y mae ef yn agos i'w ddengmlwydd ar hugain oed, ac yn ddiau ni chyrhaeddodd ei anterth fel bardd eto. Ond eisys ymae [sic] ei enw'n adnabyddus, a diddorol yw sylwi ar ei gerddi.

Soniai Prosser am 'Fardd y Mynydd Mawr' yn 'Chwaon o Geredigion' o bryd i'w gilydd ac ambell dro byddai'r ddau fardd yn cystadlu'n erbyn ei gilydd yn eisteddfodau bach y wlad.

Nid cynorthwyo Prosser drwy gyfnewid syniadau ag ef ynghylch barddoniaeth oedd unig gymwynas Isgarn, oblegid fe'i cynorthwyodd hefyd drwy roi benthyg llyfrau iddo mewn cyfnod pan gâi trigolion parthau anghysbell o Geredigion gryn dipyn mwy o anhawster i gael llyfrau nag a gânt heddiw ac ar adeg pan na allai Prosser fforddio prynu ond ychydig o weithiau arbennig. Sgrifennodd at ei gyfaill ar Ebrill 23, 1918, i holi a oedd rhai cyfrolau o gyfansoddiadau'r Eisteddfod Genedlaethol ganddo yn ogystal â nifer o rifynnau eisteddfodol o'r *Geninen* :

Byddwn yn falch o gael menthyg gymaint ag sydd gennych o'r llyfrau a enwais. A fedrwch chwi drefnu i'w hanfon fel o'r blaen? Fe gymeraf bob gofal ohonynt, ac fe'i dychwelaf gynted ag y gorffennaf a hwy. Maddeuwch imi os wyf yn rhoddi ffwdan i chwi. Y mae fy mhen yn un berw o feddyliau a delfrydau, ac yn awr barddoni a barddoniaeth yw'm cwbl.

Eglurodd mewn ôl-ysgrif sut y gallai anfon y llyfrau :

Gyda llaw, parth y llyfrau fe fydd van o Drefenter yn Nhregaron yn y farchnad dydd Mawrth nesaf. Yn y Talbot y mae yn rhoi i fyny. Gellwch roi'r parsel yn y van os bydd popeth yn gyfleus ichwi.

Gyrrwyd y llyfrau a sgrifennodd i ddiolch i Isgarn ac i drefnu dychwelyd y cyfrolau'n ddiweddarach.

Prin y gellir gorbrisio cymorth Isgarn i Brosser—heb gyfaill o'i fath, buasai ei flynyddoedd gartref yn rhai unig iawn, a heb fantais ei lyfrau, anos byth fuasai iddo ymdrwytho mewn barddoniaeth hyd nes meistroli gwir hanfodion y grefft. Manteisiai ar hoffter Isgarn o ohebu i drafod llenyddiaeth ac i ofyn ei farn ar wahanol gerddi, a theimlir bod y llythyrau a anfonodd ato yn ddrych i gymeriad Prosser ar y pryd. Y maent yn gorlifo o frwdfrydedd ac ymddangosant fel pe baent yn gyfrwng iddo ollwng peth o'i afiaith lengar. Amlygir ei ddiolchgarwch i Isgarn yn ogystal â'i frwdfrydedd yn y llythyr hwn a sgrifennodd ym Mai, 1918 :

"Ba enaid wyr ben y daith
Bid anwybod yn obaith"

"Morfadu"
Llanrhystud
6-5-18

Annwyl Gymrawd,

Dyma hwyl i sgrifennu wedi codi arnaf heddy eto,—cans Isgarn yw'm hunig gyfaill barddol ymron, ac fel y profasoch mi a wn, y mae gan y prydydd rywbeth eisiau'i ddywedyd o hyd ac o hyd.

Weithion yr wyf fi fel madron yn eich llyfrau ; drachtiaf o'u gwin bob awr o'r dydd bron. Bum dros y Cennin Eisteddfodol yn lled fanol, a chanfum fod mesur helaeth o us ymysg y grawn yn ein llên. Heb y rhagrith lleiaf, yr wyf yn ystyried eich "Titanic" yn odidog, fel darn o farddoniaeth lachar a gloyw,— a daeth rhywbeth i'm gwddf, a lledodd rhyw law anwel fantell hud trosof pan ddarllenais

Ehed gweddiau hwnt i'r nos a'r sêr
O swn dau ryfedd li ;
A dyna'r tannau aur yn tonio'n bêr ;
"Yn nes fy Nuw iti,—yn nes i Ti."

Beth bynnag a ellir ei ddywedyd o safbwynt ffigyrol a gramadegol am y llinell "A dyna'r tannau aur yn tonio'n bêr", gwn i fod ynddi swyn cyfrin nas gwybum mewn odid gerdd er f'oed. Teimlaf yn sicr fod rhyw ias bêr yn dod drosoch, pan yr ysgrifenasoch y llinell firain yma. Y mae'r cyferbyniadau yn y trydydd caniad yn swynol iawn. Ond ai gwych yw'r ymadrodd "Uwchben yn *enw ser*" ?—a "dynol lanw" mewn caniad arall ? Y mae'r gerdd yma yn glod i chwi. Y mae tri bardd arall wedi canu yn y Cennin yma i'r Titanic, ond nid oes yr un ohonynt wedi esgyn uched i Barnasws a chwi.

Y mae T. E. Nicholas yn canu'n odidog hefyd yn enwedig felly yng nghaniad ola "Y Cariad Gollwyd"

"Chwilfriwia Cariad ddeddfau y Canrifoedd
A thyr i ganu yn ystormydd braw."

Y mae canu beiddgar iawn yn y bryddest hon, ond cytunaf a'i syniad bob cam, a chredaf fod Crist yn cytuno hefyd.

Aeth rhagddo yn y llythyr hwn i sôn am gyfaill llengar arall, S. Gwilly Davies, y talodd deyrnged iddo ym 1928 :

Cawsom amser difyr yn yr Alltwen aml i dro, ac fe ddysgodd lawer imi. Mi glywaf eto ei lais yn adrodd ei gerddi—y cerddi newydd fel y sgrifennai hwynt—ac yr oedd hyd yn oed ei atal dywedyd yn effeithiol y pryd hynny. (LC, 13-3-1928)

Achlysur y deyrnged hon oedd cyhoeddi *Criafol*, cyfol o gerddi gan S. Gwilly Davies a'r Parchedig David Jones, Cilfynydd, a oedd hefyd yn hen gyfaill iddo. Dywedodd iddo gwrdd â David Jones wedi iddo ddychwelyd o'r rhyfel ac yntau wedi bod yn pregethu yn ardal ei gartref:

Adnabod Dai Jones yn anad neb yw ei garu. Y mae mor hoffus a'i farddoniaeth, ac am ychydig iawn o'r beirdd y gellir dywedyd hynny—hyd yn oed y beirdd "neis" a sentimental sydd wedi gwneuthur hyn a hyn o gannoedd o bunnau oddiwrth eu llyfrau. Adwaen i lawer iawn o bregethwyr ieuainc—bum yn cyd-dyfu a chyd-lenydda ag amryw ohonynt, ond gobeithiaf nad yw'n ddim anfri arnynt hwy i ddywedyd mai Dai Jones yw'r unig un a adnabum i yn ei ddyddiau coleg y gallwn dderbyn ei gyngor a'i gysur, fel gweinidog. Mi obeithiaf nad yw cyffesu hyn yn ddim anfri ar Ddai Jones ychwaith. Nid gwerthu copras gwyn yr wyf. Efallai na ddylwn i ddywedyd peth fel hyn. Teimlo yr wyf na allaf beidio am y tro. Beth bynnag yr wyf yn cyffesu o lwyr ddiffuantrwydd calon.

Y mae'n anodd gwybod faint o gymorth a gafodd Prosser gan Evan Jenkins, Ffair-rhos, ond cydnabu ei ddyled i'r ffrind hwn am dynnu ei sylw at nofelau Thomas Hardy rywbryd yng nghyfnod ei lencyndod. 'Rhoddes fenthig "Jude the Obscure" imi ryw ddiwrnod flynyddoedd yn ol', meddai ym 1928, (LC, 24-1-1928) a hyn a roes awch iddo ddarllen holl nofelau'r awdur hwnnw—awch 'nad oedd bylu arno.' Gellir nodi bod Evan Jenkins yn cofio Prosser yn yr ysgol yn Aberystwyth pan oedd eisoes yn meddu ar eirfa eang a chyfoethog, a bod Prosser o dro i dro'n cynnwys darnau o waith Evan Jenkins yn ei golofn yn *Y Darian*.

Hyd yn oed pe bai Prosser wedi cael aros yn yr ysgol ni fuasai wedi derbyn addysg farddol Gymraeg fel y gwnaeth ym Mhentre' ac ym Morfa-du, a dylid talu teyrnged hefyd i newyddiaduron Cymraeg y cyfnod am fod yn gyfryngau hyfforddiant barddol iddo. Gwelir ei fod yn dilyn colofn farddol *Y Faner* o'i adroddiad amdano'i hun yn mynd i'r llyfrgell yn Aberystwyth tua 1915 i edrych ar y golofn honno ac yn cael yno anogaeth a chyngor annisgwyl gan ddyn dieithr:

Cofiaf glywed bod hogyn ysgol, eiddil, llwydwedd, ynghylch ei bedair mlwydd ar ddeg, yn Llyfrgell tre Aberystwyth, ar ryw fore Sadwrn ers rhyw bum mlynedd, neu beth yn llai, yn ol, ac yn darllen Colofn Farddol y Faner am yr wythnos honno yn astud iawn. Yn ei ymyl yn darllen y Cambrian News yr oedd dyn bychan, canol oed, cydnerth, sionc ei wen, a byw ei lygad, a daflai ambell i gewc slei yn awr ac eilwaith at y llencyn ysgol llwydwedd. Wrth ei fod yn gadael troes y dyn bychan ato a dywedyd yn ddistaw bach yn ei glust. "Ma'n dda iawn gen i'ch gweld chi yn darllen papure Cymraeg fel y Faner, a daliwch ati i ddarllen llenyddiaeth Cymraeg [sic] 'ymachgen i gyment ag a ellwch. Da, 'machgen i !" Daliodd yr hogyn (yn anuniongyrchol, fe ddichon) ar gyngor y dyn dieithr, ac o'r adeg honno hyd heddyw llenyddiaeth Gymraeg a gafodd ei fryd bron yn hollol, ac nid dibris ganddo o hyd yr anogaeth a gafodd ar y bore Sadwrn gynt. Mr. Roland Prys oedd y dyn bychan, canol oed, cydnerth, sionc ei wen, a byw ei lygad hwnnw, a'r hogyn ysgol, eiddil, llwydwedd, pedair blwydd ar ddeg, oedd Prosser Rhys, Moriah. (*Y Darian*, 6-11-1919)

(*ii*) Seiadau Llenyddol

Er nad oedd traddodiad llenyddol cryf yn Nhrefenter dylid cofio bod gan y fro nifer o gysylltiadau llenyddol. Yma yr oedd magwrfa'r llenorion Myfennydd a Manod Wyllt a heb fod nepell oddi yma yr oedd bro Ieuan Fardd a chartrefi Iago Trichrug a Chledanydd. Yn amser Prosser yr oedd llenor arall yn byw yng nghyffiniau Mynydd Bach a daeth hwnnw i chwarae rhan bwysig yn ei fywyd. Dywed Ben T. Hopkins iddo gwrdd yn gyntaf â'r llanc tenau, gwelw ei bryd, rhwng dwy oedfa mewn cyfarfod pregethu ym Methel. Yr oedd Ben Hopkins wedi cyhoeddi cerdd yn *Y Faner* a dyna Brosser yn mynd ato'n syth i holi yn ei chylch. Gwelodd ef toc wedyn yng Nghwrdd Gweddi'r Mynydd lle'r oedd Prosser wedi mynd â chopi o awdl 'Yr Haf'. 'Bardd prin 21ain oed yw Ben,' sgrifennodd at Isgarn ar Ebrill 15, 1918,

—bardd y gyfriniaeth yn anad dim a meddyliwr pell-draidd iawn. Da gennyf fod o help iddo gyda'r iaith,—y mae i hwn ddyfodol gwych byddai'n dda gen i feddu chwarter ei awen.

Rhoes amlygrwydd i ddoniau'i ffrind newydd yn ei 'Chwaon' ar Fai 22, 1919, drwy ddweud y dôi Cymru i gytuno ag ef yn y man fod B.T. Hopkins 'yn addewid awenyddol fawr'. Ddeunaw mlynedd yn ddiweddarach, pan dalodd deyrnged iddo yn 'Led-led Cymru', esboniodd sut y trefnent gyfarfod weithiau yn y Triael, cartref B.T. Hopkins, a chael yno groeso tywysog bob tro'r aent ar gyfyl y lle :

> Ni ellid cyfarfod caredicach pobl nag ewythr a modryb B. T. Hopkins. Y mae'r ewythr, Mr. David Jones, bellach wedi marw ers rhai blynyddoedd ; yr oedd ef yn wr amlwg iawn yn y cylchoedd, yn wr deallus, cytbwys ei farn, hynaws. Ond y mae'r fodryb, Miss Jones, yn y Triael o hyd. Nis gwelais ers rhai blynyddoedd ; dyna un o gosbau bod yn newyddiadurwr, yr ydych yn fynych yn rhy gaeth i fyned ar sgawt i unman o [sic] fo rywfaint allan o'r ffordd. Nid wyf wedi anghofio'r bwrdd bach crwn yng nghegin y Triael a hulid mor ardderchog, nac am ei charedigrwydd a'i sirioldeb gwastadol hithau. Nid rhyfedd bod B. T. Hopkins yn wr hynaws ac yntau wedi ei fagu gyda phobl mor hynaws. Nid rhaid imi ddywedyd inni gael sgyrsiau lawer gyda'n gilydd, ill dau, yn enwedig am farddoniaeth gyfoes. Bu ei gymdeithas, nid yn unig yn solas yn nyddiau gwendid, mewn rhanbarth unig, eithr hefyd yn gyfrwng i'm goleuo a minio fy neall. Mynych y soniodd am y fantais a fum i iddo ef ; y mae'n hollol sicr y bu ei gwmni ef yn llawn cymaint o fantais ymhob ystyr, i mi. (LC, 29-6-1937)

Ymhen rhai blynyddoedd, daeth J. M. Edwards o Lanrhystud i ymuno â chylch cyfrin B. T. Hopkins a Phrosser.

Un math o gyfarfod llenyddol a berthynai i gyfnod y rhyfel yn unig oedd y cyngherddau i groesawu milwyr yr ardal a oedd wedi dychwelyd adref o'r fyddin yn Ffrainc a mannau eraill. Un eitem ym mhob un o'r cyfarfodydd hyn fyddai ' Anerchiadau gan y Beirdd ' ac â cof cyntaf J. M. Edwards o Brosser yn ôl i gyfarfod o'r math hwn ym Moriah yn Nhachwedd 1917. Dengys disgrifiad J. M. Edwards o Brosser yr adeg honno nad oedd y darfodedigaeth wedi ffrwyno'i lengarwch tanbaid mewn unrhyw fodd :

> Er mai adeg o lonyddwch a gorffwys oedd hwn, eto i gyd, cynhyrfai ynddo'r awyddfryd, pan ddôi cyfle, am fynychu mân eisteddfodau'r wlad a'r cyngherddau croeso i filwyr yr ardal a ddychwelai adre dros dro o'r fyddin yn Ffrainc a mannau eraill. Un eitem ymhob un o'r cyrddau hyn fyddai "Anerchiadau gan y Beirdd". Ar noson felly, yng Nghapel Moriah, ryw dri lled cae o'i gartref, y clywais ac y gwelais ef gyntaf. Cododd llanc ifanc o'r cefn gyda'i wyneb crwn, hawddgar ryfeddol, ond gwelw—gwelwach hwyrach dan y cnwd o wallt llyfnddu, ac aeth ymlaen i adrodd ei benillion. Clywswn sôn cyn hyn am ei enw, a meddyliais mai dyma'r cyfle i gael gair ag ef. Ond rywsut fe lithrodd allan i'r tywyllwch heb ddweud dim wrth neb. Cododd goler ei got a diflannodd. Collais ef

y tro hwnnw, ond safodd y darlun byw o'r bardd ifanc delfrydol yn fy nychymyg am amser maith.[2]

Y mae'n glir oddi wrth lythyr a sgrifennodd at Isgarn ar Chwefror 25, 1919, fod y cyfarfodydd croeso yn llenwi amser Prosser tua'r cyfnod hwn :

> Bum yn brysur iawn yr wythnos ddiwethaf yma, rhwng popeth. Y mae'r Cyngherddau Croeso yma bron a'm llethu,—canys erbyn pob un ymron, rhaid imi wneud rhyw ddau ddarn o ganu i rai o'r plant yma, i ffitio alaw,—yna wneud annerch barddol, ac yn fynych iawn gelwir arnaf i siarad, ac yr wyf yn swil i wneuthur hynny,—a minnau ddim ond hen grwtyn digon direidus.

Ymddengys na wyddai Prosser pwy oedd J. M. Edwards yn Nhachwedd 1917 ond daeth i wybod yn Eisteddfod Llan-non 1919 pan aeth J. M. Edwards ato ar y ffordd allan a siarad ag ef. Yr oedd J. M. tuag un ar bymtheng mlwydd oed ar y pryd ac yn grwtyn, meddai Euroswydd, ' a ymddangosai imi yn un henaidd iawn o'i oed, ac iddo ddiddordeb mawr mewn llên a chân.' (*Y Darian:* 23-10-1919). Ni chymerodd amser hir i J. M. Edwards ddod i wybod cyfrinach fawr Prosser, sef mai ef oedd Euroswydd a sgrifennai 'Chwaon o Geredigion'. Disgrifiodd Prosser y ddau'n cydgerdded o Lan-non i Lanrhystud lle'r oedd J. M. Edwards yn byw :

> Ac ebe ef wrthyf yn rhywfan, "Beth ichi'n feddwl, pun ai hen ai ifanc yw Euroswydd y DARIAN ?" "A dyma fe," ebe finnau, a'r bardd ieuanc gan syllu arnaf am ennyd yn fud a synnodd, ac a ryfeddodd ddod ohono ar ei draws fel hynny. Darganfu fodd bynnag pa un a[i] hen ai ifanc oedd chwythwr y "Chwaon" ! Dalied ati gyda'i lyfr a'i gerdd ; diau bod dyfodol gloyw yn ei aros.

Cwrddai'r tri'n weddol reolaidd a phrofai'u seiadau llenyddol yn lles iddynt ill tri. Nid anghofiodd J. M. Edwards na B.T. Hopkins eu dyled i Brosser, a mynegodd y cyntaf ei werthfawrogiad o'r oriau a dreuliodd yn ei gwmni yn ei gerdd goffa iddo :

> Ond myfi a'th gofiaf rhwng Bethel a Moreia, yn llanc
> Wynepcrwn cyn nesu o bangau yr adwaith mawr ;
> Lle drachtiwn yn rhydd win newydd dy ganeuon
> Rhwng llwyni'r grug a'r eithin, bro'r arogleuon,
> Lle'r oedd "cwysi coch yn gollwng tawel sawr."[3]

Yn ystod ei salwch dysgasai Prosser ddarnau helaeth o awdlau a phryddestau ar gof, ond yr oedd hefyd yn drwm dan gyfaredd gwaith Housman a rhai beirdd Saesneg eraill. ' Nid wyf wedi darllen fawr o Walt Whitman na dim o R. J. Derfel, ond y mae llawer o waith Nicholas ar fy nghof', sgrifennodd at Isgarn ar Ionawr 6, 1918,

> Yr wyf yn hoff o Gray, Keats a Browning, a bwriadaf ddarllen Jno. [sic] Masefield pan fedrwyf brynnu'r gyfrol neu'r cyfrolau o'i waith.

Cofia J. M. Edwards am gydgerdded gydag ef a B.T. Hopkins dros y gors un hafnos o Fehefin a Phrosser yn tynnu copi o'r *Shropshire Lad* o'i boced ac yn mynd drwyddo, gân ar ôl cân, ' nes meddwi ohonom wrth sipio'r gwin prydyddol hwnnw am y tro cyntaf'.[4] Yng nghlydwch Morfa-du neu'r Triael, sgyrsiai'r tri'n frwd am lenyddiaeth a chan fod Prosser ar ben ei ddigon pan fyddai'r tywydd yn arw, byddai'r cwmni llengar yn fwy amheuthun byth iddo pe bai storm yn chwipio'r coed a'r cerrig a'r mawnogydd o gwmpas y tŷ. Ymhen ychydig flynyddoedd symudodd Prosser i Gaernarfon ac ni châi gyfle i gwrdd â'r ddau arall ond pan âi'n ôl i Geredigion ar wyliau. Gwahoddodd J. M. Edwards Brosser i sgrifennu'r rhagymadrodd i'w gyfrol *Cerddi'r Bore* ym 1925, ac y mae'r agosatrwydd a oedd rhwng y ddau i'w weld yn y gerdd a ganodd Prosser pan enillodd J. M. Edwards Gadair yng Ngoginan ym 1927, cerdd sydd yn dechrau:

> Mi'th gofiaf di yn dechreu cwrdd a'r delyn
> Yn llencyn henaidd un ar bymtheg oed ;
> Cans hoen gwanwynau ir a hafau melyn
> Ar lannau Wyre yn dy waed a roed. (LC, 1-11-1927)

Cyn mynd i Gaernarfon aeth Prosser i Aberystwyth i weithio ar y *Welsh Gazette* a chafodd nifer da o gyfeillion yn y dref. Gyda hwy, câi gyfle o bryd i'w gilydd i gynnal seiadau llenyddol o fath gwahanol i rai Mynydd Bach, a than arddel y ffugenw ' Euroswydd ' disgrifiodd un seiat ar noson arw yn Aberystwyth ym 1919 :

> Noswaith arw iawn, iawn, oedd hi yn Aberystwyth yma neithiwr. Yr oedd y gwynt a'r glaw fel petaent am y dycnaf, a rhagddynt, gwallgof oedd tonnau ffromwyllt y Bau. "Gwell aelwyd na heol, ar noson fel hon"

ebr y bardd, eithr fe gâr rhai ohonom y dymestl, ac i'n heneidiau cynghanedd ber yw angerdd cwynfannus y tonnau. Bu'm [sic] yn y storm, beth bynnag, am gryn amser neithiwr yn crwydro a chrwydro'n ddialw, yma ac acw a'm henaid wrth ei fodd. O'r diwedd gan droi, mi a droais i mewn at ddau gyfaill imi, a dau fardd, a letya yn yr unfan, fel y mae'n weddus,—sef Gwilym Ceri Jones, o Rhydlewis, a I. Ehedydd Jones o Rhydycymerau; a dau bregethwr ifanc gyda'r Methodistiaid ydynt. Cyn hir daeth Prosser Rhys i mewn atom yn lyb dyferu, a'i longyfarch a wnaed ar ennill ohono wobr y delyneg "Wedi'r Gawod" allan o 17 o ymgeiswyr yn Eisteddfod Goginan y Mawrthgwyn tan Ddewi Teifi, awdur englyn "Y Gragen." (*Y Darian*, 26-6-1919)

Aeth Euroswydd yn ei flaen i sôn am feirdd eraill yn y cylch—S. Gwilly Davies a Hywel Myrddin—a nododd fod Gwilym Ceri'n bwriadu mynd o Rydlewis i amaethdy'r Cilie ' at Isfoel a Sioronwy, a gwyr pawb am yr heulwen lenyddol ddifachlud a leuera yno fyth.' Torrodd iechyd Gwilym Ceri pan oedd newydd orffen blwyddyn yn y Coleg Diwinyddol yn Aberystwyth ac y mae'r pennill a sgrifennodd Prosser i ddymuno adferiad buan iddo yn rhoi syniad o natur lenyddol eu sgyrsiau :

A gawn ni eto, Gwilym, fin yr hwyr
Gyd-rodio'r "Prom" fel yn y dyddiau fu ?
Gan son am lawer cerdd, mewn gwynfyd llwyr,
A bregliach coeg rianedd ar bob tu. (*Y Darian*, 4.9.1919)

Yr oedd Dewi Morgan eisoes yn Aberystwyth pan aeth Prosser i weithio yno a daeth yntau'n un arall o ffrindiau awengar y bardd. Cyfeiriodd ato yn ei ' Chwaon o Geredigion ' olaf yn *Y Darian* ar ddydd Calan, 1920 :

Bardd rhagorol yw ef, a beirniad llên ac adrodd cystal a hynny, ac actiwr mewn drama cystal a hynny wedyn, ebr y cownt diweddaraf. Ganedig o Benygarn yw Mr. Dewi Morgan, a daw o'r un teulu a'r diweddar Barchn. T. J. Morgan a Wm. Morgan (M.C.), Y Garn. Y mae'n Gymro i'r bôn, a medd ar barodrwydd yr hen feirdd i fynegi mewn cynghanedd. Fel hyn yn gywir, mi glywais, y cyfeiriodd ef lythyr at gyfaill iddo er's rhai misoedd yn ol :—

"I'r Postman :

At Prosser heb bryderu,
Ef a dynn i'r Morfadu ;
Deg daith, cais weinidog da
Yr awen, ym Moriah ;
Try i'w bau rhag stwr y byd,—
Llain ar rostir Llanrhystyd."

Ymhen ychydig flynyddoedd, yr oedd Prosser a Dewi Morgan yn cydweithio ar *Y Faner* yn swyddfeydd y *Cambrian News* yn Aberystwyth, y naill yn Olygydd *Y Faner* a'r llall yn Is-Olygydd *Y Faner* ac yn ohebydd i'r *Cambrian News.*

(*iii*) Eisteddfota a Llenydda

Yn ôl ei dystiolaeth ei hun, yng ngholofn farddol *Y Faner* y cyhoeddwyd yn gyntaf 'unrhyw ddim ar lun prydyddiaeth' o'i waith yn hydref neu yng ngaeaf cynnar 1915. (*Y Faner*, 4-1-1939) Beth bynnag am hynny, wrth edrych drwy golofn farddol *Y Faner,* y gerdd gyntaf o'i eiddo y cefais hyd iddi oedd y gerdd 'Daeth Gaeaf yn Ol' a ymddangosodd ar ddydd Calan 1916 ac efallai mai'i thestun a barodd i Brosser dybio mai tua dechrau'r gaeaf y'i cyhoeddwyd. Telyneg natur ydyw sy'n edrych yn ôl at yr haf, yn disgrifio'r gaeaf ac yna'n edrych ymlaen at y gwanwyn i ddod. Dyma, er enghraifft, y pennill olaf ond un :

Ond daw y gwanwyn gwyrd[d]
Daw cyn bo hir,
Addurna goedydd fyrdd
A'i fantell îr ;
A chana'r adar mwyn
Ar frigau'r coed,
A'u cathlau llawn o swyn
Hudant bob oed.

Gwnaeth gweld penillion o'i waith ei hun mewn print argraff ddofn arno, a hyd yn oed ym 1939 yr oedd yn dal i gofio'n glir sut yr edrychai'r gân honno yn nheip *Y Faner,* bedair blynedd ar hugain ynghynt. Fe'i taniwyd gan yr awydd i yrru cerddi ac erthyglau o'i waith i'r gwahanol gyfnodolion a phapurau a fodolai ar y pryd.

Hyd y gallaf weld, ysgrif ar 'Gerallt Gymro', a gabolwyd gan O. M. Edwards ac a gyhoeddwyd yn Chwefror 1915 yn *Cymru'r Plant,* oedd y darn cyntaf o waith Prosser i ymddangos mewn print, ac yntau heb fod ond yn dair ar ddeg oed ar y pryd. Yn *Cymru'r Plant* yr un flwyddyn, cyhoeddodd ysgrif ar 'Maelgwn Gwynedd', cyfres o ysgrifau 'Mewn Gwledydd Pell', a cherdd efelychiadol, 'Y Fam a'i Baban'. Cyhoeddodd fwy o ysgrifau 'Mewn Gwledydd Pell' ym 1916, a chyhoeddodd dair cerdd newydd yn yr un cylchgrawn y flwyddyn honno. Gwelwyd ei waith mewn cyhoeddiadau eraill, ac erbyn Hydref 1916 yr oedd y llenor ifanc yn sgrifennu colofn am 'Llangwyryfon a'r Cylch' yn weddol reolaidd yn *Y Cymro*.

Nid y cylchgronau a'r newyddiaduron oedd yr unig leoedd y gallai Prosser ymarfer ei ddawn sgrifennu a chyfansoddi, ac am gyfnod byr daeth cystadlu yn eisteddfodau'r wlad yn bwysicach gorchwyl iddo na chyhoeddi'i waith. Cerdd ar y testun 'Coffadwriaeth i Lord Roberts' y gofynnwyd amdani yn y gystadleuaeth eisteddfodol gyntaf y cymerodd ran ynddi. Yr oedd hynny ar ddechrau 1916, ond er ei ymroddiad a'i fyfyrdod nid enillodd yn y gystadleuaeth honno. Ddeuddeng mlynedd yn ddiweddarach, adeg marwolaeth Haminiog, bardd buddugol y gystadleuaeth, adroddodd Prosser hanes y cystadlu i ddarllenwyr *Y Faner* :

> Mewn Eisteddfod yn Lledrod—bro Ieuan Fardd—yr oedd y gystadleuaeth honno—Eisteddfod yr oedd bychander ei gwobrwyon a nifer fawr ei chystadleuwyr ymhob adran yn un o'r profiadau Eisteddfodol mwyaf nodedig a wybum i. Yr oedd testun y pedwar pennill wyth llinell, y cynhygid gwobr o ddeunaw ceiniog, yn un aruchel iawn, "Coffadwriaeth i Arglwydd Roberts." Cofiaf yn dda ddarllen y testun ar y poster o'r tu allan i'r capel yn Nhrefenter ym mis Chwefror 1916, a dyna'r llanc pymtheg oed yn myned ati ar unwaith i feddwl am lunio'i gerdd. (LC, 26-6-1928)

Aeth at ysgolfeistr ardal agos i'w gartref i ofyn benthyg copi o fywgraffiad yr Arglwydd Roberts, ond gwrthododd y gŵr hwnnw ei helpu a bu'n rhaid iddo fynd wedyn at hen athro i gael copi o'r cofiant. Yn eironig, gwrthwynebydd cydwybodol oedd yr hen athro adeg y rhyfel a theimlodd fod yn rhaid iddo egluro i Brosser 'nad oedd ef yn cymeradwyo canu i filitariaeth'. S. M. Powell oedd beirniad y gystadleuaeth, ac er i Brosser golli, gellir clywed tinc o hiraeth yn ei atgof yn saith ar hugain oed am fywyd yn bedair ar ddeg oed. 'Yr oeddwn yn fwy gwareiddiedig y pryd hynny nag yr wyf yn awr', meddai, 'yn gymaint a'm bod y pryd hynny naill ai'n trefnu i gyfarfod yn achlysurol a phob bardd yng Ngheredigion, bron, neu yn sgrifennu'n gyson atynt.' Y mae'n ddiddorol mai cerdd ryfel oedd y gerdd gystadleuol gyntaf hon, a dengys 'Coffadwriaeth am Lord Roberts' fod Prosser heb ddatblygu syniadau pendant am Gymru nac am y rhyfel yn y cyfnod hwn. 'Dyrchafu Prydain' oedd nod yr Arglwydd Roberts a chlodforwyd ei ysbryd rhyfelgar a'i gymeriad milwrol gan Brosser fel yr oedd disgwyl iddo wneud yn y gystadleuaeth. Efallai mai hynny sydd yn cyfrif am ei sêl dros ymdrechion gwrthrych y gerdd i gynyddu maint y fyddin :

> Hyd farw, caled weithiaist dros ein byddin
> Ymdrechaist i amlhau ei nifer hi.[5]

Nid oes tystiolaeth fod ganddo unrhyw amcan oddieithr ennill y gystadleuaeth wrth ganu i filitariaeth fel hyn.

Yr oedd Eisteddfod Lledrod 1916 i ddechrau cyfnod o fwrlwm eisteddfodol i Brosser, a gwelir ei fod wedi'i lwyr feddiannu gan y chwant cystadlu yn y disgrifiad o'i helyntion eisteddfodol ym 1917 a sgrifennodd at Isgarn ar Ionawr 18, 1918. Ar ddechrau'i lythyr, crynhodd ymdrechion eisteddfodol y flwyddyn :

> Dechreu'r flwyddyn 1917 y dechreuais i gystadlu o ddifri, a thyma a enillais o fan wobrwyon. *Aberystwyth* Gwyl Dewi,—cân ar "Ben Dinas" ; *Llanilar* Y Groglith "Cloch yr Ysgol" ; *Llanddewi Brefi* Y Groglith "Ymarfer dy hun i dduwioldeb" ; *Nantymoel* Y Pasc "Ymadawiad y Milwr" ; *Blaenpennal,* Mehefin, "Y Llynges Brydeinig" ; *Nantymoel* Medi "Bygwth y Tanforolion." Ac yn niwedd y flwyddyn y daeth Cadair Flynyddol *Dinam* (*M.C.*) *Nantymoel*, am bryddest "Heddwch".

Y mae'n ymddangos mai 'Ymarfer dy hun i Dduwioldeb' oedd y fuddugoliaeth gyntaf o unrhyw bwys iddo, oherwydd ym 1924 cyfeiriodd at honno fel ei wobr gyntaf gan ddiystyru 'Pen Dinas' a 'Chloch yr Ysgol' yn llwyr. 'Macwy'r Bannau' yw'r ffugenw a geir ar lawysgrif 'Ymarfer dy hun i Dduwioldeb', a chyhoeddwyd y gerdd honno ar Hydref 27 yr un flwyddyn yn *Y Faner*. Gwelir natur y gerdd o'r pennill cyntaf :

> Mae mwynder ym madrondod chwantau'r byd,
> A swyn annirnad mewn anlladrwydd du ;
> Ffordd yr afradlon,—llydan yw, a llefn,
> A llon yw'r cwmni hyd at lan y lli ;
> Ond O ! mor drist y teithio hwnt i'r llen,
> A'r caddug teryll yn dwyshau o hyd ;
> Tra'r colledigion ar y donnen front,
> Tan wg anorfod barn yn dru eu pryd.

Dengys y gerdd fod Prosser eisoes yn ddigon cyfarwydd â defnyddio'r geiriadur, ond gyda'r arian a enillodd amdani dywed iddo brynu copi o eiriadur Cymraeg Bodvan Anwyl, a phrofodd hwn yn hyfforddwr ac yn ffynhonnell geiriau am gryn amser wedyn.

Canodd Prosser gerdd ar y testun 'Y Llynges Brydeinig', a doniol i genedlaetholwr pybyr y deugeiniau oedd edrych yn ôl ar rai o destunau'i ganeuon cyntaf. Nid hwyrach mai 'Y Llynges Brydeinig' yw'r gerdd fwyaf Prydeinllyd a Fictoraidd a gyfansoddodd erioed ond ymddengys imi fod peth beirniadaeth ar nerth y llynges hyd yn oed yn hon ; ni ellir gwadu nad yw'r bardd yn drist wrth feddwl am ryfel :

> A thra'n dymuno iti lwydd yn helaeth,
> Pan beidio'r drin a darnio blodau'r byd,—
> O cilied mallwanc waedlyd o dy arfaeth,—
> A boed Cyfiawnder glan yn llathru'th fryd ![6]

Y mae gofid yn nodweddu bron y cwbl o gerddi rhyfel Prosser, a hyd yn oed pan fo'n canmol cyfiawnder y lluoedd arfog ac egwyddorion Cristionogol y rhyfel, yr elfen bersonol a thrychinebus sydd drechaf yn aml.

Enillodd tri phennill Prosser o foliant i'r Llynges Brydeinig ddeunaw ceiniog iddo ond ymddengys nad oedd yn hir cyn newid ei feddwl am wychder a harddwch lluoedd arfog Prydain :

> Nid oedd odid neb yn amau'r pryd hwnnw nad oedd rhyfel 1914-1918 yn rhyfel i derfynu rhyfel, ag eithrio ambell ŵr amheus yma a thraw, a phobl oedd yn barnu pethau drostynt eu hunain oedd y rheini. Cofiaf imi sgrifennu rhai cerddi jingoistaidd iawn yn ystod blynyddoedd cyntaf y rhyfel—rhwng y pedair ar ddeg a'r un ar bymtheg oed. Yna dechreuais ddarllen cyhoeddiadau'r "Union of Democratic Control" a'r "Deyrnas," ac ni bûm yn hir cyn newid fy meddwl am effeithiolrwydd rhyfel i gyrraedd yr amcanion proffesedig. (LC, 4-10-1939)

Cafodd y newydd am dranc annhymig Hedd Wyn effaith ar Brosser hefyd. Parodd ing enaid iddo a gwnaeth iddo sylweddoli oferedd gwastraffus a gofidus pob rhyfel. 'Yr oeddwn i'n ddirprwy-bostmon i ran anhygyrch iawn o'r wlad yr adeg honno,' meddai, 'a chofiaf i'r newydd fy ngwneuthur yn ddiflas am wythnosau, ac imi grïo cryn dipyn ar fy rownd y diwrnod y cyrhaeddodd y newydd.'

6. Portread.

7. Prosser a Chadair Hâd y Cymry, 1920.

8. Prosser a Charadog Prichard.

9 Portread.

10. Eisteddfod Genedlaethol Pont-y-pŵl, 1924.

11. Portread.

Ym 1917 gwnaeth Prosser ymdrech i ennill ei Gadair gyntaf, ond fel yr adroddodd wrth Isgarn ar Ionawr 18, 1918, bu'n rhaid iddo ddal ati'n hir cyn llwyddo :

> Rhoddais y cynnyg cyntaf am Gadair yn Eisteddfod Daleithiol Myrddin, Bancffosfelen ger Pontyberem ym Mehefin ar "Ymgedwch yng Nghariad Duw ["] (200 llinell) tan Gwili. Ffolineb oedd anturio i'r ornest hon, gan nad oedd gennyf namyn wythnos o amser pan gefais y Rhaglen. Fodd bynnag, er nad oeddwn ymhell ymlaen o'r 12, fe roes Gwili glod i'w hawenyddiaeth. Pelidros aeth a'r gamp yma. Wedyn fe rois gynnyg ym Mlaengarw ddiwedd Gorffennaf ar bryddest "A'r Berth heb ei Difa" o dan Sarnicol. Daeth pedwar ar ddeg (14) i'r ymgyrch, ac fe gefais y fraint o fod yn gyd-ail oreu, a'r clod o fod yn ieithydd cryfa'r gystadleuaeth. Teimlai Sarnicol y cynllun yn rhy newydd a rhamantus, a'r iaith yn *rhy* goeth, gwaith dipyn yn fwy ymarferol a hoffai gael. Eto yr oedd ei galon ar y bryddest a ffugenwais "Craig y Gwcw" enw un o greigiau Mynydd Bach. Perthog, o Benmachno a gadd y gadair.

Wedyn, ar ôl cystadlu yn Eisteddfod Blaengarw, ceisiodd am Gadair Resolfen tua diwedd Medi ar y testun 'Gwyn eu Byd y Rhai a Erlidir o Achos Cyfiawnder'. Disgwylid cerdd o 150 i 200 o linellau ac Alfa oedd y beirniad. Ym 1918, yr oedd Prosser yn teimlo o hyd mai 'hon yw pryddest fy nghalon' oherwydd, meddai,

> Yr oedd y testyn yn unol a'm [h]enaid, ac yr oedd adfyd fy hen athro a'm cyfaill cun Dr. Davies Aberystwyth yn rhoi rhyw realiti newydd yn yr adnod imi. Cenais y bryddest yn gyfan yn sonedau, a theimlais ryw gynhyrfiadau na theimlais o'r blaen tra'n canu hon, a chefais olwg y pryd yna i eangderau'r arfaethau Duw [sic].

Disgrifiwyd y bryddest gan Alfa fel un 'feddylgar a'i cherddediad yn gryf', ond er bod 'swn y gwir awenydd ynddi', ni hoffai dywyllwch rhai darnau. Efallai nad yw'n anodd deall safbwynt Alfa, ond er ei bod yn rhwydd inni weld gwendidau'r gerdd ac yn enwedig wendid y moesoli a'r disgrifiadau geiriog tywyll mewn rhannau ohoni, dengys yn blaen fod gan Brosser eisoes beth newydd i'w ddweud a'i fod eisoes yn edmygu'r enaid ar wahân, yr unigolyn a fyddai'n barod i sefyll dros ei ddaliadau er gwaethaf barn y llu amdano :

> Bu i'n gwron braw o werth ei sud
> Ger tranc a wybu bris yr annwn boeth
> Ifengwr a ddibrisiodd eiriau'r doeth
> A aethai yn gaethwas ffol i wyr y llid[7]

Er nad enillodd y gystadleuaeth yn Resolfen, fe'i dosbarthwyd gyda'r goreuon, a symbylodd canmoliaeth Alfa iddo geisio am Gadair Cwmafon ar y testun 'Hunanaberth'. Gan iddo dybio 'fod y Milwr a'r gad yn ystrydebol bellach', canodd 'ar gynllun newydd hollol bryddest rhamant', ac unwaith eto fe'i dosbarthwyd ymhlith y rhai gorau yn y gystadleuaeth. Yn Nant-y-moel, o'r diwedd, enillodd ei Gadair gyntaf am ei bryddest ar 'Heddwch'.

Cystadlodd Prosser mewn nifer o eisteddfodau yn ne Cymru ac ymddengys mai hysbysiadau'r *Darian,* y papur y sgrifennai'n lled-reolaidd ynddo ym 1919, a oedd yn gyfrifol am ei symbylu i gystadlu mewn eisteddfodau y tu allan i'w ardal ei hun. 'Diwrnod hapus imi oedd hwnnw pan ddaeth "Y Darian" newyddiadur cenedlaethol y dyfodol gyntaf i'm llaw', meddai,[8] oherwydd, er iddo gystadlu ar farddoniaeth cyn hynny, 'yng ngwres hysbysiadau Eisteddfodau'r Darian y daeth yr awydd yn angerdd.' Esboniodd ymhellach mai hanner coron oedd gwobr arferol Ceredigion am bedwar pennill wyth llinell ond mai coron a saith a chwech oedd y gwobrwyon yn y de.

Yr oedd gwaith T. Gwynn Jones a Williams Parry eisoes wedi gwneud argraff ddofn ar Brosser, a chymaint oedd ei edmygedd o T. H. Parry-Williams ac yn fwyaf arbennig o'i bryddest 'Y Ddinas' nes y teimlai ei bod yn ddyletswydd arno sgrifennu colofnau i'w amddiffyn rhag ei feirniaid adeg helynt y Gadair Geltaidd yn Aberystwyth. Yr oedd dau ymgeisydd o bwys am y Gadair—T. H. Parry-Williams a Timothy Lewis—ond gohiriwyd dewis rhyngddynt oherwydd i Gymrodyr y Rhyfel Mawr a chymdeithasau eraill brotestio i'r coleg na ddylid penodi T. H. Parry-Williams gan ei fod yn wrthwynebydd cydwybodol adeg y rhyfel. Fel canlyniad i'r gohirio, ymddiswyddodd Parry-Williams. 'Pob parch i Mr. Timothy Lewis, ond yn sicr y mae Dr. Parry[-]Williams yn llawer gwell ysgolhaig Celtaidd nag ef, a thystia'r efrydwyr bod darlithiau y dyn ieuanc o Ryd-ddu yn dra rhagorol, a chwynant eu colled yn fawr ar ei ol', sgrifennodd Prosser dan y ffugenw 'Un o Aberystwyth' yn *Yr Herald Cymraeg* ar Hydref 14, 1919. Cafwyd sylwadau tebyg ganddo yn *Y Darian* ac fe'i hatebwyd gan 'Un arall o Aberystwyth' yn *Yr Herald Cymraeg* ar Hydref 21 :

Dywed "Un o Aberystwyth" fod Dr. Parry[-]Williams yn llawer gwell ysgolhaig nag ydyw Mr. Timothy Lewis. Ond nid yw gair gohebydd dienw heb dystiolaeth safadwy o'r tu ol iddo, yn debyg o argyhoeddi'r cyhoedd. Geill fod "Un o Aberystwyth" yn ddigon gonest ei farn wrth ddweyd hynny—ond a fedr efe gael unrhyw awdurdod uchel a chydnabyb-yddedig ym myd Addysg Geltaidd i ategu ei haeriad. Nid yw prif ysgol-heigion Celtaidd y Cyfandir, na Lloegr, na'r Iwerddon, na Chymru yn credu mai Dr. Parry[-]Williams yw yr ysgolhaig goreu. Mynega Dr. Loth a Prof. Vendryes, o Paris, Dr. Cuiggin [sic], o Caergrawnt, Dr. O' Connell o'r Iwerddon, Dr. Gwenogfryn Evans a'r Prof. T. Powel o Gymru mai Mr. Timothy Lewis yw yr ysgolhaig Celtaidd goreu a'r cym-hwysaf i'r gadair.

Ymddiheurodd Bwrdd Golygyddol *Y Darian* am sylwadau Eur-oswydd yn y papur hwnnw :

> Anfonir atom i gwyno bod paragraff o eiddo Euroswydd yn y DARIAN bythefnos yn ol yn gwneud cam a Mr. Timothy Lewis, M.A., ynglyn a'r cais i ddewis un i'r gadair hon. Aeth y paragraff hwnnw i mewn pan oeddem wedi mynd am ychydig seibiant. (*Y Darian*, 6-11-1919)

Ar wahân i ddadl y Gadair fe'i cafodd Prosser ei hun mewn dadl arall ynghylch Parry-Williams, y tro hwn ynghylch 'Y Ddinas' yr oedd wedi'i disgrifio fel 'y bryddest odidocaf yn yr iaith Gymraeg'. Atebwyd sylwadau Prosser ar 'Y Ddinas' yn 'Llith y Llew' yn *Yr Herald Cymraeg* ar Ragfyr 9, 1919, ac atebodd yntau ar Ragfyr 16. 'Y mae degau ohonom o eigion calon wedi teimlo bod y gerdd hon yn ddyrchafol ei dylanwad ar ein meddyliau,' meddai,

> ac y mae hi wedi dysgu inni gashau'r aflendid a'n holl eneidiau. Oni ddysgodd hi hynny i'r Llew, gwell iddo yn gyntaf ysbio ei galon ei hun, cyn condemnio'r bardd.

Nid oedd yr ymryson wedi dod i ben erbyn i Brosser ddechrau gwaith ar *Yr Herald Cymraeg*, a daeth y Llew dan ei lach eto ar Chwefror 10, 1920 :

> Hawdd yw esbonio'r ymosodiad ar y "Ddinas" i'r neb a wyr rhyw gym-aint am yr hyn sy'n mynd rhagddo o'r tu ol i'r llenni mewn cylch llenyddol arbennig yn y Gogledd.
>
> Beth am ddadl y Llew i [sic] erbyn y "Ddinas" ? Yn bennaf dim, amlyg-wyd ysbryd annheilwng a gwyllt. Cyhuddai ei wrthwynebydd o fynegi

pethau na fynegodd ; galwai un o'i lythyrau yn "flagiardus," a'r awdur wedyn yn "ddiniweityn" cyn diwedd yr un llith ganddo ; soniai am gariad a mosesoldeb, tra 'roedd ei lithoedd ei hun yn rhai o'r pethau mwyaf atcas a hunanol a roed mewn print erioed . . .

Ar Chwefror 24, dyna'r Llew'n herio 'Un o Aberystwyth' i egluro ei gyfeiriad at gylch llenyddol arbennig yn y Gogledd :

> At ba "gylch" y mae'r llanc yn cyfeirio, tybed ? Yr wyf yn ei herio i
> DDOD ALLAN I'R MAES
> a phrofi bod unpeth "yn mynd rhagddo o'r tu ol i'r llenni mewn cylch llenyddol" yn y Gogledd. Os yw'r gohebydd yn awgrymu bod a wnelof i ag unrhyw beth "y tu ol i'r llenni" yr wyf yn ei alw yn gelwyddwr. Rhyw ohebydd dibrofiad yn siarad mor fras. Sut bynnag, yr wyf am ei ddal yn y gornel, ac am fynnu ganddo amlygu beth a olyga wrth y gwaith sy'n "mynd rhagddo y tu ol i'r llenni." Ni chaiff ef, na neb arall, fwrw ensyniadau enllibus fel yna heb eu profi i'r carn.

Nid ymddengys i Brosser sgrifennu ar ôl hynny, ond yr oedd eisoes wedi gwneud yn gwbl amlwg na fedrai ddioddef culni beirniaid 'Y Ddinas' na chulni'r rhai a ddymunai gadw Parry-Williams rhag y Gadair Geltaidd.

Ceir sylwadau ar feirdd Cymru yn llythyrau Prosser at Isgarn. Mewn un llythyr dyddiedig o Bentre', Ionawr 6, 1918, cyfeiria at 'Y Ddinas' fel campwaith T. H. Parry-Williams ac at 'Yr Haf' gan R. Williams Parry a 'Gwlad y Bryniau' gan T. Gwynn Jones fel dwy awdl orau'r Gymraeg. Dengys cerdd Prosser 'Y Gwerinwr' ddylanwad T. Gwynn Jones ar ei iaith a'i arddull. Yn y gerdd, y mae angel yn rhoi 'talaith hirgul' i ddau ddyn, Gwyn a Llion, gan eu siarsio i fod yn ffyddlon, ac er i Lion yrru Gwyn i'r tir llwm daw Gwyn i gynorthwyo Llion drwy ymladd â'i elyn. Tua diwedd y gerdd, lleddir y gelyn ond clwyfir Gwyn yn farwol ac yn lle galaru ar ei ôl y mae Llion yn falch o'i weld yn farw :

> Ond byr fu afar Llion y dolau
> Er gweld ei gymrawd yn farw erddo
> Roedd awydd daear yn llond ei nwydau
> Ac ni ddaeth tymp ei ystyried eto
> A gwaedd uwch adwaedd o fuddugoliaeth
> Sarniodd yn groyw drwy'r nwyfre dywyll
> A'i firi foddodd bob son am alaeth
> A chafod hud gwageddus yn distyll.[9]

Daw'r angel i gyrchu Gwyn a chanu'i glod a mynd ag ef ' draw ' i'r 'Wynfa ddenwy' lle y caiff 'ymadfer gwedi y cymwy'. Hawdd yw gweld tebygrwydd y diweddglo hwn i ddiweddglo ' Ymadawiad Arthur ' T. Gwynn Jones. Nid achosodd y blynyddoedd i Brosser droi'i gefn ar ei edmygedd cynnar o waith T. H. Parry-Williams, Robert Williams Parry a T. Gwynn Jones a bu'r edmygedd hwnnw'n asgwrn cynnen rhyngddo ef a Iorwerth C. Peate ac W. J. Gruffydd ym 1932.

Daeth Prosser yn ail yn Eisteddfod Swyddffynnon Ŵyl Ddewi 1918 am ei gerdd ar ' Rwsia ' ac ar ddechrau 1919 enillodd ei gyfieithiad ' Nadolig y Meirw ' o ' The Christmas of the Dead ', Winstanley, dan y ffugenw ' Celt ' yn Eisteddfod Aberystwyth a T. Gwynn Jones ' megis mewn tymer ddrwg yn beirniadu '.[10] Cryn gamp oedd dod yn gyntaf o'r deuddeg ar hugain a gystadlodd ar y cyfieithiad, ond gosodwyd cerdd Lilian Winstanley yn destun cyfieithu yn Eisteddfod Blaencaron ar Chwefror 20, 1919, ac aeth y wobr unwaith eto i Brosser. Yr oedd wedyn yn un o'r dwsin a ymgeisiodd yn Eisteddfod Genedlaethol Corwen 1919 ar gyfieithu ' On Mountain Beauty ', Ruskin, o'r Saesneg i'r Gymraeg i rai dan ugain oed. Ifor Williams oedd y beirniad a dyfarnwyd y wobr gyntaf i Miss Elena Puw Davies, Corwen, a'r ail wobr i Brosser.

Byddai Prosser wrth ei fodd yn hwyl a miri'r cystadlu a'r cymdeithasu yn eisteddfodau bach y wlad, ond yr oedd hefyd yn ymwybodol o ddiffygion rhai beirniaid eisteddfodol. Cwynodd am safon y beirniadu yn *Y Darian* ar Fawrth 20, 1919, ac enwodd T. Gwynn Jones ; T. H. Parry-Williams ; Evan Jenkins, Ffairrhos ; R. Isgarn Davies, Blaencaron ; Cenech, Cilcennin ; y Parchedig D. L. Rees, Aberaeron ; T. Hughes-Jones, Blaenpennal; ac Ap Gwarnant, Llanbedr, fel beirniaid eisteddfodol teilwng. Un arall o wendidau'r eisteddfodau y cwynai o'i herwydd o dro i dro oedd bod yr hwyl yn cael ei difetha wrth fod y prif wobrwyon yn cael eu dyfarnu'n aml i hen eisteddfodwyr a enillasai droeon o'r blaen yn hytrach nag i feirdd newydd. Beirniadodd Gweledydd a'r Parchedig W. T. Hughes am gystadlu pan oedd yn bryd iddynt adael llonydd i eisteddfodau lleol, ond yr oedd ymateb Amanwy i'r un math o feirniadaeth yn annisgwyl iawn ; addawodd Amanwy Gadair yn anrheg briodas iddo, ac yn wir, adeg ei briodas ym 1928, dyma Amanwy'n dod i Aberystwyth â Chadair yr oedd newydd ei hennill yn Amlwch ym Môn a'i rhoi i'r pâr priod.

Yn Hydref 1919 yr oedd y gân a enillai Gadair Penbedw i Brosser eisoes wedi'i chynllunio, ac yn ddeunaw mlwydd oed yr oedd eisoes wedi dechrau gwylio am ei gyfle i ennill un o brif gystadlaethau'r Eisteddfod Genedlaethol :

> Yr wyf wedi cynllunio dwy bryddest arall y dyddiau diweddaf hyn, sef "Hiraeth" ar gyfer Cadair Eisteddfod yr Had, Mai 1920, Williams-Parry [sic] yn beirniadu,—a "Wyliedydd ! pryd y tyrr y Wawr ?" testun Cadair Aberytridwr Ddydd Gwyl Bocsio eleni Wil Ifan yn beirniadu. Dyma ddau destun campus yn wir. Dichon mai'r cwbl o bwys a ga'r Eisteddfod gennyf am dro hir yw'r ddwy hon canys bwriad gennyf gynnig ar Goron Genedlaethol Caernarfon 1921, a rhaid cynhilo f'egnion at honno, a darllen ac astudio yn ehelaeth.[11]

Ymddengys fod y gerdd 'Hiraeth' wedi mynd ar ddifancoll erbyn heddiw, ond ceir y nodyn hwn ar y gystadleuaeth yn *Rhaglen Eisteddfod Had y Cymry yn Siroedd Caer Lleon a Chaer Hirfryn* :

> 21. Beirniadaeth ar y Pryddestau. "Hiraeth." I rai heb fod dros 25 oed. Gwobr £2.2.0 a Chadair Dderw Gerfiedig gwerth £10.

Cynhaliwyd yr Eisteddfod yn Neuadd y Y.M.C.A. yn Grange Road, Penbedw, ar Galan Mai 1920, ac ymddangosodd beirniadaeth Robert Williams Parry ar y pryddestau yn *Y Brython* ar Fai 6. Dyma a oedd ganddo i'w ddweud am gynnig 'Y Pum Tant', ffugenw'r buddugwr :

> *Y Pum Tant*—Rhannodd ef ei bryddest yn bum caniad :—(1) Hiraeth Afon. (2) Hiraeth Serch. (3) Hiraeth Gweddw. (4) Hiraeth Mam. (5) Diweddglo. Ef yw'r unig ymgeisydd sy'n ymdrechu, ac yn llwyddo ar brydiau, bod yn delynegol. Y mae ganddo hefyd well syniad na'r lleill am nod angen [sic] barddoniaeth. Y mae ynddo addewid ddisgleiriach, a dyfaliad cywirach, nag sydd yn ei gyd-ymgeiswyr. Nid yw'r delyneg gyntaf, "Hiraeth Afon," yn llwyddiant, ond y mae'n amgenach na llatheni o linellau ystrydebol. Y mae ei ail-ganiad, "Hiraeth Serch," yn fwy aflwyddiannus fyth, ond y mae ynddi syniad sydd allan o gyrraedd ei gyd-gystadleuwyr, mi dybiaf. Yn ei drydedd [sic] caniad, "Hiraeth Gweddw," y mae'n cyrraedd tir uchel, ac nid oes dim yn y gystadleuaeth mor doddedig a tharawiadol. Siomedig yw'r pedwerydd caniad, "Hiraeth Mam," ond os ymbalfalu y mae'r ymgeisydd, y mae'n ymbalfalu am y gwir. Diwedda'n weddus gyda'r pumed caniad, "Diweddglo."

Aethpwyd â'r Gadair i Gaernarfon yn y lle cyntaf ac oddi yno i Aberystwyth. Nid yw'n glir sut yr oedd wedi'i chludo o Benbedw i Gaernarfon ond dywedodd ei fod wedi cychwyn o Gaernarfon, yng nghwmni B.T. Hopkins, i ddal y trên yn fore bach yn haf 1920, ac wrth iddo gario'r Gadair drwy strydoedd tawel y dref, dyna ddau blismon yn sylwi arno ac yn ei ddilyn yr holl ffordd i'r stesion.

(*iv*) Newyddiaduraeth Gynnar

Erbyn 1919 yr oedd plentyndod Prosser yn annychwel a'r gymdeithas hithau wedi'i gweddnewid gan effeithiau'r rhyfel. Nodwyd eisoes fod Prosser wedi dechrau sgrifennu colofn i'r *Cymro* mor gynnar â Hydref 18, 1916, ac erbyn 1919 fe'i hystyriai ei hun yn ddigon iach a chryf i gymryd gwaith newyddiadurol yn Aberystwyth.

Ceir y sôn cyntaf am ystyried mynd i weithio ar y *Welsh Gazette* mewn llythyr at Isgarn o Forfa-du. Yr oedd rhwng tri meddwl ar y pryd pa un fyddai orau iddo, ai mynd at y *Welsh Gazette*, ynteu mynd yn ôl i'r de neu fynd at ryw newyddiadur arall. Y mae'r llythyr sy'n sôn am ei benbleth yn ddiddorol hefyd am ei fod yn dangos nad oedd ar Brosser, yn wahanol i lawer o blant ei gyfnod, lawer o awydd gadael ei fro gynefin am yrfa ramantus a chyffrous ac mai cael 'rhywbeth i fyw arno' a dim arall oedd y cymhelliad a'i gyrrodd o'i hoff Fynydd Bach :

> Wel, bydd rhaid, (na dim *rhaid* chwaith)—byddaf yn mynd i rywle i weithio heb fod yn hir. Fu, nid y dim rhyngof a mynd at *Rees* y Welsh Gazette, fel "*Welsh Literary Reporter*"—hynny yw, bod a gofal Cymraeg y papur,—"Yr Wythnos" "Sylwadau" a chywiro proofs a gwaith y gohebwyr Cymreig. Dichon yr af eto ; ni wn yn iawn. Efallai yr af yn ol i'r De. Ond petai rhywbeth i fyw arno, nid awn i o Fynydd Bach, er ei ddiffaethed. Annedd bêr ar Fynydd Bach a fai'm hoffedd.[12]

Go brin i Brosser gael hwyl na blas ar ei waith gyda'r *Welsh Gazette,* ac ymhen byr o dro dyma ef yn lleisio rhai o'i gwynion am y swyddfa mewn llythyr arall. Hyd yn oed pan gofir bod arno annwyd, y mae ei ddarlun o'r lle ac o George Rees, y Golygydd, yn ddigalon i'r eithaf :

> Heddi, a hi wedi bod yn eithriadol o lyb,—gwlychais wrth ddod yma'n bwdwr, ac yr oedd imi'n barod annwyd trwm, pen tost, a gwddf dolurus, —a rhwng popeth, methais a mynd i'r gwaith heddiw, ac oni byddaf yn well na hyn bore fory byddaf am gado [sic] am dre efo'r tren deuddeg i Lanilar, rhag imi fynd i orwedd yma. Y mae gennyf hefyd i'ch hysbysu nad yw fwriad gennyf dario yma'n hir,—yn swyddfa'r *Welsh Gazette,* ar amryw gyfrifon. Y cyntaf yw safon eithriadol isel y cyflogau yma ; y gwir yw nad yw bosibl byw'n gysurus ar y gyflog a rydd imi, yr ail yw crancyddiaeth y Golygydd, byddaf yn 'sgrifennu Cymraeg iddo, ac o bydd arno raen llên, fe'i cyfnewidia hyd safon druenus ei Gymraeg ef ei hun. Cyfnewidia brynhawn, yn "brydnawn", etc etc, a dadleua hyd fynd yn erchyll o gas erddynt. Tybiais unwaith y cawn golofn farddol a llenyddol i'r papur, ond nid oes obəith am hynny,—a hynny'n unig rhag ofn i'm presenoldeb ar y staff fod yn rhy eglur i'r byd. Diystyrra farddoniaeth, ac untro dywedodd wrthyf bod mwy o wir werth mewn gofyn pris moch bach ar ben ffair nac mewn canu, a dywedodd hynny cofier mewn gwaed oer. Â'n gâs ac yn frathog os dealla fy mod yn gwneud rhywfaint yn y byd barddol, ac ni chymerth arno am f'enillion eisteddfodol adeg y Sulgwyn o gwbl. Po bellaf y byddwch oddiwrtho mwya i gyd o barch a geir ganddo. Ni wyr neb ond y sawl a fu'n gweithio tano y fath ddyn mewn gwirionedd yw George Rees.[13]

Y mae tuedd George Rees i newid sgrifennu ac ' arno raen llên ' yn ddiddorol oherwydd dengys rhyddiaith gynnar Prosser ei fod yn hoff o sgrifennu blodeuog a disgrifio rhamantus geiriog, ac y mae'n siwr ei fod yn bur anfodlon ar blaendra arddull ei Olygydd yn ogystal ag ar ei orgraff. Mewn modd tebyg, cofir i Thomas Gee yntau gynghori T. Gwynn Jones i sgrifennu'n llai llenyddol pan oedd ef yn brentis ar newyddiadur. Y mae'n anodd barnu pa mor gyfiawn oedd rhagfarn Prosser yn erbyn George Rees, a gofir fel gŵr hynaws gan eraill o'i gyfoeswyr, ond yr oedd y tyndra rhwng y ddau newyddiadurwr yn ddigon i beri i Brosser benderfynu rhoi'r gorau i'w yrfa ar y *Welsh Gazette* :

> Bwriadaf droi i dre i astudio Llawfer, Saesneg a Llên Gymraeg am rywfaint. Y mae gennyf lygad ar swydd a dery'm hiechyd yn dda gartref, a rhwng honno a gohebu i ddau neu dri o bapurau byddaf yn llawer nes ymlaen. A melys fydd ymhyfrydu ar lwybrau llên ac Eisteddfod yno.
>
> Er hynny byddaf yn teimlo'n chwith iawn ado Aberystwyth,—yr wyf wedi dod i lawer o gysylltiadau cymdeithasol, yn y ddau ryw, a bydd garw gennyf ei gado. Hoff imi hefyd waith y newyddiadurwr, ond cael golygydd rhesymol,—a dyna'r llwybyr y bwriadaf ei gymryd pan ddaw'm hiechyd yn ddigon sefydlog i fynd i rai o'r swyddfeydd mawrion. Yn y cyfamser, fe'm cyfaddasaf fy hun ar gyfer yr alwedigaeth ym mhob modd.

Y mae'n amlwg i Brosser brofi cryn ddigalondid oherwydd, hyd yn oed ar ôl ymadael ag Aberystwyth, sgrifennodd at Isgarn yn darlunio ei anhapusrwydd yno. Yr oedd y *Welsh Gazette* yn bapur newyddion lleol iawn, ac er bod mwy o Gymraeg ynddo nag yn y *Cambrian News*, nid oedd yn bosibl i Brosser sôn llawer am lenyddiaeth na diwylliant wrth sgrifennu ynddo. Er hynny ac er gwaethaf y gwrthdaro rhyngddo ef a'r Golygydd, yr oedd rhyw gysur iddo. ' Imi, sut bynnag, methaf a threiddio i fŵd y canu yn lan ', sgrifennodd at Isgarn o Forfa-du,

> Y cwbl a wneuthum er dechreu Mai hyd heno yw cerdd i eneth hoffus o forwyn a oedd yn y *Welsh Gazette* ;—d'oedd hi ddim yn gariad gen i chwaith, ond synnwn yn aml gan ddaed y deallai fy nhymer. Morwyn efo Mrs. Rees ydoedd, ond deuai i lawr i'r offis am ryw chwarter awr ataf i glebran yn y bore cyn i George ddod i gyffro'r lle. Nos Fercher, byddai yn fy helpu gyda gwaith y swyddfa, ac ar y noson brysur honno byddwn i fel rheol yn lled bruddglwyfus,—bydd'r [sic] Gol yn dod i mewn o'r Works yn awr ac eilwaith, wedi nodi'r gwallau a adawswn yn y prawf-lenni ac yn pigo'n enbyd, ac hyd yn oed pan na fai dim allan o le, yr oedd anferth symudiadau a thrwst y peiriannau yn ei hela'n hollol wyllt, a digownt. Ar y prydiau yma, meddwn, pruddglwyfus iawn oeddwn i . . .[14]

Y pryd hynny, meddai, byddai merch annwyl y swyddfa yn ei ddiddanu ' fel plentyn '. Dyfynnodd bennill olaf ei gerdd un llinell ar bymtheg i'r ferch yn yr un llythyr :

> Anwyl imi yw ei llygaid llon
> A'i gruddiau a'i gwenau mwyn
> A gwybum mai tyner oedd calon hon
> Y ddol, pan oedd dycna'm cwyn.

Er iddo ymadael ag Aberystwyth, cadwodd at ei fwriad i'w gyfaddasu'i hun i waith newyddiadurol ac ni segurodd gartref ym Morfa-du. ' Bydd imi gryn gysylltiad a'r *Wasg* yn ystod y misoedd nesaf yma ', sgrifennodd at Isgarn o Forfa-du,

> Yr wyf eisys yn sgrifennu i'r *Darian* a'r *Herald Cymraeg*. Y mae arnaf awydd sgrifennu "Colofn yr Adroddwr" i'r ddau bapur yma eto. Telid fi'n dda, ac y mae gennyf ddigon o ddefnydd am flynyddoedd yn fy mhen ynghylch y grefft hon.[15]

Nododd fod *Y Faner* hefyd am iddo ohebu.

Y papur newydd cyntaf iddo'i sefydlu'i hun yn golofnydd llengar a diddorol ynddo oedd *Y Darian*, ' Papur yr Aelwyd Cymreig, a Tharian i Iaith a Llên, a Phurdeb a Moes ein Cenedl '. Yr oedd *Y Darian* wedi ennill bryd Prosser mor gynnar â dechrau 1918, ac ystyriai y pryd hynny fod y papur yn anhepgor iddo. Ymddangosai ' Chwaon o Geredigion ', ei golofn yn *Y Darian*, yn lled-reolaidd o Ionawr 2, 1919, hyd ddydd Calan, 1920, o'r adeg cyn iddo fynd i weithio ar y *Welsh Gazette* tan iddo fynd i Gaernarfon. ' Euroswydd ' oedd y ffugenw y dewisodd ei ddefnyddio, ac fel y sylwyd, aeth ymlaen i sgrifennu colofnau diddan dan yr un ffugenw am weddill ei oes. Enillodd *Y Darian* a'i Olygydd le parhaol yng nghalon Prosser, fel yr eglurodd yn ' Led-led Cymru ' ar Chwefror 14, 1933, ar achlysur ymddiswyddiad y Parchedig J. Tywi Jones o'r Gadair Olygyddol. Y mae'r hyn a ddywedodd y pryd hynny'n awgrymu na châi unrhyw dâl na chydnabyddiaeth am ei nodiadau ar Langwyryfon yn *Y Cymro* :

> Y mae gennyf ers blynyddoedd gornel cynnes iawn yn fy nghalon at y "Darian" a'i Golygydd. Bum yn sgrifennu'n bur gyson iddo am ryw ddwy flynedd—1918 a 1919 mi gredaf—a'r Golygydd hwn a roes imi gyntaf y "thrill" o dderbyn tâl am sgrifennu. Ni allai fforddio talu llawer, ond ni bu erioed olygydd mwy egwyddorol at ei ohebwyr na'r Parch. Tywi Jones. Hwyl fawr oedd ysgrifennu yn y blynyddoedd hynny, er na feiddiaswn yn awr ddywedyd llawer o bethau a ddywedais yr adeg honno.

Ymhlith y rhai a sgrifennai yn y papur yr oedd Meuryn, Ap Hefin, a T. Gwynn Jones, ac yno, meddai, yr ymddangosodd rhai o erthyglau Cymraeg cyntaf Saunders Lewis a'r Athro Henry Lewis. Edmygai Prosser yn fawr ymroddiad a didwylledd Golygydd *Y Darian*. ' Ni thalodd y papur lawer ar ei ôl i'w olygydd, a oedd y pryd hwnnw hefyd yn brif berchennog y papur ', meddai,

> Bu'r rhan fwyaf o lafur y Parch. Tywi Jones yn llythrennol yn llafur didal. Ac fe ddylwn ddywedyd rhywbeth am bolisi'r Golygydd. Safodd yn bendant ac yn ddewr dros egwyddorion cynnydd. Yr oedd ei ysgrifeniadau cyn etholiad 1918 yn gampwaith newyddiadurol. Cafodd y gwrthwynebydd cydwybodol a phwy bynnag a arddelwai grefydd Crist yn nannedd perigl gefnogaeth gynnes y "Darian." Bu'r papur hefyd yn dwr i'r iaith, i genedlaetholdeb Cymreig, ac yn ddadlennydd di[-]gymod pob snobeidd-dra, hoced ac anonestrwydd. Polisi gonest, dewr, a fu polisi'r "Darian," dros Gymru ac egwyddorion sylfaenol Cristnogaeth.

Un agwedd ddiddorol ar ysgrifau newyddiadurol cynnar Prosser yw eu gwleidyddiaeth. Y mae'n rhaid cydnabod mai Prydeiniwr ag ymdeimlad o Gymreictod oedd Prosser yn ei arddegau cynnar ond o'r cychwyn yr oedd yn anhapus iawn ynghylch Seisnigrwydd y Cymry. Fe'i ceir yn lladd ar Seisnigrwydd yr *Ystwythian,* cylchgrawn Ysgol Sir Aberystwyth, ym 1919, ac yr oedd yn drwm ei lach hefyd ar agwedd sarhaus bwrdeistref Aberystwyth at y Gymraeg. 'Da y ffrewyllwyd Seisnigrwydd gwasanaeth Sul y Maer yn Aberystwyth yn y DARIAN gan Sion Llwyd yr wythnos o'r blaen', meddai yn 'Chwaon o Geredigion' ar Ragfyr 11, 1919,

> Gwyddwn ers tro mai tre falch a Seisnig yn ei gwaelod yw Aberystwyth, fel y mae mwya'i chywilydd . . .

Yn aml yn ei ysgrifau yn *Y Faner* yn ogystal ag yn *Y Darian* a'r *Herald*, ceir yr argraff mai'r Gymraeg oedd sylfaen ei genedlaeththoldeb. Cadw Cymru'n Gymraeg a oedd yn bwysig iddo o flaen popeth arall, ac ystyriai ei fod yn sarhad o'r mwyaf pan awgrymwyd bod mab Brenin Lloegr i ddysgu Cymraeg dros nos ym 1921 :

> Y mae'n dda gennym am y diddordeb a gymer yng Nghymru, ond chwerthinllyd yw'r gwersi yma a'i dysg ynghwrs ychydig iawn o amser megis, "so that he shall acquit himself like a native." Beth y mae'r rheiny sy'n gyfrifol am y lol uchod yn feddwl yw'r Gymraeg ? Amlwg iawn eu bod yn llwyr gredu mai rhyw ffosil neu gywreinbeth ydyw,—rhywbeth i gael hwyl ar ei chownt wrth geisio'i siarad. (*Yr Herald Cymraeg*, 7-6-1921)

Cyfeiliornus fyddai synio am gariad Prosser at yr iaith fel yr unig elfen a ddeffrôdd ei ddiddordeb mewn gwleidyddiaeth. Yr oedd, er enghraifft, yn ymwybodol iawn o broblemau amaethyddol Ceredigion a dengys ei waith newyddiadurol ei fod eisoes yn y cyfnod hwn yn teimlo bod y llywodraeth yn Llundain yn methu deall anghenion arbennig ffermwyr Cymru.

Yn Hydref 1919 rhoes Prosser wybod i Isgarn ei fod wedi gwneud cais am le yn swyddfa'r *Herald* yng Nghaernarfon a'i fod yn astudio Saesneg a llawfer bob dydd. Cyn hir, yr oedd wedi cael swydd gyda'r *Herald*, ac felly'n ddeunaw mlwydd oed ymadawodd ag Aberystwyth am Gaernarfon a gosod ei draed ar diroedd Gwynedd am y tro cyntaf erioed. Dywedodd nad adwaenai'r un enaid byw pan gyrhaeddodd Gaernarfon yn Ionawr 1920, ac o swyddfa'r *Herald* sgrifennodd at ei hen gyfaill i egluro'r math o waith a roid iddo a'i argraffiadau cyntaf o'i gydweithwyr newydd :

Herald Offices
Castle Square
Carnarvon
8-1-20

Annwyl ffrind,

Blwyddyn Newydd Dda i Isgarn yn Nantylles !

Wel, yn y dref a'r swyddfa hon yr wyf fi weithian, fel y clywsoch mae'n debig. Deuthum yma y Llun ar ol y Nadolig, a llwyddais i gael llety cysurus yn 6 Castle St. Yr wyf wrth fy modd yn y swyddfa, ac yn teimlo rywfodd yn gartrefol iawn yng Nghaernarfon Gymreig.

Mewn ffordd o ddweyd, yr wyf yn Is-olygydd yn y Swyddfa. Ni fydd yma ddim gwaith riportio i mi am dalm, canys y mae gohebydd y "Liverpool Courier" yn y dref, a Mr. Wynne-Parry un o'r gweithwyr yn yr argraffdy, yn gyfrifol am gasglu holl newydd y dref hon inni . . . Fy ngwaith i yw gofalu am stwff Cymraeg, o'r dyddiolion i'r Herald Cymraeg, cyfieithu paragraffau etc i'r papurau Saesneg ; "Holyhead Mail & Anglesey Herald," "Carnarvon & Denbigh Herald," a "Merioneth News & Herald,"—ac isolygu gyda'r Gol. y stwff a ddaw i mewn yma oddiwrth y gohebwyr led-led y wlad. Nid wyf, oblegid fy ifengoed, yn cael fy nhalu na'm galw yn Isolygydd, ond, deallaf y caf fy nghodi'n fformal i'r safle hon ar fyrr. Rhoes y manager bunt imi yn barod.

Gan mai newyddiadur Cymraeg De Cymru oedd *Y Darian,* yr oedd colofnau Euroswydd wedi bod yn golofnau 'gogleddol' ac yn hybu gwerthiant y papur hwnnw yng Ngogledd Ceredigion, ond, ac yntau'n dal i sgrifennu am Geredigion, pan aeth i weithio ar *Yr Herald* yng Nghaernarfon, yr oedd bellach yn golofnydd deheuol. Aeth â'i golofn 'Chwaon o Geredigion' ag ef i'r *Herald* a'i throi, cyn hir, yn 'Chwaon o'r De'. Gofalai hefyd am 'Newyddion o'r De', 'Personau a Phethau' a 'Newyddion Cyffredinol' yn ôl un llythyr, ac y mae'n glir nad oedd yn brin o waith. Yr oedd Golygydd *Yr Herald* a'i berchennog yn llawer mwy wrth fodd calon Prosser nag y buasai George Rees :

Bachgen ifanc rhyw 25 oed yw Manager,[sic] papurau'r *Herald.* Sais cyfoethog a biau'r papurau ers blynyddoedd, Frederick Coplestone, Chester. W. G. Williams yw enw'r Manager, ac anodd meddwl am ei fwynach, na'i garedicach ef. Ganedig o Gwmyglo ydyw. Dyn tew, graenus tua'r canol oed yw'r Gol.—John Jones wrth ei enw. Y mae'r ddau yma, yn garedig, a hynaws iawn imi. Nid oes ond y Gol a minnau ar y staff lenyddol yn yr offis yma, ac y mae gennym ystafell gynnes a chlyd inni'n hunain,— dim ond ni'n dau ynddi.[16]

Yn ddiau, yr oedd swyddfa'r Herald â'i chylch o lenorion, a beirdd a chymeriadau diddorol a lliwgar yn lle difyr i weithio ynddo. Ymhlith y rhai a alwai yn y swyddfa yr oedd Eifionydd, Golygydd dawnus *Y Geninen* a siaradai mewn cynghanedd ac a frithai dudalennau'r *Genedl* â phenawdau mewn cynghanedd. Yr oedd swyddfeydd *Yr Herald* a'r *Genedl* yn yr un adeilad ac yno y daeth Prosser gyntaf i adnabod Eifionydd :

Dwyn afiechyd trwm yr ydoedd pan ddeuthum i i'w adnabod gyntaf. Newydd ddyfod i Swyddfa'r "Herald" yng Nghaernarfon oeddwn y pryd hwnnw. Da y cofiaf amdano yn dyfod ymlaen at y lle yr eisteddwn a dywedyd, gan estyn ei law allan : "Mae'n dda gen i'ch cwrdd chwi. Dyn y mae nhw'n alw'n Eifionydd wyf i." Ni wyddwn sut oedd ei wynebu'n iawn, canys nid oedd namyn ychydig fisoedd wedi pasio er pan gawswn drafferth i gaffael pryddest a anfonaswn iddo yn ol ganddo, a bu raid i mi sgrifennu yn bur fygythiol cyn ddychwel ohono'r bryddest hefyd, o ran hynny. Eithr dyn difalais[sic] iawn oedd yr hen Eifionydd druan, ac ni soniodd wrthyf yr adeg honno, na byth wedyn, am y peth. (*Y Faner*, 30-11-1922)

Gwyddai Eifionydd nad oedd y byd cyhoeddi Cymraeg yn cynnig gyrfa o fudd ariannol mawr i lenor ifanc a chynghorai lenorion ifainc o allu i roi eu bryd ar y byd cyhoeddi Saesneg. Tybed sawl llenor ifanc a ddarbwyllwyd ganddo i fynd o Gymru er mwyn llenwi'i bocedi ? O leiaf gallwn ddiolch i'r drefn fod cariad Prosser at ei wlad a'i iaith wedi profi'n drech na dadleuon materol Golygydd *Y Geninen*, er eu bod yn ddadleuon dilys iawn :

Beth bynnag, nid unwaith, na dwywaith, na theirgwaith y gwasgodd Eifionydd arnaf roddir [sic] goreu i weithio ar y Wasg Gymraeg. "Yr wyf i" meddai, "wedi treulio f'oes ar y Wasg Gymraeg, ac ni bu o werth i mi. Ewch ar bapur Saesneg i Loegr, ac fe gewch gyflog a chwarae teg yno. Yr wyf i wedi rhoddi'r un cyngor i ereill, ac y mae rhai ohonynt wedi gwrando. Heddyw, y mae'r rheiny a wrandawodd yn methu a diolch digon i mi am fy nghyngor. Rhowch eich holl fryd ar y Saesneg, a gwyliwch am gyfle ar ryw bapur neu'i gilydd. D'oes dim arian ar bapurau Cymraeg." Gwasgai hyn arnaf yn barhaus. Nid wyf wedi ufuddhau i gyngor Eifionydd eto, o leiaf, er nad yw'n ffol i gyd.

Yn swyddfa'r *Herald* yn y Maes yng nghanol Caernarfon daeth Prosser wyneb yn wyneb â sawl llenor adnabyddus arall. Gwynfor oedd un ohonynt, ond i Brosser yr oedd cwrdd â Gwynfor yn brofiad cymysg fel y buasai cwrdd ag Eifionydd yn brofiad cymysg. Yr oedd Prosser wedi cael ei yrru i berfformiad o *Meibion Llafur*, un o ddramâu Gwynfor, yn fuan wedi dechrau ar ei waith yng Nghaernarfon, ac wedi'i weld, dyma ef yn mynd ati i sgrifennu llith yn beirniadu'r perfformiad. Dyma Wynfor wedyn yn galw yn y swyddfa i gywiro rhai camargraffiadau a amlygwyd yn y llith, ac o hynny allan daeth y ddau'n gyfeillion. Gwynfor oedd Llyfrgellydd Sir Caernarfon, ac y mae'n debyg pe medrid mynd yn ôl heddiw i Lyfrgell Sir Caernarfon yn ugeiniau'r ganrif hon mai synnu a wneid at y bobl ddiddorol a ymgasglai yno o gwmpas y Llyfrgellydd o gynganeddwr. Eglurodd Euroswydd fod y Llyfrgell yn ganolfan ddiwylliannol i'r ardal i gyd :

> Soniais am lu ymwelwyr ystafell Gwynfor. Yn fynych, fe geid yno gwmnïaeth lenyddol ddifyr dros ben. Hwn oedd canolbwynt bywyd llenyddol Caernarfon a'r cylchoedd hyd ymhell. Bu yno lawer o adrodd englynion,—newydd a hen, llawer o drafod manion bethau rheolau'r gynghanedd ; llawer o adrodd storïau ac atgofion, a llawer iawn hefyd o drafod y ddrama ac actio. Deuent i ystafell Gwynfor—mi awn yn syth iddi yn awr o Faes Caernarfon a'm llygaid yng nghau—yn ysgolheigion a phregethwyr ; yn feirdd ac ysgolfeistri ; yn actorion ac yn ddramâwyr ; yn ddoethion ac yn grancod ; yr oedd pawb a feddai ar rywfaint o fywiogrwydd meddwl yn siwr o alw gyda Gwynfor yn ei dro, nid yn gymaint oherwydd y Llyfrgell oedd tan ei ofal hynaws a deallus, bob amser, eithr er mwyn cael sgwrs â Gwynfor a chwrdd y gymdeithas. (LC, 3-9-1941)

Ymhen blynyddoedd, gallodd Prosser syllu'n ôl a chanddo gof dedwydd am Wynfor a mynegi'i ddiolchgarwch i Lyfrgell Caernarfon am fod yn 'fendith anfesuradwy' iddo ar adeg pan oedd ei lyfrau'n brin a'i bocedi'n bur wag. (LC, 3-12-1929)

Rhestrir J. R. Morris, a ddaeth wedyn yn llyfrwerthwr o bwys, Beriah Gwynfe Evans ac Anthropos yn ymwelwyr cyson eraill â'r un swyddfa. Disgrifiodd Prosser Anthropos yn 'Ledled Cymru' ar Fai 4, 1937 :

> Yr oeddwn i wedi bod yng Nghaernarfon am gryn dipyn cyn ei gyfarfod ef. Y mae yn Anthropos fwy o ddoniolwch nag a geid yn Eifionydd a Beriah Evans, a mwy o dymer y gwir artist. Gadodd ei ysgrifau caen

[sic] yn y FANER argraff ddofn iawn arnaf i—ac yr oedd yn dda iawn gennyf ei gwrdd. Y mae Anthropos yn bregethwr gwreiddiol iawn—ond fel artist o'r iawn ryw y dymunaf i ei gofio. Yr oedd hefyd yn gyfaill caredig a thipyn o awyrgylch o gwmpas ei gwmni.

Cyn ymadael â Chaernarfon, daeth Prosser i adnabod Beriah Gwynfe Evans yn eithaf da, fel y cofiodd eto ym 1937:

. . . yr oedd ganddo galon gynnes iawn ac ewyllys i helpu dyn ieuanc. Gallai roddi cynghorion gwerth dal arnynt hefyd. Ar un adeg, pan oedd pethau'n edrych yn ddu arnaf, at Beriah y troais, ac nid yn ofer. Anghytunais lawer a'i syniadau, yn enwedig am lenyddiaeth ymhen rhai blynyddoedd wedyn, a bu tipyn o sgrifennu go lym y naill ochr a'r llall. Ond ni chollais o gwbl fy mharch iddo'n bersonol, ac nis collaf byth.

Yno yr oedd Meuryn yntau, bob amser yn ddiddorol 'er na roed i rai ohonom allu i gytuno ag ef yn fynych', chwedl Prosser. (LC, 21-8-1924) Daeth Meuryn yn Olygydd *Yr Herald* ac ymddengys fod ganddo feddwl uchel o Brosser. Cafodd Caradog Prichard swydd Prosser ar ôl iddo ymadael, a dywed ef y byddai Meuryn yn dal Prosser o flaen ei lygaid byth a beunydd yn esiampl o weithiwr da ac yn edliw iddo'n gyson mai 'Fel a'r fel y byddai Prosser wedi ei sgwennu'.[17]

Fel y nodwyd uchod, nid adwaenai Prosser yr un enaid byw pan ddechreuodd weithio yng Nghaernarfon, ond buan y daeth o hyd i gyfeillion a fyddai'n chwarae rhan bwysig iawn yn ei fywyd. Yno y daeth i adnabod Morris T. Williams, ac ymhen ychydig o amser efô oedd ei gyfaill pennaf. Yr oeddent ill dau tuag ugain mlwydd oed ac yn gweithio ymron yn yr un man—Morris yn gysodydd ar staff *Yr Herald* a Phrosser yn Is-olygydd answyddogol ar yr un papur. Yn y lle cyntaf, nid ymwelai Morris â Phrosser ond i gael darllen ei gopi o'r *Daily Post*, ond wedyn dechreuasant gydfynychu darlithoedd Ifor Williams. Yr oedd Prosser yn lletya ar y pryd yn 3, Castle Street (Stryd y Castell), mewn tŷ a oedd yn eiddo i Mary a Nellie Jones, dwy chwaer i dad John Gwilym Jones, ond ymhen ychydig blinodd ef a Morris ar eu llety a phenderfynu mynd ati i gael hyd i le i gydletya. Aethant i fyw i 15, Eleanor Street (Stryd Eleanor), Twtil, lle'r oedd Mrs. Watson yn lletywraig iddynt.

Mewn ysgrif yn *Y Faner*, ar Chwefror 14, 1945, cydnabu Morris T. Williams ei ddyled i Brosser am ei gyflwyno i lenyddiaeth, ac nid oes amheuaeth nad oedd eu cyfeillgarwch clòs yn gymorth iddynt ill dau yn y cyfnod delfrydgar a gwrthryfelgar hwn :

> Gwnaethom gynlluniau i ymddeol oddi wrth y byd a myned i gadw fferm da pluog ar y Mynydd Bach yn ei hen gartref yng Ngheredigion. Yr oedd dau beth yn ein poeni, sef cyflwr y bobl gyffredin a chaethiwed Cymru, a'r pethau a gynlluniem y dyddiau hynny oedd sut i waered [sic] gwerin Cymru. Y mae'n ddigrif meddwl y dyddiau hyn fod dau lanc ugain oed yn cynllunio gwrthryfeloedd !

Yn naturiol ddigon, yr oedd y fath agosatrwydd yn esgor ar dyndra o bryd i'w gilydd a hyd yn oed ar gyffro plentynnaidd ac ar gweryla. Ffraeai'r ddau yn chwyrn yn enwedig ynghylch rhyddid Iwerddon, a chofiodd Morris ddadlau ag ef drwy'r nos un tro 'ynghylch pwynt hollol ddibwys'. Yr oedd Prosser i fod i ddal y trên cyntaf o Gaernarfon am bump o'r gloch fore trannoeth a'r hyn a wnaeth oedd sgrifennu cân o edifeirwch at ei gyfaill. 'Dyna sut un oedd Prosser,' meddai Morris, '—yn barod i ffraeo and [sic] yn barod i syrthio ar ei fai, neu gymryd bai dyn arall ar ei ysgwyddau ei hun.' Wrth i'r blynyddoedd bylu'r cof am brinder eu harian a'u gwaith caled, byddai'r naill a'r llall yn cael pyliau o hiraeth am ddyddiau annychwel Caernarfon. Mynegiant o'r hiraeth hwnnw a thyst i barhad eu cyfeillgarwch mynwesol oedd geiriau Morris at Brosser ym 1940. 'Ofnaf fy mod yn mynd i feddwl am foethusrwydd ac eiddo ac anghofio'r dyddiau pan oedd popeth felly yn ddiwerth gennyf. . . ', sgrifennodd ato ym Medi'r flwyddyn honno,

> Fedri di na minnau ddim dweud fod ein byd yn well heddiw na'r dyddiau pan dyngwyd gennym fod "y byd yn ddrwg i'w fôn."[18]

Dysgodd Prosser gryn dipyn am waith y newyddiadurwr yn ei gyfnod yn swyddfa'r *Herald* a gwyddys iddo gael profiad uniongyrchol o'r math o argyfwng annisgwyl sydd yn rhan o newyddiaduraeth fel gyrfa. Yn Awst 1920 aeth Mr. John Jones ar wyliau o swyddfa'r *Herald* a gadawodd y papur Saesneg, *The Carnarvon and Denbigh Herald*, yng ngofal Mr. Gwyndaf Jones a'r *Herald Cymraeg* yng ngofal Prosser. Dyma lythyr ffyrnig yn dod i'r swyddfa yr adeg honno a Phrosser yn tybio bod ynddo athrod. Yr oedd yn dal i gofio gwefr ei gyfyng-gyngor ynghylch y llythyr ym 1939. Y mae'n siŵr na feddyliodd, y pryd hynny, y byddai ef ei hunan cyn hir yn cyhuddo Meuryn o'i athrodi ef, ac yn ddiweddarach, yn gorfod goddef y llif o sylwadau sarhaus ac enllibus a ddaeth yn sgîl 'Atgof' ym 1924.

Ar Ionawr 31, 1921, traddododd Prosser bapur ar y testun 'Barddoniaeth Parry-Williams' o flaen Cymdeithas Lenyddol Engedi (M.C.), ac yn y Groeslon, yn Eisteddfod Ieuenctid Brynrhos (M.C.) ar Fawrth 3, 1921, enillodd ei Goron gyntaf, am gerdd o'r enw 'Y Gweithiwr'. Er bod gan Brosser gyswllt agos â'r Groeslon gan mai yno yr oedd cartref Morris T. Williams, y mae'n amlwg nad oedd ef na Morris yn yr eisteddfod ei hun oherwydd cynrychiolwyd ef gan Mr. J. Llew Roberts, Ramoth. Canwyd englyn i'r bardd buddugol gan Gruffydd W. Francis :

Prysur-gainc fu Prosser gu,—i'r "Gweithiwr"
Rhoi [e]i goethaf gerdd fwyngu ;
Nid oes "dad" hoffai wadu,
Arfau dawn y "Morfa Du." (*Y Genedl Gymreig*, 15-3-1921)

Er bod rheswm dros gredu i Brosser ddod yn hoff o Gaernarfon, ni theimlai'n hollol gartrefol yno, ac y mae'n amlwg y byddai'n cael pyliau o hiraeth weithiau am ei hen gynefin ac am y dyddiau pan fyddai'n rhydd i sgrifennu cerddi'n ôl galw'r awen. Daliai i ymweld â Cheredigion yn achlysurol ac mewn llythyr a sgrifennodd at Isgarn ar Ragfyr 12, 1920, gofidiodd ei fod

> yn colli acen lefn fy hen sir i raddau oherwydd gorfod siarad yr un iaith—yr Wyndodeg,—a glywir yma byth a beunydd. Ac oni siaradwch chwi'n Ogleddig, ni ddëellir mohonoch, a chas gan Ogleddwr yw clywed acen y De. Ar wahan i hyn,—Cardi o ddyfnder enaid wyf i o hyd.

Dyrchafwyd Prosser yn Is-Olygydd *Yr Herald* a rhoes ei fryd ar fynd yn Olygydd ar yr un papur. Y mae'n debyg mai ef oedd yr ymgeisydd addasaf a mwyaf profiadol i'r swydd hefyd, ond yn eironig fe'i rhwystrwyd rhag ei chael oherwydd bod W. G. Williams, y Rheolwr, yn ystyried y byddai penodi Meuryn yn Olygydd yn dod â chyhoeddusrwydd da i'r papur gan fod Meuryn newydd ddod i fri fel bardd. Gwelir anfodlonrwydd Prosser ar benderfyniad y rheolwr yn y llythyr hwn a sgrifennodd at Isgarn :

> Yma yr wyf i o hyd. Y mae Bera (R. J. Rowlands) yn Olygydd yr "Herald Cymraeg" yn awr, a minnau yn Is-Ol. tano. Yr ydym yn cael hwyl go dda ar ein gwaith, ond nid wyf i am aros yma yn hir eto. Peidiwch a synnu os gwelwch fi ar staff y "Faner" neu'r "Darian" cyn hir. Y mae'r "Faner", fel y clywsoch, efallai, yn dyfod i lawr o Ddinbych i Aberystwyth i swyddfa'r "Cambrian News". Yr wyf wedi blino ar yr "Herald",—y mae'r "management" yma yn ddi-lun iawn.[19]

Cyn iddo adael *Yr Herald*, dechreuodd sgrifennu unwaith eto i'r *Darian*, y golofn ' Byd y Bardd a'r Llenor ' y tro hwn, a pharhaodd i sgrifennu'r golofn honno o Ragfyr 1, 1921 tan Fawrth 30, 1922, er iddo newid ei theitl i ' Yr Ystafell Len ' ar Ionawr 19. Dengys un o ysgrifau Prosser yn ' Yr Ystafell Len ', ar Ionawr 26, 1922, fod ei frogarwch a'i sêl dros gyfiawnder eisoes yn datblygu'n genedlaetholdeb, ac nid oedd hyd yn oed yr elfen dreisiol yn y frwydr dros ryddid Iwerddon yn mennu dim ar ei edmygedd o arwyr Iwerddon rydd erbyn hynny :

> Y mae Iwerddon ar ol ei gorthrwm hir a gwarthus o'r diwedd wedi cael ei thraed o tani i ddechreu byw. Ymdrech ddewr a dygn a fu eiddo Iwerddon yn erbyn traha a ofynnai genedl fyw iawn i'w wrthsefyll. A dengys buddugoliaeth Iwerddon na raid i'r un genedl sydd a'i henaid yn effro, ac yn dyheu am ei fynegi [sic] ei hun yn ei ffordd ei hun fod ychwaith yng ngefynnau yr un gormeswr am byth.
>
> . . . .
>
> Y mae ymdrech Iwerddon am ryddid yn esiampl gofiadwy i Gymru. Tro Cymru yw hawlio ymreolaeth yn awr, ac y mae ganddi lawer i'w ddysgu oddiwrth Iwerddon. Y perygl yw bod llawer ohonom sydd wedi hen gynefino a gweled pobman drwy ffenestr Lloegr, a derbyn popeth wrth y fel y gwelo'r Sais yn dda ei gyfleu—yn rhyw
>
> *fodloni ar ein hystad*
>
> fel y mae. Oni byddai'n ddewisach gan lawer Cymro lyfu ei gadwyn fel taeog, na'i dryllio a mynnu Cymry [sic] Fydd yn Gymru Rydd? Nid heb sail y dywedwyd fod ariangarwch, plesergarwch, a chapelgarwch bâs yn damnio achos cenedlaetholdeb yn ein gwlad.
>
> Iechyd i galon dyn felly yw darllen tipyn o hanes Iwerddon. Gwna pob arwr fwy na'r arwriaeth ei hun—y mae'n magu arwyr ereill.

Dyna ddweud go fawr gan un a oedd wedi canu cerddi fel ' Y Llynges Brydeinig ' a ' Coffadwriaeth i'r Arglwydd Roberts ' ychydig flynyddoedd ynghynt.

Ar ddiwedd 1921, gwerthwyd *Y Faner* i gwmni'r *Cambrian News* a'i symud o'i bro enedigol yn Nyffryn Clwyd i Aberystwyth. Gwelodd Prosser ei gyfle yntau i symud, ymgeisiodd am swydd ar y papur, ac yn Ionawr 1922 dechreuodd ar ei waith yn Ail Is-Olygydd *Y Faner*.

NODIADAU

[1]J. M. Edwards, ' Cyflwyniad : Bardd Rhos Helyg ', yn Ben T. Hopkins, *Rhos Helyg a Cherddi Eraill* (Lerpwl, 1976), 14.

[2]J. M. Edwards, *Y Crefftwyr ac Ysgrifau Eraill,* (Abertawe, 1976) 32-33.

[3]Idem., *Peiriannau a Cherddi Eraill* (Caerdydd, 1947), 36.

[4]Idem., rhagymadrodd i *Cerddi Prosser Rhys,* (Dinbych, 1950) 6.

[5]Casgliad Mrs. Rhys, llsgr.

[6]Ibid., llsgr.

[7]Ibid., llsgr.

[8]Ibid., llsgr.

[9]Ibid., llsgr.

[10]Casgliad Isgarn, llythyr dyddiedig 25-2-1919.

[11]Ibid., llythyr dyddiedig 22-10-1919.

[12]Ibid., llythyr s.d., ' Morfadu '.

[13]Ibid., llythyr s.d., ' Clydfan/Chalybeate Street/Aberystwyth '.

[14]Ibid., llythyr s.d., ' Morfadu '.

[15]Ibid., llythyr s.d., ' Morfadu '.

[16]Ibid., llythyr dyddiedig 8-1-1920.

[17]Caradog Prichard, *Afal Drwg Adda,* (Dinbych, 1973) 49.

[18]Casgliad Dr. Kate Roberts, llythyr dyddiedig 16-9-1940 oddi wrth Morris T. Williams.

[19]Casgliad Isgarn, llythyr s.d., ' 15 Eleanor St./Caernarfon '.

PENNOD 3

GWAED IFANC AC ATGOF

(*i*)GWAED IFANC

Ymranna gwaith barddol Prosser Rhys yn ddau gyfnod. Yn y cyfnod cyntaf, sgrifennodd gerddi'n bennaf i eisteddfodau lleol ac i newyddiaduron a chylchgronau Cymraeg. Cyhoeddwyd cerddi pwysicaf y cyfnod hwn ym 1923 yn y gyfrol *Gwaed Ifanc,* cyfrol o farddoniaeth ar y cyd gyda J. T. Jones, ac uchafbwynt y cyfnod oedd y bryddest enwog 'Atgof' a enillodd Goron Eisteddfod Genedlaethol Pont-y-pŵl iddo ym 1924. Ceir llawer o gerddi natur a cherddi ar destunau Beiblaidd yn ogystal â rhai sydd yn sôn am y rhyfel ymhlith y cerddi cynnar hyn.

Nid yw safon y rhan fwyaf o gerddi cynnar Prosser yn uchel iawn ond tâl i edrych yn fwy manwl ar gerddi *Gwaed Ifanc,* ac yn fwyaf arbennig ar y sylw a roir yng ngwaith Prosser i anesmwythyd ieuenctid a gonestrwydd mewn llenyddiaeth. Y mae cryn dipyn o wahaniaeth rhwng crefft soned fel 'I Hen Gariad' yn *Gwaed Ifanc* a gwaith eisteddfodol cynnar y bardd, a gwelir ei duedd i symleiddio'i ganu yn y cyfnod hwn drwy gymharu'r fersiwn o 'Y Ddau Angerdd' a gyhoeddwyd yn *Cymru* ym 1919 â'r fersiwn o'r un gerdd a gyhoeddwyd yn *Gwaed Ifanc* bedair blynedd yn ddiweddarach. Fel hyn yr oedd pennill cyntaf cân 1919 :

> Ar ei hynt o uchaf drum y bannau
> Hyd i gilfach isa cymau'r tud,—
> Cwynai'r gwynt, gan wylo'i ddycnaf ddagrau,
> Mai gofidus ydyw llwybrau'r byd.[1]

Dyma'r fersiwn yn *Gwaed Ifanc*—dangosir y newidiadau mewn llythrennau italig :

> Ar ei hynt o uchaf *trum* y *bryniau*
> Hyd i gilfach isa'r *cymoedd clyd,*
> Cwynai'r gwynt, gan wylo'i *wylltaf dagrau,*
> Mai gofidus ydyw llwybrau'r byd.

Y mae'r gân gyfan wedi'i diwygio mewn modd tebyg a thrwy hynny'n fwy telynegol ei naws ac yn fwy uniongyrchol ei neges. 'Darfu dydd y swancio yn hanes barddas Cymru am ryw hyd', sgrifennodd yn 'Chwaon o'r De' yn *Yr Herald Cymraeg* ar Awst 24, 1920,

> . . . Symylrwydd iaith, ond cryfder a glendid iaith er hynny,—yw un o anhepcorion y ffasiwn newydd. Croesawir beiddgarwch meddwl, a newydd-deb, a rhaid yw cael cynhildeb cyffyrddiad hefyd.

Yng ngherddi *Gwaed Ifanc* yr oedd Prosser Rhys yn ymdrechu i dorri'n rhydd o gonfensiynau'r oes ac i estyn ffiniau barddoniaeth Gymraeg. Menter, bid sicr, oedd iddo ef a J. T. Jones, yn ddau fardd ifanc cymharol anadnabyddus fel yr oeddent yn y cyfnod hwn, gyhoeddi cyfrol o farddoniaeth, a buan y sylwodd y cyhoedd ar feiddgarwch y ddau. Crynhodd J. M. Edwards a B.T. Hopkins natur cynnwys y gyfrol mewn englyn byrfyfyr :

> Dau o'n beirdd a'u gwaed yn boeth, a'u hafiaith
> Yn llawn rhyfyg penboeth :
> Dau awenydd brwd, annoeth,
> Yn geirio'n hyf y gwir noeth.[2]

Gwelir arwyddion o awydd Prosser i arbrofi mewn barddoniaeth mor gynnar â 1917 yn 'A'r Berth heb ei Difa', pryddest a gyfansoddwyd i Eisteddfod Nebo (A.), Blaengarw, 1917, ac y cyfunir ynddi, drwy gyfrwng breuddwyd, hanes gofid am un 'mewn anamserol fedd' â thema gweledigaeth Moses. Y mae hi'n bryddest gymhleth a geiriog ond dengys ei chymhlethdod ddymuniad Prosser i dorri'n rhydd o ganu eisteddfodol diddychymyg ac ystrydebol. Nodweddir cerddi *Gwaed Ifanc* ac 'Atgof' hefyd gan benderfyniad y bardd i seilio'i waith ar ei brofiadau personol ei hun, a cheir enghreifftiau ohono'n canu am ei brofiadau yn rhai o'i gerddi eisteddfodol. Cyfleir siom ei afiechyd yn 'Ymgedwch yng Ngha riad Duw' lle y sonia 'am ddyddiau ysgol mwyn' a'i gynlluniau am y dyfodol a chwalwyd gan 'adwyth cas'. Awgryma'r disgrifiad o dröedigaeth a geir yn yr un gerdd ei bod yn bosibl iddo gael rhyw brofiad crefyddol arbennig yn ei arddegau cynnar :

Cofiaf am yr hwyr
Y rhois fy hun i'w ofal tadol Ef;
'R ol poeni pen yn husting prudd y nos,
Ar eres gyfrinachau'r Cread maith.
Cyffesais fy anniwair feiau i gyd,—
Fy nghysul ymddiriedais iddo Ef.
O wneuthur hyn, cês nefoedd ar y llawr;
A daeth goleuni dydd o drymder nos.
Beth oedd y ddaear a'i harddunedd mwy,
Ond cyfrol o bregethau hyawdl iawn
ar Ner fy enaid? . . .[3]

Y mae'n amlwg fod y cyffesu hwn yn perthyn yn bur agos i gyffesu 'Y Pechadur' ac 'Atgof' a'i fod hefyd yn rhan o draddodiad y capel a'r seiat. Ni ellir amau nad oedd y seiat yn rhan bwysig o'r gymdeithas wledig y magwyd Prosser Rhys ynddi a chyfansoddodd bryddest at y testun 'Y Seiat Grefyddol' i gystadleuaeth y Gadair yng Nghwmgïedd ym 1918, pryddest y ceir ynddi gyfuniad o ganu cymdeithasol, canu crefyddol a chanu natur:

Gwlithog yw'r seiat o ddechreu i ddiwedd
Miwail fel hwyrddydd Mehefin glas
Eneidiau tan hudlath euraid trugaredd
Yn codi i asur o'r llawr a'i rysedd
Fal cwmwl tystion o gyfoeth gras[4]

Er bod newydd-deb a diffuantrwydd yng ngherddi eisteddfodol Prosser, yr oedd cerddi *Gwaed Ifanc* yn fwy gwahanol eto, ac y mae'n amlwg ei fod yn poeni'n fawr a ddewisai'r cyhoeddwyr ddarllenwyr cydymdeimladol i ddarllen y llyfr arfaethedig. Cafodd gysur felly pan ddywedodd T. Gwynn Jones wrtho ei fod yn teimlo'n sicr nad anfonid y llyfr at 'wŷr fel Eifion Wyn a Meuryn', a'i fod ef yn hoffi'r llyfr. 'Dywedai na bu er 1900 gyfrol fel yr eiddom ni', sgrifennodd Prosser at J. T. Jones,

> Yr oedd tô newydd yn codi, a Silyn, W. J. G. ac yntau yn dechrau myned yn hen. O leiaf yr oedd eu gwallt yn dechrau glasu! Yr oedd yn dda ganddo am y 'Gwaed Ifanc' ar y cyfrif hwn.[5]

Gellir coelio i sylwadau fel eiddo T. Gwynn Jones roi hwb calon i'r ddau lenor ifanc, yn enwedig gan nad oedd y naill na'r llall yn gefnog a llwyddiant y gyfrol yn bwysig iddynt yn ariannol.

' Yr oedd yn gryn anturiaeth ariannol inni—a ninnau heb ddimai i dalu petai'r llyfr yn troi'n fethiant masnachol ', cofiodd Prosser ym 1928,

> Yn ffodus, rhoes y cyhoedd dderbyniad calonnog iawn iddo, ac fe'n [h]achubwyd rhag ein bwrw i garchar oblegid dyled. (LC, 13-3-1928)

Ymhlith cerddi Prosser yn *Gwaed Ifanc,* y mae ' Y Tloty ', cerdd ar fesur ' Ynys yr Hud ' a enillodd Gadair Eisteddfod Moriah, Caernarfon, iddo ym 1923, ac a gafodd dderbyniad cymysg iawn. Ymddengys o adroddiad ar ' Eisteddfod Cofadail a'r Cylch ' a gynhaliwyd yn nhŷ'r ysgol, Cofadail, nos Wener, Mawrth 2, 1923, i'r Gadair gael ei chludo i Geredigion heb oedi. Onid Prosser a aeth â'r Gadair, gall mai Morris T. Williams a oedd yn gyfrifol am ei symud oherwydd y mae gan Garadog Prichard frith gof mai hwnnw a oedd yn cynrychioli'r bardd yn yr eisteddfod. Yr oedd Prosser yn fawr ei glod gan drigolion Mynydd Bach erbyn hyn a phan na soniodd adroddiad *Y Faner* am y ffaith fod Cadeirydd Eisteddfod Cofadail wedi cael yr anrhydedd o eistedd yn y Gadair a enillwyd y diwrnod cynt yng Nghaernarfon ' gan y bardd enwog o'r ardal hon ', teimlodd un o'r fro fod angen ychwanegu'r wybodaeth ymhen wythnos.

Er bod cydnabyddiaeth a chlod i ymdrechion y bardd yn ei fro ei hun, nid oedd pethau mor dawel yng Nghaernarfon lle'r oedd y beirniad wedi galw ' Y Tloty ' yn gerdd feiddgar ac wedi dweud bod ynddi sôn am grefyddwr blaenllaw yn rhoi plentyn siawns i ferch yn y tloty. Yr oedd yr helynt a ddilynodd bron fel rhagargoel o gyffro 1924. Yr oedd Meuryn wedi deall bod sôn am flaenor yn hytrach nag am grefyddwr blaenllaw a dyma ef yn ymosod ar y gerdd yn ei golofn ' Y Llen Lliain ' gan honni bod Prosser yn euog o daflu sen ar flaenoriaid :

> Y mae ym mhryddest "Y Tloty" Mr. Prosser Rhys, gymaint o athrod am flaenoriaid Cymru ag sydd yn llyfrau a drama Caradoc Evans. Sonnir yno am ryw eneth "a galwad y cnawd yn nhro'i llygaid a'i gwen," a dywedir mai blaenoriaid fyddai'n danfon yr eneth honno adref dros "y clos" yn y nos. Clywsom gan wr a'i darllenodd drwyddi—un o'n beirniaid cenedlaethol—fod y bryddest hon yn aflanach na'r un a gyhoeddwyd eto. Beth yw'r drwg sy'n awyr Ceredigion ? (*Yr Herald Cymraeg*, 20-3-1923)

Yr oedd cryn dipyn o ddychymyg yn y disgrifiad hwn oherwydd ni chrybwyllir blaenoriaid yn y bryddest o gwbl. Yr oedd y penillion tramgwyddus yng nghaniad 'Dull Anlladrwydd' yn llawer mwy gofalus na hynny :

> Ni dd'wedodd hi air, er ei chrïo mawr,
> Yn erbyn y rhai a'i tynasai i lawr—
> Y dynion ymlidiai'i bwganod liw nos
> Rhwng croesffordd y pentref a llidiart y clôs . . .
>
> Am ildio o'i thaid, a chrefyddwyr Cwm Gwŷdd,
> A hithau—i Gythraul Anlladrwydd eu dydd,
> Mae hi yn y Tloty a'i henaid yn hen,
> A Galwad y Cnawd yn nhro'i llygad a'i gwên.

Gan fod ensyniadau Meuryn yn ddi-sail, dyma Brosser yn bwrw ergyd yn ôl. Dywed Caradog Prichard, a oedd yn gweithio ar *Yr Herald* ar y pryd, fod Prosser wedi bygwth erlyn Meuryn am enllib, ac y mae'n bendant fod Meuryn yn teimlo bod angen iddo ateb y llythyr yr oedd Prosser wedi'i anfon ato. Ymddangosodd ei ateb yn 'Y Llen Lliain' ar Ebrill 10, 1923 :

> Daeth i'n llaw lythyr Saesneg oddiwrth Mr. E. Prosser Rhys yn cwyno bod ein sylw ar ei bryddest yr wythnos o'r blaen yn anghywir. Wele gyfieithiad o ran o'r llythyr :—"Am ragrithwyr, sy'n proffesu bod yn Gristionogion, ac nid am ddiaconiaid, y mae fy sylwadau llymion i. Annheg yw cymharu fy ngwaith i ag eiddo Caradoc Evans. Ymdrinia ef a gweinidogion, diaconiaid, a chrefyddwyr, gan eu disgrifio'n euog o'r pethau ynfyd a ddywed amdanynt ; ond yr wyf i yn fy mhryddest yn ymdrin a dosbarth gwahanol, deiliaid tlodion y tloty. Pan gondemniaf grefyddwyr o drachwant ac anlladrwydd, eu dal yn wyneb esiampl Crist yr wyf. Daliaf fod fy mhryddest yn un Gristionogol, ac nid yn un ddrwg fel y dywed yr 'Herald'." Dichon ein bod yn camgymryd, ond yr ydym yn sicr yn ystyried cysylltu crefyddwyr a phutain yn wneuthur gwawd o grefydd. Trwy amryfusedd y dywedasom fod yn y bryddest son am "flaenoriaid" yn hebrwng y butain i'r "clos" "liw nos." Nid "blaenoriaid" a ddywedir ynddi, ond "dynion crefyddol" [sic], a dywedir eu bod hwy ar ol y cyfarfod gweddi yn hebrwng yr eneth ddrwg i'r "clos" liw nos, ac oherwydd hynny y cyhoeddasom ein beirniadaeth arni. Dywed Mr. Prosser Rhys inni wneuthur cam ag ef, ac y mae'n ddrwg gennym am hynny. Ni fynnem er undim wneuthur cam a gwr yn ei fater.

Ymhen wythnos, aeth Meuryn gam ymhellach yn ei ymddiheuriad. 'Nid ydym yn hoffi'r bryddest honno, na dull yr awdur o drin y cymeriadau,' meddai, ond dymunwn egluro nad oes ynddi athrod ar ddiaconiaid, fel y sydd yn llyfrau Caradoc Evans, am nad oes yn y bryddest air o son am "ddiacon," fel y dywedasom yr wythnos ddiweddaf. Dywedasom eisoes fod yn ddrwg gennym am y camgymeriad a wnaethom. I Sais sydd ynglyn a'r "Herald" yr ysgrifennodd Prosser Rhys ei lythyr Saesneg. (*Yr Herald Cymraeg*, 17-4-1923)

Yr oedd *Gwaed Ifanc* yn fynegiant o anfodlonrwydd ar y gymdeithas a welai Prosser a J. T. Jones o'u cwmpas, ac yn enwedig yn fynegiant o ddiflastod ar grefydd ffurfiol a rhagrithiol. Dotiasai Prosser ar gyfieithiad John Morris Jones o waith barddol Omar Khayyâm ac ar ganiadau newydd W. J. Gruffydd, a cheir adlais o 'Cwyn y Gwynt' Syr John Morris Jones yn 'Y Ddau Angerdd':

> Cwynai'r gwynt gan wylo'i wylltaf dagrau
> Mai gofidus ydyw llwybrau'r byd.

Yr oedd gwaith beirdd Saesneg megis W. H. Davies, John Masefield a Rupert Brooke hwythau wedi cael dylanwad mawr ar feddwl Prosser a phan draddododd Robert Williams Parry ddarlith i Gymrodorion Wrecsam ar 'Telynegion Diweddar' yn Ionawr 1924, cyfyngodd ei destun yn gyfan gwbl i waith J. T. Jones a gwaith Prosser Rhys gan gyfeirio'n arbennig at ddylanwad y bardd Saesneg A. E. Housman ar eu cerddi. Fel y gwyddys, edmygai Prosser waith T. H. Parry-Williams yn fawr, a chredai R. Silyn Roberts efallai 'mai'r Athro Parry Williams a fu'r dylanwad pennaf ar y ddau fardd ieuanc'. (*Y Dinesydd Cymreig*, 21-11-1923)

Ar y cyfan, cafodd *Gwaed Ifanc* adolygiadau ffafriol iawn, ond er y canmol a fu o rai cyfeiriadau, yr oedd yr adolygiad cyntaf a ymddangosodd ar y llyfr, adolygiad Saunders Lewis, yn cyferbynnu Prosser yn anffafriol â chyd-awdur y gyfrol ac yn tynnu sylw at yr hyn yr oedd Saunders Lewis yn eu hystyried yn brif wendidau'i ganu:

> Fel plentyn wrth ddysgu cerdded yn ceisio dal gloyn byw, felly yr ymddengys Mr. Prosser Rhys wrth ymyl ei gyfaill. Y mae'r naill mor ddi lestair, mor chwim, a'r llall mor ansicr ac mor afrosgo. Dywed Mr. Rhys amdano'i hun:—
>
> " . . . Ond y mae
> Mynegi'n ormod im. Yr wyf yn wir
> Yn ysig gan f'anallu . . ."

> a dyna'r gwir. Nid oes dim un o'i ganeuon yn y llyfr hwn a saif ei chymharu â harddwch "Hydref" neu "Atgof" Mr. Jones. Ond y mae Mr. Rhys yn sicr o'i alwedigaeth ; "Ordeiniaist finnau," meddai, ac wedi darllen ei waith nid oes gennyf amheuaeth am hynny. Canys y mae dyfnder dychymyg yn gudd ynddo. (*Y Faner*, 8-11-1923)

Yr oedd crynodeb Saunders Lewis o'i gymhariaeth o waith y ddau fardd yr un mor ddamniol ar waith Prosser. ' Mae arnaf awydd dal bod un bardd yn y llyfr hwn yn gorffen ei yrfa, wedi mynegi y goreu sy ganddo,' meddai, ' a'r bardd arall heb eto ddechreu yn llawn.' Dymunai Prosser greu rhywbeth pwysig a chyfrannu rhywbeth mawr i lenyddiaeth Gymraeg a brifodd yr adolygiad cyntaf hwn ei natur sensitif yn ddwfn :

> Teimlwn yn wyniau o'r pen i'm traed am ddiwrnodau ar ol yr adolygiad hwnnw—yr adolygiad cyntaf a fu erioed ar fy ngwaith yn y wasg. Er y gwyniau mi oddefais yr adolygiad yn athronyddol iawn. Ond cyn bo hir mi welais nid yn unig bod beirniadaeth Mr. Saunders Lewis yn un deg a golau, ond hefyd na allai unrhyw feirniadaeth byth wedyn fy mhoeni gymaint—y gallwn ei darllen yn gymharol oer. Dyna paham y medrais i ddal, heb golli noson o gysgu, yr erledigaeth fwyaf—a butraf—a fu ar un prydydd yng nghwrs mis neu ddau o amser yn hanes llenyddiaeth ddiweddar Cymru. Ei dal hefyd heb suro, heb edifarhau, a heb fy meddiannu gan y dyb afiach fy mod yn ferthyr ddim, nac yn athrylith chwaith. (LC, 18-9-1928)

Byddai'n anghywir meddwl nad oedd Saunders Lewis yn sylweddoli gwerth canu newydd y gyfrol, ac yr oedd yn llai ymosodol yn ei adolygiad Saesneg yn y *Cambria Daily Leader*. Yr oedd barddoniaeth dau fardd y gyfrol yn fyw, meddai, ac yn adlewyrchu gwir brofiad o fywyd :

> It reflects a genuine experiencing of life, and an honest meditation on the things in experience which matter. There is here no comfortable stuff for Band of Hope recitations, which alas is what still passes for literature even in educational circles in Wales. But instead there is virile brain work and an absence of rhetoric, which is the surest criterion of the sincerity of the poets. (*The Cambria Daily Leader,* 10-11-1923)

Heblaw hynny, ar ôl darlunio Prosser fel bardd heb lawn ddechrau ar ei yrfa, barnodd ei fod yn meddu ar ' a deeper well of feeling, a tougher, sturdier mind, and with less technical gifts a stronger hold on the essentials of poetry.'

Croesawyd y gyfrol gan Gynan, ac yr oedd W. J. Gruffydd hefyd o'r farn fod Prosser yn ymdeimlo'n fwy â'r byd y tu allan iddo na'r rhan fwyaf o feirdd ifainc. Tynnodd sylw'n arbennig at ddewrder personol soned 'Y Pechadur'. 'Bu ein barddoniaeth am fwy na chanrif,' meddai,

> o lyfrdra cywilyddus, yn cuddio'r naill hanner i'r gwirionedd dan gochl yr hyn a elwid yn weddustra, ac y mae E. P. R. a J. T. J. hefyd, wedi sylweddoli bod yn rhaid tynnu'r llenni bellach ac agoryd y ffenestri er mwyn cael tipyn o wynt oer iach i farddoniaeth Cymru, er iddynt fod yn sicr y caiff yr hen ferched (o'r ddau ryw) annwyd angeuol yn yr oerni ffres.[6]

Yr oedd Robert Williams Parry o'r farn 'mai yn *Y Pechadur* y cyrraedd y gyfrol ei huchafbwynt',[7] ond ymddangosodd y math o feirniadaeth a ragwelwyd gan W. J. Gruffydd yn *Y Clorianydd* ar Ragfyr 12, pan dynnodd Sem Puw sylw at y diffyg cerddoriaeth yng ngherddi *Gwaed Ifanc* a chondemnio Prosser am 'afradu ei ddawn mewn darnau aneffeithiol fel "Blino Caru" a "Strancio"'. Yr oedd 'E.M.H.' yn ei adolygiad ar y gyfrol yn *Y Genedl Gymreig* ar Ragfyr 18 yr un mor feirniadol o destunau'r ddau fardd:

> Paham yn y byd na buasai dau ysgrifennwr ieuanc fel hyn, yn meddu galluoedd uwchlaw'r cyffredin a galluoedd llenyddol pell uwchlaw llawer, yn eangu tipyn ar eu diddordeb a maes eu sylwadaeth? Yr wyf wedi hen flino ar y caneuon bach difrifol yma i gariadon a chwerwder bywyd, a siom ieuenctyd a phethau felly . . .

Er nad oedd rhai beirniaid yn fodlon ar gynnwys *Gwaed Ifanc* nac ar agwedd wrthryfelgar y ddau fardd dylid cofio na cheir cerddi anffyddiol na phaganaidd gan Brosser yn y gyfrol. Y mae'n wir iddo yn 'Duw Mudan' godi'r bardd yn fath ar dduw ond pwysleisio anallu'r bardd a'i wendid yw prif nod y gerdd honno. Yr unig gerdd y ceir ynddi awgrym o droi'n erbyn Cristnogaeth yw 'Un ar Hugain' ond cerdd yw hon sydd yn ymgorffori holl gasineb Prosser at grefydd ffurfiol, ragrithiol a diangerdd yn hytrach na chasineb at Gristnogaeth. Yr oedd yn gas ganddo grefyddwyr llugoer a rhai nad oeddent yn fodlon mynegi'u barn ar faterion yn ddifloesgni, a gwelwyd hynny yn ystod yr ail ryfel byd pan ddywedodd nad oedd ond dau weinidog yn Aberystwyth yn pregethu'n onest. Yr oedd y naill o blaid y rhyfel a'r llall yn heddychwr digymrodedd, ond yr oedd y gweinidogion eraill i gyd yn ceisio dal y ddysgl yn wastad drwy beidio â dangos yn eglur beth oedd eu gwir farn am y rhyfel. Yr oedd y soned ' Un ar Hugain ' yn fynegiant o adwaith cynnar yn erbyn crefydd sefydliadol a ffuantus ond nid ymhonnodd Prosser erioed yn bagan rhonc.

Os nad oedd cerddi *Gwaed Ifanc* yn anffyddiol, yr oeddent yn cyffwrdd â phroblemau seicolegol ac yn mynd gam yn nes at drafod perthynas serch â rhyw. Yn ' Y Pechadur ', ni cheir ond rhyw ledawgrymu am brofiad rhywiol a phryfocio'r darllenydd drwy sôn am ' ddeniadau cnawd a byd ', ac am bethau a gerdd ar lanw gwaed llanciau ' fin hwyr '. Dyrchefir nwydau dyn a'u cyflwyno'n elfen brydferth yn ' Gwrando'r Gwcw ' lle y sonnir am yr ' hen ysfa wyllt amdanat ti ! ' a hefyd yn y soned ' I Hen Gariad ' lle y crybwyllir ' nefol nwyd '. Yr oedd themâu ' Hiraeth Mam ' ac ' Y Tloty ' yn ffasiynol adeg eu cyfansoddi ond defnyddiodd Prosser y themâu sentimental hyn i feirniadu rhagrith parchus y gymdeithas ac i gyflwyno ychydig ddadansoddi seicolegol i farddoniaeth Gymraeg. Hanes un a genhedlwyd gan ryw ' nwydus ddau o dlodion ' a adroddir yn ' Y Tloty ', cerdd sydd yn personoli'r haniaethau cybydd-dod, diogi, anlladrwydd a thwyll ac sydd yn cynnig rheswm seicolegol dros feddwdod un o'r rhai yn y tloty drwy egluro bod ei bartner busnes wedi diflannu â'i arian :

> Ac yntau a surodd rhag tynged mor flin,
> A chwiliodd am angof yng ngwaddod y gwin.
>
> Fe feddwodd—tra gallodd ; dibrisiodd y byd ;
> (Mae gofid ar lawer sy'n meddwi o hyd) ;
> Ac yna i'r Tloty cyfeiriodd ei droed
> Yn llwm ac yn afiach, a deugain mlwydd oed.

Rhyw gymysgedd o elfennau a geir yng ngherddi Prosser Rhys yn *Gwaed Ifanc.* Ar y naill law fe'i ceir yn adweithio'n erbyn y genhedlaeth hŷn ac yn ceisio torri'n rhydd o lyffetheiriau llenyddol y cyfnod, ac ar y llaw arall fe'i ceir yn sgrifennu â holl synwyrusrwydd bardd gwlad ac yn ymhyfrydu yn aroglau a lliwiau byd natur. Ar yr un pryd â bod yn ddiamynedd ac wedi'i danio gan ei chwant i sgrifennu rhywbeth o bwys hyd nes teimlo'n ' ysig gan ei anallu ', yr oedd Prosser yn werinwr diymhongar ac yn credu nad gyda J. T. Jones y dylai fod wedi cyhoeddi'r gyfrol ond yn hytrach gyda bechgyn Tregaron a Ffair-rhos. Dengys ' Y Gusan Hwyr ' ei hoffter o synwyrusrwydd, lliw, sŵn a chyffyrddiad mewn barddoniaeth ; a cherdd o liwiau, aroglau, synau a chyffyrddiad yw 'Wedi'r Gawod ' hefyd :

Dychwelwn yng nghwmni'r nos
A chwlwm ein serch yn fwy tynn,
A dyfnlliw gwridog y gorwel draw
Yn addo yfory gwyn.

Ceir ' cwlwm tyn ' ac aroglau yn ' Atgof ' hithau :

A sawr y 'stodiau wrth Lyn Faglan syn
Yn fendith dawel ar ein cwlwm tyn.

Y mae'r cyseinedd a'r cyffyrddiadau cynganeddol medrus yn ' I Hen Gariad ' unwaith eto'n creu darlun synhwyrus a manwl o gefn gwlad dan leuad hydref. Ceir yr un math o ddisgrifio synhwyrus yn rhai o'i ysgrifau newyddiadurol cynnar ac y mae'n debyg fod disgrifiadau Hardy o fyd natur yn un o'r rhesymau pam y gafaelodd ei waith yn nychymyg Prosser.

(*ii*) Atgof

(a) *Cefndir*

Ar ôl cyhoeddi *Gwaed Ifanc* parhaodd Prosser i bwysleisio'r angen am onestrwydd newydd a realaeth yn llenyddiaeth Cymru, ac yn y misoedd cyn Eisteddfod Pont-y-pŵl rhoes le anrhydeddus i waith beirdd ifainc yn 'Led-led Cymru'. Gwahoddodd feirdd ifainc i anfon ato gerddi diragrith o unrhyw fath a defnyddiodd ei golofnau i bwyso am newidiadau llenyddol a chymdeithasol. ' Canwyd y blinder a deimla dyn rhag undonedd di-dorri gwasanaethau'r addoldy mewn dull cofiadwy yng "Ngwladys Rhys" W. J. Gruffydd ', sgrifennodd yn 'Led-led Cymru' ar Chwefror 7, 1924,

Mr. Gruffydd hefyd biau'r gân honno am Grist yn dyfod i'r dafarn i nol un o wrthodedigion y seiat a fuasai farw yn ei ddiod . . .

Canlyniad hyn yw fod mwy o sôn am y pethau a oedd gynt yn rhy halog i'w crybwyll. Nid ofnir canu i gariad yn ei holl angerdd rhywiol, mynegir yn agored feddyliau cêl y galon.

Tynnodd sylw'n arbennig at y diffyg sôn am ryw ym marddoniaeth y dadeni diweddar :

> . . . ac nid oedd ddim o['i] le mewn ymhyfrydu yng ngwallt a llygaid gruddiau a gwefusau a gwddw, ac efallai ym mronnau, merch. Ond gwae'r neb a ddygai dinc o Ryw i mewn i'w ganu . . . (LC, 20-3-1924)

Gwelodd mai dylanwad y capel a oedd yn bennaf cyfrifol am y diffyg gonestrwydd a'r diffyg diffuantrwydd hwn gan fod rhyw ' yn beth i'w gelu, canys onid Rhyw a barai orfod torri bechgyn a merched allan o'r seiat a phethau felly ?' Cofir i Feuryn ladd ar ' Y Tloty ' ym 1923, a daeth ef yntau dan lach Euroswydd :

> Nid yw'r "saint llenyddol" heb fod yn gweled y mudiad. Meuryn oedd y prif un a fu'n cyhoeddi gwaeau yn y wasg uwchben y "rhyfyg," a bu ganddo lawer o gefnogwyr. Ef hyd yn ddiweddar iawn oedd arweinydd y gâd. Ond teimlai Meuryn yn bur ddigalon wrth feddwl am y dyfodol, hyd oni pharodd ddat-fyddino ei gâd. Ond yn ddiweddar clybuwyd dolef ffraeth utgorn ar Ben y Bryn, ac nid oedd "sant llenyddol" na chlybu'r alwad awdurdodol honno. Felly y casglodd Mr. Beriah Evans [,] Cofiadur yr Orsedd, a Golygydd y "Tyst", gâd Meuryn at ei gilydd, a sefydlodd Atodlen Llên y "Tyst" yn faes ymarfer iddynt. Pa beth a wna Meuryn, ni wyddis. Efallai y cymer ei le yn rhengoedd y fyddin a arweiniai gynt, er clywed o rywun ganu fel hyn yn dyfod gyda'r awel o Ferthyr :
>
> "Erys, er i Feuryn gilio,
> Ei lafurwaith ef,
> Dweyd amdano mae'r Atodlen
> Wrth y Nef."
>
> Felly, y mae'n sicr o fywyd tragwyddol, beth bynnag a wnêl. (LC, 20-3-1924)

Yn eu tro, arweiniodd sylwadau fel y rhain, ac yn fwyaf arbennig yr erthyglau ar ' Anghrediniaeth yr Oes ' a gyhoeddwyd yn *Y Faner* yn hanner cyntaf 1924, at ddadl rhwng Prosser Rhys a Mr. David Owen, Dinbych, a sgrifennodd i'r papur i fynegi'i anfodlonrwydd a'i ddiflastod ar y drafodaeth ar anghrediniaeth O dipyn i beth, trodd eu hymryson o'r erthyglau ar ' Anghrediniaeth yr Oes ' at *Gwaed Ifanc*. Dywedasai Prosser mai pwdu yr oedd David Owen am na chafodd ei gerddi ddigon o ganmoliaeth, ac yn ateb dyma David Owen yn gwneud hwyl am ben barddoniaeth Prosser a'i ddull o adolygu llyfrau drwy ddweud ei fod yn bwriadu cyhoeddi,

. . . ar fyrder gyfrol fechan o delynegion a bugeilgerddi yn dwyn y teitl sad "Hen Waed." Yn yr anturiaeth hon, syr, y mae Wil Bon y Clawdd (bardd lleol y clywir llawer am dano cyn bo hir), a minnau yn mynd yn bartnars. Y bwriad ydyw ei gwneud yn gyfrol fechan ddestlus, ond ni rwymir hi mewn croen llo, ond bydd llawer o'r llo ei hun oddifewn. Yn hyn o beth bydd yn dwyn nodweddion amlwg barddoniaeth y dyddiau diweddaf hyn yng Nghymru. (*Y Faner*, 12-6-1924)

Rhoes Euroswydd ateb swta yn 'Led-led Cymru' yn yr un rhifyn o'r *Faner* :

. . . gwelwn yn awr beth na welsom o'r blaen, sef mai ymosod yn llechwraidd ar y llyfr a enwyd "Gwaed Ifanc" yw amcan Mr. David Owen. Tyngasom lw cyn cyhoeddi'r llyfr na sgrifennem air i'w amddiffyn, yn wyneb yr ymosodiadau anorfod. Hyn yn unig a ddywedwn yn awr: Dichon bod llawn digon o laid yn y llyfr hwnnw, a diau y bydd llaid mewn pethau a sgrifennwn eto ; ond hyderwn nad awn mor isel a Mr. David Owen a'i godi yn ein dwylo i'w daflu at bobl ereill.

Hyd yn oed mor ddiweddar â 1931, yr oedd ambell un yn dal i ladd ar *Gwaed Ifanc*, ac ym Mehefin y flwyddyn honno tynnodd Euroswydd sylw at y ffaith fod y Parchedig W. Llewellyn Lloyd wedi cyfeirio'n anffafriol at y llyfr ar faes y Sasiwn yn Llanddewibrefi !

Y mae'n ddiddorol ceisio dilyn hanes cyfansoddi 'Atgof' a rhai o'r dylanwadau a fu ar Brosser yn ystod misoedd ei chyfansoddi. Fel hyn yr hysbysebwyd cystadleuaeth y Goron am Eisteddfod Genedlaethol 1924 :

Pryddest, heb fod dros 800 llinell, ar un o'r testunau canlynol : "ATGOF," "DAFYDD AP GWILYM," A "MARCHOG YR AWYR."
Gwobr, £20 a Choron yr Eisteddfod. *Beirniaid*, yr Athro W. J. Gruffydd, M.A., Crwys a Gwili.

P'run bynnag, yn y lle cyntaf, nid ymddengys fod Prosser yn bwriadu gyrru'i bryddest i Eisteddfod Pont-y-pŵl o gwbl, ond yn hytrach i eisteddfod a gynhaliwyd yn gynharach yn y flwyddyn ym Mhentrefoelas. 'Pethau nad Anghofiaf Byth' oedd testun pryddest yr eisteddfod honno ond pan gafodd Prosser wybod bod Dewi Morgan yn bwriadu cystadlu ar 'Atgof' yn Eisteddfod Pont-y-pŵl, siaradodd ag ef a chytunodd y ddau i newid eu meddwl. Enillodd Dewi Morgan yn Eisteddfod Pentrefoelas, ond oni bai am eu cytundeb, dichon mai Prosser a fyddai wedi bod yn fuddugol yn yr eisteddfod honno a Dewi'n fuddugol yn yr Eisteddfod Genedlaethol. Y mae atgofio'n nodwedd dra chyffredin ac amlwg yng ngherddi cynnar Prosser a hefyd yn ei ysgrifau newyddiadurol ac nid yw'n syn felly i destun Pentrefoelas a thestun pryddest Pont-y-pŵl ei demtio i gystadlu.

Yn ôl tystiolaeth Euroswydd ei hun, yr oedd Morris T. Williams yn rhannol gyfrifol fod 'Atgof' wedi gweld golau dydd. Dyma a ddywed Prosser am gyfeillgarwch y 'llanc tâl melynwallt o'r Groeslon' a'r anogaeth a gafodd ganddo i gwblhau ac i gyflwyno'i gerdd i'r Eisteddfod :

> Cyn pen dwy flynedd ar ôl imi ado Caernarfon am Aberystwyth, daeth yntau yma yn leinoteipydd, ac ymhlith y pethau lawer fydd ganddo i gyfrif amdanynt yn nydd y Farn y mae'r ffaith mai ef a'm poenoedd i gwpláu pryddest "Atgof" mewn pryd i gystadleuaeth Pontypŵl, pan oeddwn i am roddi'r gorau iddi wedi cwplàu'r [sic] caniad cyntaf. (LC, 4-1-1939)

Er i J. M. Edwards awgrymu bod Prosser yn bwriadu cael gafael ar gopi o *Ulysses* cyn mynd i Gaernarfon, dywedodd Euroswydd mai Saunders Lewis a'i cyflwynodd i waith Joyce ac mai ganddo ef y cafodd fenthyg copi o *A Portrait of the Artist as a Young Man,* llyfr y teimlodd yn ddyledus iawn iddo :

> Ymhlith y troseddau eraill y bydd yn rhaid i Mr. Saunders Lewis roddi cyfrif amdanynt yn Nydd y Farn, fe fydd y ffaith mai ef a soniodd gyntaf wrthyf am waith Joyce, a rhoddi benthyg copi o'r "Portrait of the Artist as a Young Man" i mi, ac onibai am hyn ni buaswn, o bosibl, wedi mentro ysgrifennu'r bryddest "Atgof", nac efallai wedi gallu ei sgrifennu o gwbl. Fe barodd darllen y nofel anghyffredin hon newid mawr ar fy holl agwedd at lenydda. Dysgodd Joyce i mi fod didwylledd yn hanfodol bwysig a bod popeth bywyd yn ddefnydd i'r artist, hyd yn oed gyffroadau anaeddfed llencyndod. (LC, 22-1-1941)

Ofnai Prosser ymateb ei gydnabod yng nghymdeithas glòs wledig Mynydd Bach yn fwy na dim wrth gyfansoddi 'Atgof', ond, yn argyhoeddedig y dylai bardd weld bywyd yn ei gyfanrwydd, dewisodd ryw'n thema gan fod gan ryw ran bwysig ym mywyd pawb, ac yn enwedig ym mywyd yr adolesent. Cydnabu'i ddyled i ddidwylledd Joyce drwy roi'r ffugenw 'Dedalus' ar ei bryddest.

Rhoes Evan Jenkins, Ffair-rhos, help ymarferol i Brosser pan oedd yn paratoi am ' Atgof ' drwy roi benthyg *Essays of a Biologist*, Huxley, a *Jude the Obscure*, Hardy, iddo, ond ar yr un pryd â bod dan ddylanwad elfennau blaengar yn llenyddiaeth Lloegr yr oedd Prosser hefyd dan ddylanwad T. H. Parry-Williams ac awduron y dadeni Cymraeg. Yr oedd ' Atgof ' yn ymgais at y math o gerdd y dymunasai Prosser ei chyfansoddi ers cryn amser, ac ymgorfforir ynddi hanfodion a phrif nodweddion ei farddoniaeth gynharach. Yn ' Y Tloty ' darlunnir rhieni a oedd wedi syrthio'n ysglyfaeth i nwyd, ac fel yn ' Atgof ' tynnir y darlun gan fab y rhieni syrthiedig. Ceir yn y naill gerdd fel yn y llall gydblethiad o ganu natur, canu beirniadaeth gymdeithasol a chanu dadansoddi seicolegol. Crybwyllwyd pryddest ' Y Ddinas ' T. H. Parry-Williams eisoes a gellir credu i hon gael dylanwad ar ' Y Tloty ' ac ar ' Atgof '. Am fod yn ' Y Ddinas ' ddisgrifiad ' anfoesol ' fel y disgrifiad o'r ferch drythyll yng nghaniad ' Pleser ', a chan fod ynddi sôn am hunanladdiad, barnodd Eifion Wyn, ym 1915, nad oedd y gerdd yn ddyrchafedig, nac yn llednais nac yn deilwng o urddas Coron Eisteddfod Genedlaethol Cymru.

Dylid nodi agosed yw cynllun ' Atgof ' i gynllun awdl ' Eryri ', T. H. Parry-Williams. Adeiledir ' Eryri ' ar dri lliw : llwyd, gwyn a choch, ac adeiledir ' Atgof ' ar bedwar arogl, mwg mawn, pridd, gwair, a gwymon. Soniodd Prosser yn ' Chwaon o Geredigion ' ym 1919 am y pleser a gafodd o ddarllen rhan o awdl Parry-Williams ac y mae'n hawdd credu'i bod yn ddylanwad arno :

> Darllen caniad gogoneddus, "Y Lliw Gwyn" yn awdl "Eryri," y bum i yn ystod y prynhawn. Teimlais innau ryw obaith hyfryd o syllu ar y bryniau acw :
>
> "A hen ddiweirgan ddirgel, bywyd gwyn
> Ar erwau tywyn yr eira tawel." (*Y Darian*, 20-11-1919)

Mynegodd Prosser ei edmygedd o Parry-Williams a'i waith yn y papur a draddododd arno yn Ionawr 1921, ac wrth drafod ' Eryri ', sylwodd fod rhai o'i feirniaid wedi dadlau ' nad oedd "Eryri" gan y bardd ond hoel i hongian arni awdl ar liw '.[8] ' Rhaid mai syniad go gul sydd gan y rheiny am swyddogaeth bardd ' oedd ei ddedfryd ar y beirniaid hynny.

Dichon mai awdl Parry-Williams a awgrymodd gynllun ' Atgof ' ond nid oedd ar Brosser angen help i synhwyro gwerth aroglau i'w bryddest. Ceir y syniad o aroglau'n symbylu atgofion yng ngwaith newyddiadurol Prosser mor gynnar â 1920 :

> Y tywydd—a ddywetsoch chwi? Peidiwch a son hanner gair am hwnnw rhag i ragor ddistyll arnom. Gwair ar lawr yn pydru a geir mewn llawer parth yn y De, a chymaint ag sydd heb ei ladd yn gwyro'n druan wrth ddisgwyl am y bladur. Ac y mae hiraeth arnom oll am gael aroglu'r gwair yn y meysydd, a meddwl uwch y llawer atgof a ddwg y persawr inni. (*Yr Herald Cymraeg*, 27-7-1920)

Eto i gyd, wrth ddweud hyn, y mae'n rhaid cofio i Ddewi Morgan honni mai ef a oedd biau'r syniad o ddefnyddio aroglau yn 'Atgof' :

> Cofiaf amdano'n ysgrifennu "Atgof." Pan ddôi yn ei ôl fore Llun byddai ganddo sonedau gorffenedig, nad oedd eisiau newid gair arnynt. Bu'n petruso sut i fynd o'i chwmpas hi, nes imi awgrymu iddo bod aroglau rywsut yn bywiogi'r cof yn rhyfedd. (*Y Faner*, 14-2-1945)

Rhoir lle i nwyd ac oferedd serch yn *Gwaed Ifanc* ac y mae'r elfennau hyn yn dra phwysig yn 'Atgof' hithau. Heblaw hynny, gwelir perthynas 'Atgof' â'r cerddi cynnar eraill yn ei synwyrusrwydd a hefyd yn yr elfen o brofiad personol a geir ynddi. 'Am y gân', meddai amdani,[9] 'nid stori fy mywyd ydyw, ond y mae'n ffrwyth fy mhrofiad ac yn arwydd fy mhrofiad.' Yn ddiau, tardd cryfder 'Atgof' o ddiffuantrwydd ei hawdur.

Adeg buddugoliaeth Prosser, nododd yr adroddiadau newyddiadurol ei fod wedi bod wrthi'n galed am bum prynhawn Sul yn cyfansoddi 'Atgof', a dywed J. M. Edwards yntau iddo weld sonedau'r bryddest yn ymffurfio o un i un bob penwythnos. Yng nghefn gwlad Ceredigion y clywodd J. M. Edwards ei gyfaill yn adrodd ei gerdd newydd :

> Cofio hefyd un bythgofiadwy hwyrddydd
> Dan "fasarn llaes" hyd lonydd bach Trefenter,
> Clywed ar donnau yr unigrwydd acenion
> Dy newydd gerdd a'i menter.[10]

Yn ôl J. M. Edwards, nid ar fesur y soned yr oedd 'Atgof' yn y lle cyntaf, ac er nad ymddengys fod fersiwn llawysgrif o'r gerdd ar gael, dyfynna ddau bennill sy'n cyfateb yn fras i soned gyntaf y bryddest orffenedig :

Ni waeth pa le y cerddwn na pha bryd
Drwy rug y rhos, neu dros y mynydd noeth,
Dros gwysi cochion neu drwy wair neu ŷd,
Ar fore claear neu ganolddydd poeth ;
Neu hwyr ysblennydd ei fermiliwn foeth,
Ni waeth pa le, rhusiai fy nghalon, hi,
Rhag rhywbeth rhyfedd a'm dilynai i.

Ni welwn i ei ffurf â'r llygaid hyn
Sy'n gweled ffurfiau dynion, diau yw
Ni chlywais i ei air â'r clustiau hyn
Sy'n clywed geiriau dynion, ond nid byw
Ffansi hedegog, rhith niwrotig ryw
Mo'r Rhywbeth hwnnw a'm disodlai o hyd
Ond pŵer sicr—sicrach na dim o'r byd.[11]

Profodd Eisteddfod Genedlaethol Pont-y-pŵl 1924 yn achlysur cofiadwy yn hanes llenyddiaeth Gymraeg ac yn achlysur pwysig ym mywyd Prosser Rhys. Disgrifiwyd awyrgylch seremoni'r coroni gan J. T. Jones :

> In the vast pavilion, filled to overflowing, the excitement was intense. The bardic fraternity, gathered in a semi-circle on the stage, was really impressive. The bards this afternoon bore themselves with true and becoming dignity, and they deserve praise. All ears listened intently and eagerly while Professor Gruffydd read the adjudication, and when all the preliminaries were over and the Archdruid called upon "Dedalus" to stand and be seen a hush fell over the assembly ; the moment was dramatic. Not a sound broke the stillness until a young man stood up in the press seats. Then a murmur swept over the assembly. The murmur speedily gave place to a thunderous cheer, and all stood up to pay their respects to the young poet. (*The Western Mail*, 6-8-1924)

Yr unig beth i amharu ar hwyl y diwrnod i Brosser oedd straen y newyddion am farwolaeth ei frawd, David Wyre Rees, ychydig ddyddiau ynghynt.

Cyflwynasai Prosser ei bryddest mewn diwyg cain, a chan ei fod yn credu nad enillai mo'r gystadleuaeth yr oedd hyd yn oed wedi mynd i'r drafferth o'i hargraffu. 'It is not often that a poem already neatly printed and bound is sent to any competition for a chair or crown', sylwodd J. T. Jones,

> It so happened this year. "Dedalus's" poem was striking not only as regards its theme and treatment, but in its external appearance as well. (*The Western Mail*, 6-8-1924)

Meddai Prosser ar lygad craff a manwl ac nid anghofiai byth roi sylw dyledus i ddestlusrwydd llyfrau. Eglurodd mewn llythyr at J. T. Jones ar Orffennaf 29, 1924, ei fod wedi trefnu argraffu'r copïau o ' Atgof' ' for private circulation ' oherwydd na chredai y byddai'n ennill. ' Bellach y mae'r rheiny'n ofer,' meddai yn yr un llythyr, ' a'r gân yng ngafael y Phariseaid oll, 'tawn i['n] malio rhywbeth amdanynt.' At ei gilydd, gyrrwyd pedair pryddest ar ddeg i'w beirniadu ac eto, ym marn Gruffydd o leiaf, hon oedd yr unig un ohonynt a oedd yn deilwng o'r Goron. Nid ymddengys fod y beirniaid yn disgwyl llawer i ddod o ' Marchog yr Awyr ', testun na ddewisodd ond tri ymgeisydd ganu arno, ac er bod gobeithion am gerdd dda ar ' Dafydd ap Gwilym ', nid oedd ymhlith y tair cerdd ar y testun hwnnw ond un y gellid ei rhestru gyda goreuon y gystadleuaeth, meddai Gwili, a ystyriai fod ' amryw o'r cerddi ar Atgof yn resynnus o ran eu celfyddyd, a distadl a gwael o ran eu cynnwys '.[12]

(b) *Beirniadaeth a Dadlau*

Bu beirniadu llym ar Brosser ar ôl iddo ennill ym Mhont-y-pŵl, ond yr oedd ei egwyddorion yn gadarn a'i ddaliadau'n ddigon cryf iddo aros yn dawel a digyffro drwy'r cwbl. I'r beirniaid a oedd wedi dyfarnu Coron yr Eisteddfod i'r bryddest ' lygredig ', nid oedd pethau mor rhwydd. Er i Gwili ddweud ei fod ef a'i gyd-feirniaid, W. J. Gruffydd a Chrwys, wedi cytuno ' i geryddu a gwobrwyo *Dedalus* ', yr oedd Gruffydd yn ddiysgog ei farn nad ei le ef fel beirniad oedd penderfynu a oedd y gân ' yn addas i'w rhoddi yn llaw plant a hen ferched ', ond yn hytrach, i benderfynu'n unig a oedd yr awdur ' wedi gallu gweddnewid ei ddefnydd wrth ei basio drwy ei feddwl ef ei hunan, ac wedi gallu gwneuthur ohono yr harddwch a'r tegwch a geir mewn gwir brydyddiaeth ', ac yr oedd yn hollol sicr fod Prosser wedi llwyddo i wneud hyn. I'r gweinidogion, Crwys a Gwili, nid oedd dygymod ag athrawiaeth ' Dedalus ' mor syml. Cytunai Crwys â Gruffydd, o leiaf am swydd y beirniad llenyddol, a dywedodd ef mai'r hyn a oedd gan feirniad i'w wneud oedd ' penderfynu i ba raddau y llwyddodd ' yn hytrach na chwilio am fai ar gynnwys y gerdd neu ar ei thema. O ochr Gwili, felly, y daeth y brif feirniadaeth foesol ar ' Atgof ' er bod ei edliw yntau'n gymysg â mawl. Cydnabu fod y bardd yn gampwr ond yr oedd yn amau a oedd y gelfyddyd na welai ' ddim ond y cnawd ' yn gelfyddyd dda, a mynegodd ei farn mai ' llygru'r Eisteddfod ' oedd gwobrwyo'r bryddest. Ychwanegodd nad oedd yn siwr ei bod yn weddus i'w hargraffu, ac meddai, ' os gwn i ddim am Gymru wir ddiwylliedig—ar wahan i'w chrefydd—ei thuedd fydd dywedyd am farddoniaeth fel eiddo'r gerdd hon : "Mi at'h [sic] chwydaf di allan o'm genau" '. Ar y cyfan, ymddengys imi mai ' cytunais ' yw'r ' cytunasom ' ym mrawddeg olaf beirniadaeth Gwili ac na fuasai wedi gwobrwyo'r gerdd oni bai am farn Crwys, ac yn fwyaf arbennig am farn Gruffydd a oedd yn bleidiol iawn iddi. Credai J. T. Jones yntau mai Gwili a fu rhwng dau feddwl :

> Gwili also makes out that it was after days of perplexity that it was decided to award the poem the prize, and many have taken for granted from this that he spoke for his fellow-adjudicators as well as himself. But is that so ? He himself may, of course, have been perplexed awhile, but I am given to understand that there was no hesitation on the part of the other two adjudicators, Crwys and Professor W. J. Gruffydd. (*The Western Mail,* 14-8-1924)

Nid oes amheuaeth nad oedd safon y gystadleuaeth yn isel. Dywedodd Gwili nad oedd ond dwy gerdd a oedd yn cymell ail-ystyriaeth ar wahân i'r gerdd fuddugol a bod gwaith ' Dedalus ' yn rhagori'n ddirfawr ar waith y ddau arall. I Gwili, beth bynnag, yr oedd cam flas ar gerdd ' Dedalus ' a phan ddywedodd y gallai'r ' sawl a'n barno, ar ol hyn, ystyried ac ail-ystyried y benbleth y buom ni ynddi am ddyddiau lawer ', gwyddai'n dda y byddai nifer go fawr yn barod i anghytuno'n huawdl â dyfarniad y beirniaid. Un o wrthwynebiadau Crwys i ' Atgof ' Prosser oedd ei bod yn rhy fanwl ei disgrifiadau :

> Ar yr un pryd amheuwn a oedd alw am y disgrifio manwl a fu ar ambell beth yn y gân. Yn wir, o safbwynt yr *artist*, gallasai wneud ar lai—byddai awgrym yn fwy gorchestol—ac awgrym a gymeradwyid gan y gallu sydd yn drech na phob nwyd a blys.

Beirniadwyd ' Atgof ' am nifer o resymau ond yr oedd cytundeb cymharol ynghylch crefft y bryddest ; ei chrefft, er enghraifft, oedd yr unig nodwedd yr oedd Gwili'n bendant o'i phlaid. ' O ran ei iaith, ei arddull, a'i gelfyddyd y mae *Dedalus* yn gampwr ', meddai, a dyna oedd y farn a leisiwyd yn *Y Dinesydd Cymreig* hefyd. 'Mae ei chynllun a'i chrefftwaith yn benigamp,' oedd y farn yng ngholofn olygyddol y papur hwnnw ar Awst 13, 'ond y mae ei diben a'i chwaeth yn anymarferol a disylwedd.' Oherwydd hynny, ystyriai'r *Dinesydd Cymreig* y dylid collfarnu'r bryddest yn y gobaith y sgrifennid un well yn y dyfodol :

> Credwn y bydd i Fardd graenus y Goron eleni ofidio llawer ar ol hyn am iddo faeddu ei Awen wrth ennill y safle yn yr Eisteddfod Genedlaethol. Nid "Atgof" sy'n mynd i gadw ein Prosser i ddyfodol ein gwlad. Mae i ganu gwell profiad maes o law pan aiff i eistedd i brif gadair yr Eisteddfod.

Efallai fod peth gwirionedd yn y feirniadaeth fod gwendidau yn saernïaeth y gerdd ac yn fwyaf arbennig yn yr athronyddu hirwyntog a geir mewn rhannau ohoni, ond yr oedd ambell feirniad yn barod i gondemnio pob dim sydd yn y bryddest. Cwynodd 'Macwy', er enghraifft, yn *Y Darian* fod 'Crwys, W. J. Gruffydd, a Gwili—tri oracl awenyddol wedi rhoddi bri cenedlaethol ar bryddest (?) ddiswyn, a pheiriannol ei chynllun, heb ddywedyd dim am ei hansawdd'. (*Y Darian*, 21-8-1924) Aeth ymlaen i ddweud nad oedd dwy farn 'na ddylasai'r bryddest gael mynd cyn gweld golau dydd i'r man hwnnw y sonia Mr. T. Gwynn Jones am dano yn "John Homer"'. Poerodd yr un gohebydd ar grefft y bryddest ac ar feirniadaeth Gwili :

> Fe ddywed Gwili fod y bachgen yma'n gampwr ar arddull a chelfyddyd, tybed ? Yr ydym ninnau yn dywedyd yn syth nad barddoniaeth sydd gan Mr. Prosser Rhys yn y pishyn yma, beth bynnag a all fod.

Cadwyn o sonedau yw mesur y bryddest ond teimlai 'Macwy' fod hanfodion y soned ar goll o'r sonedau hyn a bod y bryddest 'fel rhwydwaith dyrus . . ., fel be bae ysgrifennu barddoniaeth yn rhyw fath o "dric," ac nid rhywbeth yn llifo allan yn araf o ddyfnder calon y bardd fel afon ddofn, glir, yn llawn o feddyliau dyrchafedig'. Os gellir cytuno nad yw'r gwahaniaeth rhwng wythawd a chwechawd ambell un o'r sonedau'n glir, prin y gellir cytuno heddiw nad oedd y gerdd wedi llifo o galon Prosser ac nad oes swyn yn perthyn i'w mesur arbrofol.

Benben â 'Macwy', a gredai y dylid torri'r bryddest allan o gyfrol y *Cyfansoddiadau a Beirniadaethau* a'i thaflu i'r tân, yr oedd J. T. Jones o'r farn fod y cynllun o gadwyn o saith soned Shakespearaidd ar hugain yn llwyddiant diamheuol ac yn waith arloesol o bwys i lenyddiaeth Lloegr yn ogystal ag i lenyddiaeth Cymru. Cyfeiriodd at y cadwyni traddodiadol o englynion gan ddweud bod y sonedau, er eu bod ar yr un egwyddor, yn newyddbeth hollol lwyddiannus â ' unique haunting effect ' y byddai beirdd Saesneg yn debyg o geisio'i ddynwared.

Er i ' Facwy ' weld bai ar Gwili am gytuno i wobrwyo pryddest ' Dedalus ' yr oedd Gwili ei hun wedi bod yn eithaf llym ei feirniadaeth ar safonau moesol y gwaith ac wedi datgan yn ei feirniadaeth swyddogol ei bod yn gân ' am bechodau na ŵyr y Cymro cyffredin (mi obeithiaf) ddim amdanynt '. Dywedodd J. M. Edwards iddo gofio Prosser yn pryderu cyn yr Eisteddfod am agwedd Gwili a Chrwys at ei gerdd a mynegodd Prosser ei siom yn eu beirniadaeth :

> Frankly, Gwili has disappointed me ; indeed, he has disappointed everybody. He was always regarded as a broadminded and courageous critic. His Pontypool adjudication, however, is a glaring example of literary cowardice. Gwili goes as far as to say that the average Welshman knows nothing of the sins referred to in my poem.
>
> Crwys says something to the same effect, although these gentlemen know full well that such a suggestion is absurd. Flesh is flesh in Wales and eveywhere else, and flesh never fails to impose its own demands. (*The Daily Courier,* 14-8-1924)

Awgrymodd beirniadaeth Gwili mai cerdd gwbl anweddus oedd ' Atgof ' a sylwodd Prosser ar hynny hefyd :

> Gwili further states that there is enough in this poem to corrupt young men of the nation for years to come. Why on earth, then, did he award it the Crown ? He had perfect freedom to disagree with his coadjudicators. Why did he not do so ? Will he answer ?

Nid oedd beirniadaeth foesol Gwili ond megis brig ton o feirniadaeth yn yr un cywair, ac nid oedd yn agos mor llawdrwm ar y gerdd ag yr oedd llawer o'r rhai a gytunai ag ef am natur lygredig y canu. Dyna ' Werinwr ', er enghraifft, yn sgrifennu yn *Y Dinesydd* ar Awst 27, 1924, a heb honni bod ganddo ' unrhyw awdurdod i feirniadu y Bryddest fel Llenor na Bardd ', yn ' cymeryd i fyny'r safle o Dad a Dinesydd yn ceisio gwisgo yr enw o broffeswr Cristionogaeth, a Chymro yn caru ei wlad a'i genedl.' Er i'r beirniad hwn gael pleser mawr o gelfyddyd ' Atgof ', yr oedd yn flin ganddo weld y bardd ' yn aros cymaint ar y ddaiar i ymdrabaeddu yn y llaid.' 'Rhyw a Chnawd heb adain nac enaid sydd ynddi o'r dechreu i'r diwedd', meddai am y bryddest, 'pethau lleiaf, isaf y bersonoliaeth—pethau y byddwn rywbryd yn medru bod hebddynt a byw sydd ynddi.' Gwelodd 'Gwerinwr' wrthrych y gerdd yn adyn cnawdol yn hytrach nag yn llencyn mewn argyfwng naturiol :

> Camgymeriad o'r mwyaf ydyw i'r Bardd feddwl ei fod yn *artist* am ei fod yn medru darlunio profiad yr adyn cnawdol yn ei hacrwch. Nid profiad dyn cyffredin sydd ganddo, diolch am hynny, ond gweithred bachgen ar goll i'w oreu,—bachgen heb ffrwyn ar ei nwydau a'i feddwl.

Y soned a oedd yn poeni 'Gwerinwr' fwyaf oedd y ddegfed, lle y disgrifir y llanc synhwyrus yn ymgolli mewn rhyw :

> Yn disgwyl wrthyf i ! Ar lan y llyn
>   Yr eisteddasom fel y cochai'r hwyr.
> Nesheais ati hi, a'i gwasgu'n dynn,
>   A'i hanner-annog i ddibristod llwyr.
> Llenwais ei llygaid du â mwynder maith ;
>   Cusenais â gwefusau gwancus, llawn ;
> Teimlais ei ffurf hudolus lawer gwaith ;
>   Gyrrais ei gwaed ar gerdded cyflym iawn.
> O funud dwym i funud fe ddaeth tro
>   Penllanw gorchfygol Rhyw, ac ildio'n dau . . .

'Os oes llanc ieuanc yn y safle yna o feddwl,' barnodd 'Gwerinwr', 'wel nid dyn mohono, a goreu po bellaf y cadwo oddiwrth ferched ieuanc ein gwlad.' Nid beirniadaeth lenyddol mo hyn ond beirniadaeth foesol ragfarnllyd. I 'Werinwr', diben 'anhebgorol angenrheidiol' llenyddiaeth oedd 'dysgu meddwl am ddim ond y da' a'i ddadl oedd na ellid gwneud hynny drwy ddangos a phrofi'r drwg. Cafwyd yn ei feirniadaeth hefyd yr agwedd fwyaf anffodus ar y feirniadaeth Biwritanaidd ar 'Atgof', sef difrïo enw a chymeriad y cyfansoddwr ei hun. 'Digon prin yn ol ei barn a'n profiad bersonol ein hunain y buasai unrhyw ddyn ieuanc sy'n arfer gweddio, a darllen ei Feibl yn gyson, ac yn cydnabod bodolaeth Duw a Christ a gwasanaeth yr Ysbryd Glân yn gallu meddwl a chynllunio a chanu y Bryddest', meddai. Fel Gwili, yr oedd o'r farn y gallai'r bryddest 'hau meddyliau llygredig fo'n esgor ar actau andwyol i'r oes sy'n codi' ond ni allodd gloi heb lachio ar Gwili druan am beidio â golchi'i ddwylo'n lân oddi wrth y gerdd ac am golli cyfle euraid i sefyll dros burdeb Cristnogol.

Yr oedd Gwili yn ei feirniadaeth ar 'Atgof' wedi syrthio rhwng dwy stôl, ac o'r herwydd daeth ef dan ordd dirmygwyr 'Atgof' yn ogystal â than ordd ei hedmygwyr. Cyhoeddwyd llythyr yn *Y Darian* dan y ffugenw 'Ifanc Waed' yn lladd ar agwedd Gwili at y bryddest feiddgar :

> Ewynnodd boer gwaradwydd ar yr hyn sydd ddiamheuol wirioneddol a naturiol. Credaf fod Mr. Prosser Rhys wedi llwyddo i osod ar ganfas brofiad dynoliaeth gyfan yng nghyfnod "adolescence," cyfnod pan yw nwyd yn drech na rheswm a chwant yn drech na chyngor, cyfnod mewn bywyd y gwyr pob dyn a dynes naturiol am dano, ac ni allaf yn fy myw ddirnad na dehongli tir rhagfarn Gwili. Bu yn llanc ifanc, a chyn sicred a hynny bu yntau dan ddylanwad llanw anorchfygol rhyw nwydus sy'n ffaith fywydol ddiamheuol i bawb. (*Y Darian*, 21-8-1924)

Yn hytrach na'i chwydu allan, gobeithiai y byddai ieuenctid Cymru'n derbyn y bryddest yn galonnog 'er [mwyn] eu diogelu dan aden gysgodol realism.' Yn ymyl llythyr 'Ifanc Waed', barnodd Golygydd *Y Darian* ei bod yn briodol iddo yntau roi'i big i mewn i amddiffyn Gwili ac i wrthod credu mai profiad dynoliaeth gyfan a fynegir yn 'Atgof'. 'Y rhagfarn felltigedicaf yw eiddo'r hwn a gais wneuthur pawb yr un fath âg ef ei hun', meddai,

> Gwneir Teml Santaidd gan hwn yn ogof lladron ac yn ffau bwystfilod aflan, ac nid ydym ni'n tybio y daw daioni o ogoneddu gwendid hwn mewn barddoniaeth gain.

Ar y llaw arall, megis 'Ifanc Waed', gwelodd Idwal Jones fod Gwili a beirniaid 'Atgof' wedi mynd ar gyfeiliorn :

> There is a desperate and pathetic attempt on the part of men of high literary ability to make art consistent with Nonconformist morality. (What joke more cruel could Fate play upon a man than to make him an artist with a Welsh Nonconformist temperament ?) Hence Gwili finds himself lost in a fog, and his comment upon the poem is surely the most remarkable paradox in criticism which our troubled Eisteddfod has produced for many years. (*South Wales News*, 26-8-1924)

Pan gyhoeddodd Gruffydd ei ailystyriaethau am 'Atgof', myncgodd ei gydymdeimlad â Gwili a gresynodd nad oedd crefyddwyr eraill yr un mor barod i gydnabod gwerth celfyddydol y gerdd. O dipyn i beth, bu bron i ' Atgof' fynd yn angof wrth i'r feirniadaeth arni, a beirniadaeth Gwili'n enwedig, gael bron mwy o sylw na'r bryddest ei hun. Blinodd Prosser ar unochredd y papurau a dywedodd yn blaen nad oedd yn fodlon ar eu hymdriniaeth â'i waith. 'It is most unfair', meddai, (*The Daily Courier,* 14-8-1924) 'that the newspapers should ignore the remarks of Professor Gruffydd, and even those of the Rev. Crwys Williams, and give all publicity to Gwili's personal adjudication—perhaps the most unsatisfactory criticism ever written on a national adjudication.'

Disgynnodd nifer o feirniaid ar yr awgrymiadau gwrywgydiol a geir yn un o sonedau ' Atgof' a manteisio ar y rhain i ennill sylw'r cyhoedd a chollfarnu'r bryddest fel rhywbeth aflan. 'Not only does it deal with a problem arising from sex relations as originally understood,' sgrifennodd gohebydd y *Daily Courier* ar Awst 12, 'but it introduces the reader to a situation of abnormality.' Ar y cyfan, nid oes gormod o gyfeirio penodol at y darn hwn ond y mae digonedd o gyfeiriadau mwy cyffredinol at y wefr a geid o ddarllen y bryddest. Dyna'r *Liverpool Daily Post,* er enghraifft, yn cyflwyno ' Atgof' drwy sôn am y ' Rousseau-like confessions ' a geir ynddi :

> "Atgof" is a very frank exposition of the effects of sex passion on the conduct of a young man seeking pure love. He meets a young woman, and the growth of passion is realistically described. This section of the poem is so phrased that the amatory instinct in unavoidably inflamed, and on that account the poem is condemned by some of the leading men in the Gorsedd. (*Liverpool Daily Post,* 12-8-1924)

Haeddai cyfieithiadau o'r gerdd eu sensro am eu bod hwythau'n tueddu i danio'r nwydau :

> . . . some portions which have been translated and published are held by critics to justify the remark of one of the adjudicators that "it is not the kind of thing suitable for perusal by old maids or children."

Efallai fod modd maddau tuedd adroddiadau'r newyddiaduron Saesneg i orliwio, ond yr oedd ychydig feirniaid yn fudr ac yn bersonol eu hymosodiad. Un o'r gwaethaf o'r rhain oedd Sam Ellis a sgrifennodd yn *Y Drych* ar Fedi 18 ei fod yn amau cymeriad

Prosser, a chan ei fod wedi'i gythruddo gan yr awgrym o wrywgydiaeth barnodd fod y bryddest 'yn gweddu'n well i Sodom a Gomorrah nag i Gymru'. Yr ateb gorau a gafwyd i Sam Ellis a'i debyg oedd eiddo 'Llychwyn' a ddatganodd yn *Y Llan* fod popeth yn bur i'r pur ac a aeth mor bell â rhoi tri dyfyniad o'r Beibl yn ymwneud â godineb a gwrywgydiaeth er mwyn dangos eu bod yn bynciau a drafodir yn yr Ysgrythurau.

Yr oedd 'Llychwyn' yn sgrifennu yn *Y Llan* ond yr oedd gohebwyr y papur hwnnw ymhell o fod yn unfryd am foesoldeb 'Atgof'. Yn *Y Llan* ar Awst 15, 1924, mynegodd John Owen, Esgob Tyddewi, ei anghytundeb â'r beirniaid gan fod 'Atgof', yn ei dyb, 'yn ddiffygiol oherwydd ei chulni.' Er iddo ddadlau bod y bryddest yn anghytbwys, gwelir bod ei ferniadaeth yntau'n feirniadaeth foesol ac yn amherthnasol i safonau llenyddol :

> Son lawer am y cnawd, a thipyn am y meddwl, ond dim am yr ysbryd, ond yr ysbryd a rydd i'r natur ddynol ei phrif urddas. Y mae yr ysbryd yn gymaint mwy na'r meddwl ag yw y meddwl yn fwy na'r cnawd. Nid oedd chwaith yn gywir ar y testun.

Credai'r Esgob ei bod yn bwysig i awdurdodau'r Eisteddfod sicrhau na chaniateid cymaint o le eto i'r cnawd yn eu cystadlaethau :

> Gobeithir y bydd profedigaeth Pryddest y Goron eleni beri i Bwyllgor yr Eisteddfod Genedlaethol rhagllaw, nid yn unig ofalu am ddewis testunau a ddyrchafant fywyd y genedl, ond hefyd ofalu mai rheol gyntaf ennill gwobr yn yr Eisteddfod Genedlaethol a fydd fod yr ymgeisydd yn gywir ar y testun.

Ni chythruddwyd Prosser ddim gan sylwadau fel y rhain. 'Rhai fel'na yw esgobion', meddai wrth ei gyfaill B. T. Hopkins pan ofynnodd ei farn am sylwadau'r Esgob.

Yr wythnos wedi ymosodiad yr Esgob, ymddangosodd erthygl arall yn *Y Llan* ar 'Safon Purdeb Eisteddfodol' gan awdur a oedd, fel yr Esgob, yn poeni'n fwy am y beirniaid nag am y bardd :

> Nid yw'r ffaith i fachgen ieuanc ysgrifennu pryddest o nodwedd amhur yn achos o syndod. Nid hon yw'r gyntaf o lawer canrif, ac nid hi fydd yr olaf. Ond cyfyd cwestiwn arall pan wna Eisteddfod Genedlaethol ddodi sêl ei chymeradwyaeth ar gyfansoddiad o'r natur hwn. (*Y Llan*, 22-8-1924)

Cyfeiriwyd eisoes at yr helynt a gododd ynglŷn â theilyngdod moesol awdl 'Y Ddinas' gan Parry-Williams ym Mangor ym 1915, ond penderfynodd y sgrifennwr anhysbys hwn fynd yn ôl i 1890 i gael hyd i achos cynnar iawn o dramgwyddo chwaeth yr Eisteddfod :

> Ymddengys ein bod fel cenedl yn teithio'n gyflym ar y goriwaered. Collodd Iolo Caernarfon yn 1890 ran o'r wobr yn Eisteddfod Bangor am iddo ymbrancio "yn rhy chwareus ac anurddasol." Ei drosedd a glwyfodd farn lednais Elis Wyn o Wyrfai, Cadfan, a Hawen, oedd ei gyfeiriad at "fam y gwenyn yn colynu trwyn y cyntaf o'r asynod" wrth fyned i mewn i'r Arch. Mor ddiniwed mewn cymhariaeth i ddesgrifiad noeth o anfoesoldeb rhwng bachgen a merch ieuanc !

Nid oedd darllenwyr *Y Llan* wedi gorffen traethu'u barn am 'Atgof'. Wythnos ar ôl y sgrifennwr dienw uchod, gwelwyd sgrifennwr arall yn yr un papur yn griddfan am gnawdolrwydd y bryddest dan gochl y ffugenw 'Anellydd' :

> Os medr y meirwon droi yn eu beddau, y mae'n sicr bod rhai o'r hen Ymneilltuwyr yn gwneuthur hynny heddyw. Nid ydyw Pryddest y Goron—"Stori Llanc Synhwyrus," dyfodiad cnawdolrwydd i lenyddiaeth Cymru—rhyw ddalen fenthyg o waith y beirdd a llenorion y gwter yn Lloegr, yn gwneuthur eu hûn hwy nac yn wir hûn Eglwyswyr ymadawedig yn esmwythach, na chwaith yn peri esmwythyd i'r byw. (*Y Llan*, 29-8-1924)

Y mae'n amlwg i Brosser deimlo bod sylwadau 'Anellydd' am lên-ladrad yn rhai di-sail ac annheg, a chan iddo brotestio i'r *Llan* cyhoeddwyd eglurhad yn y papur ar Hydref 17 :

> Ysgrifenna Mr. Prosser Rees atom i alw ein sylw at frawddeg neilltuol mewn erthygl a ymddangosodd yn Y Llan, Awst 29, 1924. Dywed fod y frawddeg yn awgrymu ei fod yn euog o len-ladrad. Nid yw ond teg ynom i wneuthur yn berffaith hysbys ar unwaith na fwriadwyd cyfleu syniad o'r fath o gwbl. Cyfeirio'n unig a wnai awdur yr erthygl at y dosbarth (*class*) o lenyddiaeth a ffurfiodd destun y bryddest. Drwg gennym os y bu inni'n anfwriadol achosi poen i Mr. Rees. Ar yr un pryd, nid ydym yn deall pa fodd y bu'n bosibl iddo roddi ystyr wahanol i'r uchod ar y frawddeg.

Un adwaith diddorol yn erbyn 'Atgof' oedd pwysleisio bod rhywbeth estron yn ei hansawdd a chyhuddo Prosser o fradychu'i genedl drwy'i chyfansoddi. Gwelir i Gwili a Chrwys roi'r hwb cyntaf i'r gaseg eira hon, y naill drwy ddweud ei fod yn gobeithio nad oedd y profiadau a ddisgrifir yn y bryddest yn rhai cyfarwydd i'r Cymry a'r llall drwy ddosbarthu ' Atgof' yn ' gan angNghymreig '. Gellir nodi bod hyn wedi bod yn un o feirniadaethau Gwili a'i gyd-feirniaid ar ' Y Ddinas ' ym 1915 pan ddywedodd fod y tri beirniad yn teimlo 'fod *realism* y bardd yn troi'n beth aflednais i deimlad Cymro '.[13] Ym 1924, sylwadau Gwili ar Anghymreictod ' Atgof' a ddenodd sylw fwyaf ac fe'i hatebwyd gan 'Wil Bryan ' yn *Y Darian :*

> Nid yw'r bryddest at *daste* Gwili, mae'n amlwg, ond pan ddywed fod yr awdur yn canu "am bechodau na wyr y Cymro cyffredin (mi obeithiaf) ddim am danynt", *he is talking through his hat.* Onid yw Gwili wedi darllen "Gweledigaeth Uffern" y Bardd Cwsg ? Ac onid ŵyr ei Feibl ? Rydw i yn credu (neu wedi darllen hynny beth bynnag) nad yw Cymry heddyw mor hyddysg yn eu Beiblau a'u tadau. Sut bynnag, mae pob pechod a grybwyllir gan awdur pryddest fuddugol Pontypwl (a rhagor) yn cael ei ddarlunio yn y Beibl, ac nid mewn geiriau amwys, *but straight from the shoulder.* (*Y Darian,* 4-9-1924)

Cefnogwyd barn Gwili gan amryw ysgrifenwyr, fel y gohebydd yn *Y Gloch* a gredai fod ' yr adflas sydd ar bryddest Prosser Rhys ar "Atgo" . . . yn ddigon aflan i yrru meddwl yr ieuanc ar ddisperod i anialwch anfoesoldeb, ac i hwylio ei lestr yn erbyn craig anobaith yn nôs ofnadwy anniweirdeb'. (*Y Gloch,* 19-8-1924) I hwn yr oedd Cymru'n wlad etholedig a'r Cymry'n bobl ddethol yr oedd yn rhaid aros yn bur i berthyn i'w cenedl. ' Trueni mawr yw meddwl fod Cymru yn copio y Saeson di-enwaededig yn ei phethau salaf, a thrueni mwy yw meddwl a chofio mai yng ngholegau y wlad yr agorir llifddor i ollwng allan y fath genllif o amhurdeb ', meddai ymhellach.

Odid nad y miniocaf o feirniaid ' Atgof' oedd ' Index ', cyn-Olygydd *Y Drych.* Cymerodd ' Index ' arno fantell proffwyd i'r wlad etholedig a phur, a than y pennawd ' Gymru, Rhwyga Dy Ddillad[,] Gwisga Sachlian a Lludw a Gwaedda a Chwerwder Uchel ', (*Y Drych,* 28-8-1924) galwodd ar y Cymry i ymddwyn fel yr Iddewon gynt ac i wrthod gau dduwiaeth y genedl lygredig ac estron a'u bygythiai. Yn ei farn ef, yr oedd y beirniaid wedi ' dewis Barabbas a gwrthod Crist ' ac ategwyd ei farn gan Sam Ellis, gohebydd arall i'r *Drych,* a ddywedodd yn blwmp ac yn blaen fod yr ymosodiadau ar y ' "ffieiddbeth" sodomaidd wobrwywyd ym mhrif wyl y Cymry ' yn rhai teg ac addas :

> Os mai "o helaethrwydd y galon y llefara yr [sic] geiriau," naturiol ydyw casglu fod yr awdur yn berchen dychymyg trofaus (pervert) a blysiau annaturiol. Mae yn anhygoel y buasai unrhyw un yn cyfansoddi y fath gan ar y testyn "Adgof," onibai ei fod yn hollol amddifad o synwyr moesol a gweddusrwydd. Mae yn gymaint o adlewyrchiad ar ei gartref, ag ydyw o ddrych ei feddyliau ei hun. Mae y gerdd yn gweddu yn well i Sodom a Gomorah nag i Gymru, a phe mae dyn o gymeriad Oscar Wilde fuasai yn beirniadu ni ryfeddid i'r fath bydredd gael y goron. (*Y Drych,* 18-9-1924)

Gwelir bod Sam Ellis a llawer o feirniaid eraill ym 1924 yn synio bod disgrifio nerth a natur rhyw yn beth estron a dieithr i lenyddiaeth Gymraeg ac yn beth na ellid ei gymodi â Christnogaeth. Mewn gwirionedd, nid oedd neb yng Nghymru wedi mentro trafod lle'r nwydau ym mywyd dyn er William Williams, Pantycelyn, ac yn hyn o beth gellid dweud bod ' Ystori Llanc Synhwyrus ' fodernaidd Prosser, i ryw raddau, yn llinach *Bywyd a Marwolaeth Theomemphus* Methodistaidd Pantycelyn. Y maent ill dwy'n gerdd irealaidd sy'n ceisio dadansoddi seicoleg llencyn ym mlynyddoedd mwyaf dyrys ei fywyd. Anghywir fyddai meddwl na sylwodd neb ar y cyswllt rhwng canu realaidd 1924 a chanu Cristnogol Pantycelyn gant a thrigain o flynyddoedd ynghynt. ' Cyn sychu fy ysgrifbin carwn ddywedyd mai un o'r pethau ffresiaf yn y gan hon ydyw ymdeimlad nerthol ei hawdur o broblem bennaf Dyn, sef sut i adeiladu ac i gadw ei bersonoliaeth ', sgrifennodd Llew G. Williams yn ei adolygiad ar ' Atgof ' yn *Y Genedl Gymreig* ar Fedi 29,

> Gwyddai Williams Pantycelyn amdani cystal a neb ac y mae wedi ei deffinio yn ddigon clir gannoedd o weithiau : "Cnawd ac ysbryd sy'n rhyfela." Nid yw dynoliaeth yn gyffredinol wedi ei hateb yn foddhaol eto.

Fel y gwelir, yr oedd ymosodiadau rhai beirniaid yn frwnt ac yn anghyfiawn ac aeth un beirnaid gam yn rhy bell wrth ddifenwi Prosser. Dywed J. M. Edwards i Brosser ymaflyd codwm cyfreithiol ag un papur wythnosol oherwydd ei ymosodiad ar ei fywyd personol, a dywed hefyd iddo ennill achos mewn llys barn am athrod newyddiadur. Ymddengys mai'r *Brython* oedd y newyddiadur a oedd yn euog o'r drosedd ac mai'r Parchedig W. A. Lewis oedd awdur yr erthygl dramgwyddus. Ymddangosodd y sylwadau enllibus ar bryddest y Goron yn *Y Brython* ar Fedi 4, ac ar yr un tudalen ag ysgrif gan Iorwerth Peate ar 'Gelfyddyd a Moesoldeb' a oedd yn amddiffyn 'Atgof'. Dyma a oedd gan y Parchedig W. A. Lewis i'w ddweud am y gerdd :

> Dilyn y beirdd Seisnig a elwir yn *Realistic Poets* a wnâ'r bechgyn hyn, a chafwyd mwy na digon o'r ysbwriel yn ddiweddar ; ond aeth bardd Coron Pontypŵl ymhellach fyth, a gallwn ddywedyd uwchben y bryddest hon, fel y dywedodd Cynan am rai o bryddestau Pentrefoelas dro yn ol, "O Rialaeth ! y fath anfadwaith a wneir yn dy enw !" Heblaw hynny, ni allaf gredu fod dysgeidiaeth y gerdd hon yn wir,—h.y., yn bortread cywir o brofiad dyn. Nid rhyw sydd oruchaf, ac nid yw dyn yn gymaint caethwas iddi ag y myn y bardd hwn i ni gredu. Diau fod eithriadau, sef y bodau hynny a eilw'r Sais yn *freaks of nature,* ac os ydyw Prosser Rhys yn un o'r *freaks* hynny, y mae'n wrthrych tosturi. (*Y Brython,* 4-9-1924)

Buan y rhuthrodd Caradog Prichard i amddiffyn 'Dedalus' rhag y fath gamwri ac i roi'r Parchedig W. A. Lewis yn ei le. Mewn llythyr a gyhoeddwyd yn *Y Brython* ar Fedi 11, 1924, gwrthododd Caradog Prichard gredu bod canu Prosser yn efelychiad o ganu Saesneg a meiddiodd ddweud wrth W. A. Lewis mai ef oedd y *freak* onid oedd yn gaeth i ryw :

> Ac ni all Mr. Lewis gredu bod y gerdd yn bortread cywir o brofiad dyn. Nid ydym yn disgwyl iddo wneuthur hynny, canys ni welodd ac ni phrofodd fywyd yn null bardd. Dim ond *freaks*, yn ei olwg ef, yw'r rhai hynny sy'n gaeth i ryw. Dywedwn innau mai *freak* ydyw Mr. Lewis onid yw'n gaethwas iddi ei hun, ac yn llawn cymaint caethwas ag y mynn Mr. Prosser Rhys inni gredu. *Freak* llenyddol hefyd ydyw dyn fel Mr. Lewis os mai dyma'i syniad am ryw, ac am fywyd yn ei gysylltiad â'r bardd.

Ar Fedi 25, cyhoeddodd *Y Brython* ymddiheuriad i Brosser ynghyd ag esboniad fod y Golygydd ar ei wyliau dros ran o'r wythnos pan gyhoeddwyd erthygl W. A. Lewis ac mai drwy brinder amser y dihangodd y brawddegau'n ddi-sylw.

Sylweddololodd Prosser arwyddocâd ei bryddest fel cam tuag at ehangu a datblygu barddoniaeth Gymraeg a deffro llenorion y genedl o'u trymgwsg melys Fictoraidd. 'Nothing could do Welsh Literature more good than a school of writers like James Joyce, Aldous Huxley and D. H. Lawrence', meddai Prosser yn ôl un adroddiad,

> We sadly need a good dose of realism in Wales. (*The Daily Courier,* 14-8-1924)

Yr oedd J. M. Edwards ymhlith y rhai a gefnogodd safbwynt Prosser ar goedd. Mewn llythyr a yrrodd i'r *South Wales News*, anogodd bawb i siarad a sgrifennu'n llai a meddwl yn fwy. 'With this year's crown poem,' meddai,

> Welsh literature has made a stride forward. Why? Because the truth has been unveiled. And before that can happen, you must find someone for sacrifice, and some Prosser must be pressed. (*South Wales News*, 25-8-1924)

Canmolwyd Prosser gan Iorwerth C. Peate hefyd am gynhyrchu cerdd gelfydd a oedd yn ymdrin yn ddidwyll â phroblem yr adolesent, a galwodd ef am realaeth newydd yn llenyddiaeth Cymru. Cofir i Saunders Lewis ganmol beiddgarwch *Gwaed Ifanc* ym 1923 ac y mae'n deg ychwanegu iddo sylwi hefyd ar arwyddocâd 'Atgof'. 'Od yw *Atgof* Mr. Prosser Rhys yn gân a erys yn y cof yn hir wedi diflannu pryddestau eraill,' sgrifennodd yn ei 'Llythyr ynghylch Catholigiaeth' yn *Y Llenor*,[14] 'onid y rheswm yw mai darganfod pechod yw ffaith fawr y gerdd?'

Yr oedd Dewi Emrys, un o ymgeiswyr aflwyddiannus Pont-y-pŵl, ymhlith beirniaid mwyaf huawdl 'Atgof', ac ymddengys ei fod yn credu o ddifrif iddo gyfansoddi gwell pryddest na Phrosser. Yn ei farn ef yr oedd y gwaith buddugol yn annhestunol, fel yr eglurodd yn y *South Wales News* ar Awst 16:

> Literary craftsmanship in the execution of a poem is however but one thing. What of the architecture of the poem—the conception that is worked out in the use of words? As a conception of the prescribed subject, "Recollection," the poem by "Dedalus" fails lamentably, and would never be recognised as Recollection if that word were not written across it. Even Professor Gruffydd makes that admission. Gwili tells us plainly that it is a poem to Sex rather than to Recollection. We asked for bread, "Dedalus" gave us a stone. Out of the mouths of his judges have come words that should have di[s]qualified him at once.

Er ei fod yn gwbl argyhoeddedig fod ei waith ef yn llawn haeddu'r Goron, y mae'n amlwg nad oedd beirniaid y gystadleuaeth o'r un farn ag ef. Sylwodd Gruffydd yn ei feirniadaeth swyddogol fod 'Lle Brefa'r Hydd', sef Dewi Emrys, 'yn dioddef yn fawr dan lif geiriau a rhyw ormodiaith ddiystyr', ac yn ogystal â dechrau'n dila, yr oedd ei gerdd yn rhannol ddynwaredol ac ynddi ystrydebau dychrynllyd a'i hiaith 'yn afradus a'r meddwl yn anodd i'w ddilyn'. Yr oedd Gwili yntau wedi awgrymu y dylai'r bardd fynd ati i ailysgrifennu'i waith.

Heblaw honni iddo gynhyrchu ffyddlonach cerdd i 'Atgof' a oedd yn ddigon teilwng o'r Goron, nid oedd llawer o wreiddioldeb yn perthyn i sylwadau Dewi Emrys, ac fe'i hatebwyd gan J. T. Jones a sgrifennodd yn y *Western Mail* ar Awst 14 nad oedd cerdd 'Lle Brefa'r Hydd' hyd yn oed yn deilwng o ail le yn y gystadleuaeth. 'The winning poem is in a class by itself,' meddai, 'and the best of the others (not that of "Lle Brefa'r Hydd", by the way) was at least two classes behind.'

Dyna Ddewi Emrys yn rhifyn Awst 15 o'r *Western Mail* yn dannod i J. T. Jones ei erthygl feirniadol ac yn ei gyhuddo o amddiffyn Prosser am resymau personol annilys. 'One can forgive Mr. Jones for taking up the cudgels on behalf of his friend Mr. Prosser Rhys,' meddai, 'but when he distorts the truth and presumes to fix an obscure niche for a poem highly praised by at least two of the adjudicators he exceeds the bounds of loyalty.'

Ac yntau'n anfodlon ar atebion 'Lle Brefa'r Hydd', dyma J. T. Jones yn sgrifennu yn y *Western Mail* ar Awst 16, ond yr un ddadl a gafwyd yn ateb Dewi iddo—sef bod gan J. T. Jones ragfarn o blaid Prosser am ei fod yn gyfaill iddo. 'Mr. J. T. Jones quotes Professor Gruffydd and ignores the other two judges', meddai, (*The Western Mail,* 19-8-1924) 'simply because the professor is more favourable to his friend Mr. Prosser Rhys (the winner).' Nid oedd yr ymgais hon i gael y gair olaf yn llwyddiannus ychwaith, oblegid er bod y cecru a'r hollti blew wedi hen fynd yn undonog, ar Awst 21 rhoed hwb newydd i'r dadlau pan gyhoeddodd Gruffydd ei ailystyriaethau am y gystadleuaeth yn y *Western Mail.* Yr oedd yn fwriadol brofoclyd wrth sôn am waith Dewi Emrys :

> I had to read his work, and I should not have awarded it a prize at a village Cyfarfod Llenyddol ; it was just a glue-pot jumble of those dreadful clichés which have disgraced eisteddfodic verse in the past, and which inspired Ceiriog, in one of his happiest moods, to invent Syr Meirig's poetry machine. I am glad, however, that it is going to be published, because it will form a valuable document for students of criticism in Wales, and the M.A. candidate of the future will be spared an enormous amount of research in delving in the manuscripts of 1924 for examples of the decadence of eisteddfodic poetry.

Yn fuan wedyn, gwelwyd Dewi Emrys yn ei amddiffyn ei hun eto.

Un dull a ddefnyddiodd Dewi Emrys i ddifrïo pryddest 'Atgof' Prosser oedd gwneud hwyl am ei phen a'i dychanu. Cafwyd enghraifft o hyn pan soniodd am debygrwydd cynllun 'Atgof' i gynllun 'Eryri' Parry-Williams :

> Mr. Prosser Rhys employs not colour but smell ; but every aroma—that of the peat, the mown hay, the seaweed—awaken but one emotion, sexual agitation. He smells the peat. That recalls the consuming fires of the flesh. He smells the hay—same result, but with another girl this time. He smells the seaweed—same thing over again. Then a bit of sermonic cant in the end—It is best not to be a naughty boy like me, for sin is a bad thing for us all. (*South Wales News,* 16-8-1924)

Ac er iddo daeru yn y lle cyntaf mai'i gerdd ef a oedd yn wir deilwng o'r Goron, o dipyn i beth, trodd Dewi Emrys oddi wrth ganmol ei gerdd ei hun i ladd fwyfwy ar y gerdd fuddugol. Manteisiodd ar bob cyfle i dynnu 'Atgof' yn y llaid ac ymunodd â'r beirniaid Piwritanaidd mwyaf eithafol a oedd yn ei darlunio'n ysgymunbeth anweddus :

> Down in the valley we see a licentious youth bent on overcoming a tender maiden—and she succumbs. He then goes home and moans, "O, I have been a naughty boy. Young comrade, you must not sin like that." And this is called by Professor Gruffydd a study in psycho-analysis, and by others a poetic treatment of the sex "problem." Hundreds of good artists will call it a picture-postcard. Pretty, I admit, but such pretty things as the police in England are called upon to confiscate and suppress.

Yr oedd barn 'Dedalus' ei hun am gyfansoddiad 'Lle Brefa'r Hydd' yn gytbwys a theg. 'Braidd na ddywedech ei bod yn gerdd wech', meddai yn 'Led-led Cymru',

> Eithr wedi ei darllen yn ofalus, teimlech wrth fyned ymlaen bod ynddi ormod o ymadroddion di[-]bwynt ac ystrydebau. (LC, 11-9-1924)

Er ei fod yn ymosod yn chwyrn o bryd i'w gilydd, meddai Prosser ar gymeriad addfwyn ac mewn ysbryd maddeugar y sgrifennodd ei adolygiad ar *Rhigymau'r Ffordd Fawr* gan Ddewi Emrys ym 1926 :

> NID yw "Rhigymau'r Ffordd Fawr" [,] casgliad buddugol cystadleuaeth Coron Abertawe, cynddrwg ag y mynnir inni gredu. Y mae rhai o'r ceinciau hyn yn wirioneddol wych . . . Deallwn bod cyfrol o'i farddoniaeth Saesneg i ddyfod o'r Wasg yn fuan. Y mae Emrys yn fardd,

a hyderwn y bydd coron a gwobrwyon eraill Abertawe yn galondid iddo ar ei ansefydlog rawd. Bu rhai tan yr argraff ein bod ni'n llochesu dig tuagato [sic] wedi'r helynt a gododd ynghylch y dyfarniad yng nghystadleuaeth y goron ym Mhontypwl. Ond gwyr ein cyfeillion agosaf, ac fe wyr Emrys ei hun, yn amgen. Petai pawb wedi ymladd cyn laned ag yr ymladdodd ef ni byddai le i gwyno o gwbl. (LC, 19-8-1926)

Gan fod y wasg wedi ennyn diddordeb y cyhoedd yng ngherdd Prosser y tu hwnt i Glawdd Offa yn ogystal ag yng Nghymru, gwahoddodd Prosser Hywel Davies, Glandyfi, i ymgymryd â chyfieithu 'Atgof' i'r Saesneg. I'r rhai a ystyriai fod y bryddest yn llygredig golygai hyn y câi enw Cymru ei ddiraddio drwy'r byd i gyd. Y mae'n debyg mai dyna pam yr ymosododd David Roberts, Treherbert, ar 'Atgof' yn y *South Wales News,* a pham yr anghytunodd 'DRW' yn chwyrn â'r syniad o gyhoeddi'r bryddest yn Saesneg. 'We are as convinced as before that the poem will be, if published and distributed throughout Wales, a kind of literature to be cut out sooner or later from amongst the people, young and old', meddai. (*South Wales News,* 21-8-1924) Heriodd sgrifennwr arall Hywel Davies a Phrosser i fynd yn noeth ar hyd promenâd Aberystwyth i brofi'u bod o blaid dangos harddwch naturiol yn lle'i guddio,—byddai hyn, meddai, yn unol ag egwyddorion anfoesol 'Atgof'.

Cyhoeddwyd y trosiad cyflawn dan y teitl *Memory* gan bwyllgor yr Eisteddfod ac y mae'n rhaid cydnabod ei fod yn gyfieithiad hynod fedrus hyd yn oed os yw heb holl swyn a grym y gerdd wreiddiol. Fel yr oedd y cyfieithydd wedi rhag-weld, synnai'r Saeson fod cerdd mor ddiniwed wedi peri'r fath gweryla ac anghytuno. 'While agreeing that such a subject is hardly appropriate to a national occasion,' sgrifennodd 'A. K.' yn y *Daily News* ar Awst 12, 'one cannot help feeling that the censure of "Gwili" is a little too severe—unless, indeed, the original poem is more violent than appears from the translations.'

Er iddo gael canmoliaeth gan lawer o feirniaid am gyfansoddi 'Atgof' ni sgrifennodd Prosser Rhys ond ychydig farddoniaeth ar ôl 1924 ac ni ddaeth erioed yn fardd y Gadair. Ar yr olwg gyntaf ymddengys nad y feirniadaeth lem a'r sylwadau enllibus a barodd y tawelwch hwn oherwydd, pan awgrymwyd iddo mai'i ffrwyno rhag gwneud dim tebyg eto fyddai effaith ei feirniaid arno, atebodd heb flewyn ar ei dafod nad oedd perygl yn y byd o hynny :

> It has been suggested that I will be too much afraid to write anything of the kind of "Atgof" again. It is untrue. Nobody and nothing will prevent me from writing poetry in my own way. (*The Daily Courier,* 14-8-1924)

Dyna oedd ei ateb i ohebydd y *Daily Courier*, a'r un mor ddiysgog oedd ei eiriau wrth gynrychiolydd y *Western Mail :*

> Several influential Welsh literary people have asked me not to write any more sex poems, but if I feel inclined to write a sex poem again I shall do so, and it will do a great deal of good in Wales to deal with questions frankly and openly, as James Joyce, D. H. Lawrence, and Aldo[u]s Huxley have done in England. (*The Western Mail*, 13-8-1924)

Ar y llaw arall, mewn llythyr at Morris T. Williams ar Chwefror 18, 1930, ceir awgrym pendant iawn fod Prosser yn ofni adwaith y gymdeithas i'w waith a bod hyn yn un o'r dylanwadau pwysicaf a oedd yn ei gadw rhag barddoni. ' Y mae arnaf fwy o awydd sgrifennu barddoniaeth y misoedd hyn nag a fu ers rhai blynyddoedd,' sgrifennodd at ei gyfaill,

> Ond pes ysgrifenaswn, a phes cyhoeddwn, fe gaech ormod o sioc i gyd, ac fe lygrai foesau Cymru i raddau mwy nag "Atgof" hyd yn oed. Am hynny, gwell peidio ag ysgrifennu.[15]

Gellir credu bod rhesymau eraill pam y peidiodd Prosser â barddoni ym 1924. Yn un peth, ymddengys ei fod wedi gollwng angerdd ei awen wrth gyfansoddi ' Atgof ', y gerdd yr oedd wedi breuddwydio amdani ac wedi cynllunio'i sgrifennu cyhyd. Sylwasai Saunders Lewis yn ei adolygiad ar *Gwaed Ifanc* ar yr elfen o ollyngdod yng ngherddi Prosser :

> A dyfnaf ymwybod Mr. Rhys, mi fentraf ddyfalu, yw gwybod am erwindeb byw ar wyneb daear lom. Ac o wybod gerwindeb daeth gwybod unigedd, a dyna sy'n ei sigo, ac yn ei orfodi i farddoni fel y cyffeso ei gyfrinach ac felly ymryddhau oddi wrthi. (*Y Faner*, 8-11-1923)

Y mae'n amlwg fod elfen o gatharsis yn ' Atgof ' hefyd. Dywedodd Prosser ei hun fod ei sgrifennu'n ollyngfa enaid. ' I had to write "Atgof" ', meddai,

It was weighing on my soul. Now I have written it, I have the deep satisfaction and sense of freedom which artists only know, and that is incomparably more important than popular praise. (*The Daily Courier*, 14-8-1924)

Yr oedd 'Atgof' yn fynegiant o gyfnod o argyfwng emosiynol a oedd yn dal yn fyw ym meddwl Prosser ym 1924 ac a oedd yn perthyn i'r cyfnod cyn bod cyfrifoldebau ei waith wedi cyrraedd eu hanterth. Ar ôl ei chanu, dywedasai'r hyn a oedd ganddo i'w ddweud a rhoed taw ar ei awen fyrlymus a chynhyrchiol.

Yn ail beth, gellir ystyried y bryddest goronog yn fynegiant o ddelfrydau dyn ifanc, yn ymosodiad ar gulni a rhagrith y gymdeithas a adwaenai, ac yn gais i brofi bod llenyddiaeth Gymraeg yn gallu bod mor flaengar a theimladol â llenyddiaeth Saesneg, Ffrangeg ac Eingl-Wyddeleg. Llwyddodd y brotest, ac yna trodd Prosser at frwydrau eraill.

Yn drydydd, ac efallai'n bwysicaf, tawodd Prosser Rhys, y bardd, oherwydd pwysau'i waith. Sgrifennodd Prosser at Isgarn o Gaernarfon yn y cyfnod cyn 1924 yn cwyno mai'i brysurdeb a oedd yn ei rwystro rhag prydyddu yr adeg honno hefyd. 'Am farddoni,' sgrifennodd at ei hen gyfaill barddol ym 1922, '—wel y mae fy nhelyn innau ar yr helyg, ond pe cawn amser, mi wn y canwn.' Dengys hyn fod ei waith yng Nghaernarfon yn llethu'i awen, ac yn Olygydd *Y Faner*, daeth ei waith fel newyddiadurwr a chyhoeddwr llyfrau i gymryd mwyfwy o'i amser a'i egni. Priododd ym 1928, ac ymhen dwy flynedd wedi hynny yr oedd ganddo gyfrifoldeb teulu. Drwy'r cwbl, y mae'n rhaid cofio am wendid ei iechyd a'i lesgedd, a phe na bai eisoes ddigon o ofynion arno, yr oedd Prosser hefyd yn greadur cymdeithasol iawn a hoffai groesawu pobl i'w swyddfa i sgwrsio ac i ddadlau. Rhwng pob dim, pur gyfyng oedd yr oriau a oedd ar ôl i hamddena, i fyfyrio'n unig ac i farddoni, ac y mae'n sicr mai hynny'n fwy na llymder beirniaid 'Atgof' a barodd ei flynyddoedd o dawelwch. Er ei fod yn brysur ym 1924, yr oedd yr ysfa i greu rhyw waith o bwys yn dal yn gryf ac yn ddigon pwysig i ennill y prynhawniau Sul hynny pryd y cyfansoddwyd 'Atgof'.

NODIADAU

[1]*Cymru,* lvii (1919), 154.

[2]J. M. Edwards (gyda chymorth B. T. Hopkins), 'Beirdd y Gwaed Ifanc', *Cerddi'r Bore* (Aber Dar, [1925]), 28.

[3]Casgliad Mrs. Rhys, llsgr.

[4]Ibid., llsgr.

[5]Casgliad Mr. John Eilian, llythyr s.d., 'Swyddfa'r Faner, Aberystwyth'.

[6]W. J. Gruffydd, *Y Llenor,* iii (1924), 193.

[7]R. Williams Parry, *Cymru,* lxvi (1924), 53.

[8]Casgliad Mrs. Rhys, llsgr.

[9]Casgliad Mr. John Eilian, llythyr dyddiedig 29-7-1924.

[10]J. M. Edwards, 'Er Cof am E. Prosser Rhys', *Peiriannau a Cherddi Eraill,* (Caerdydd, 1947) 36.

[11]Idem, *Y Crefftwyr ac Ysgrifau Eraill,* (Abertawe, 1976) 36.

[12]E. Vincent Evans (gol.), *Cofnodion a Chyfansoddiadau Eisteddfod Genedlaethol* 1924, (s.l., [1924]) 43.

[13]Idem, *Cofnodion a Chyfansoddiadau Eisteddfod Genedlaethol* 1915 (s.l., [1915]), 44.

[14]Saunders Lewis, 'Llythyr ynghylch Catholigiaeth,' *Y Llenor,* vi(Wrecsam, 1927), 75-76.

[15]Casgliad Dr. Kate Roberts, Llythyrau Prosser Rhys.

PENNOD 4. 1922—1936

(*i*) Yn Terrace Road

Ymunodd Prosser â staff *Y Faner* yn Ionawr 1922, a chan hynny yr oedd ar staff y papur am holl gyfnod ei gyhoeddi yn Aberystwyth ond rhyw wythnos. Yr oedd ef yn Ail Is-Olygydd ar y pryd, a Mr. J. Morris Jones, Ysgrifennydd Ysbyty Dinbych wedi hynny, yn Brif Is-Olygydd. Adroddodd yn ei atgofion sut y'i galwyd yn Olygydd y papur ym Mehefin y flwyddyn wedyn a rhydd ei hanes syniad da am rai o'r problemau a'i hwynebai yn Olygydd dwy ar hugain oed :

> Galwyd fi i olygu'r "Faner", yn olynydd i'r diweddar newyddiadurwr gwych, yr hen gyfaill diddan a chwrtais, J. J. Evans, Dinbych, ym Mehefin 1923, pan oeddwn yn ddwy ar hugain oed. Newydd ymsefydlu yn ei chartref newydd yn Aberystwyth yr oedd *Y Faner* yr adeg honno, a'r cylchrediad o ganlyniad i symud y papur o'i fro enedigol yn Nyffryn Clwyd, a lle buasai am bron pedwar ugain mlynedd, wedi gostwng yn ddifrifol. Yr adeg honno, ac am rai blynyddoedd wedyn bu hoedl y papur mewn perygl, rhwng y lleihad yn y cylchrediad a bod nifer yr hysbysiadau—anadl einioes papur newydd—hefyd yn eithaf prin. Yr oedd yn rhan bendant a phwysig o waith y golygydd y dwthwn hwnnw, nid yn unig lunio'r papur gorau a allai o dan yr amgylchiadau, eithr hefyd wneuthur popeth yn ei allu i geisio cynhyddu'r cylchrediad a chynhyddu nifer yr hysbysiadau.

Yn ddiau, profodd symud *Y Faner* i Aberystwyth yn andwyol iawn iddi a thyst i hynny yw'r ffaith fod y Golygydd hyd yn oed yn cynnwys hysbysebion i bwysleisio bod gan y papur gyswllt â Dinbych o hyd. 'Ofnwn fod rhywrai o'n darllenwyr—yn Nyffryn Clwyd, yn arbennig—dan gamargraff parthed cysylltiad Dinbych a'r "FANER" ', oedd sylw un hysbysiad ym Mehefin 1923 a oedd am roi gwybod i'r cyhoedd

> . . . bod Swyddfa'r "FANER" yn Ninbych o hyd, a chynrychiolydd Golygyddol yn gofalu am dani.
>
> Gall Gohebwyr a Hysbysebwyr alw yn y Swyddfa yn Ninbych unrhyw adeg i ymgynghori mewn unrhyw fodd ag ef. (*Y Faner*, 14-6-1923)

Er y buasai'n rhaid i Brosser ymadael â'i gyfeillion yng Nghaernarfon, yn Aberystwyth crynhodd cylch newydd o lenorion o'i gwmpas ac ni bu'n rhaid iddo hiraethu gormod am yr hen gwmnïaeth ddiddan a llengar. Yr oedd swyddfeydd y *Cambrian News* a'r *Faner* mewn adeilad o friciau coch yn Terrace Road (Ffordd y Môr), Aberystwyth, uwchben siop bresennol W. H. Smith, y llyfrwerthwyr Seisnig. Disgrifir y swyddfa gan Garadog Prichard fel 'rhyw hafan fach o gell ar y llawr uchaf,'[1] a chan Iorwerth Peate yn 'flwch bychan aflêr o ystafell'.[2] Yn y stafell fach hon, eisteddai Prosser a sgrifennu 'Led-led Cymru' flwyddyn ar ôl blwyddyn hyd oni symudwyd *Y Faner* yn ôl i Ddinbych. Gweithiai Dewi Morgan yn yr un adeilad yn Is-Olygydd *Y Faner* ac yn ohebydd Cymraeg y *Cambrian News*, ac ni fyddai prinder ymwelwyr llengar a diwylliedig yno. Cofia Iorwerth Peate am ei gyfeillgarwch â Phrosser yn y cyfnod hwn a dywed y byddai'n galw'n gyson i'w weld, 'gan ofalu peidio â mynd yn agos ar y dydd yr âi'r papur i'w wely'.[3] Cydnebydd ei ddyled i Brosser am roi benthyg argraffiad o *Ulysses* iddo a hefyd am ddod ag *Adelphi* Middleton Murry i'w sylw.

Yn ôl Iorwerth Peate, yr oedd Aberystwyth yn lle delfrydol i fyfyriwr o Gymro yn ugeiniau'r ganrif hon, a dengys disgrifiad Prosser o Aberystwyth yn yr un cyfnod ei fod yn llwyr werthfawrogi'r manteision o aros yn nhref y Coleg ger y Lli :

> Yr oedd ymhlith efrydwyr Cymreig y Coleg yn Aberystwyth wyr o gryn arbenigrwydd a ddaeth i amlygrwydd mwy wedyn, a chefais lawer o gymdeithas amryw o'r rheini—J. T. Jones, Iorwerth Cyfeiliog Peate, Hywel Davies, Ben Bowen Thomas, Idwal Jones, Gwenallt ac eraill. Bu rhai o'r gwyr hyn ymhlith sgrifennwyr cysonaf *Y Faner* am gyfnod. Nid oeddent i gyd yn genedlaetholwyr, ond yr oeddynt oll yn gwybod oddi wrth anesmwythyd y genhedlaeth newydd wedi'r rhyfel, ac yn breuddwydio breuddwydion am Gymru. Ac fel cefndir bron i'r cwbl o'r efrydwyr hyn, yr oedd personoliaeth fawr yr Athro Gwynn Jones, a oedd y pryd hwnnw yn anterth ei ddylanwad fel Athro Llenyddiaeth Gymraeg.[4]

Yng nghwmni'r gwŷr hyn ac eraill fel D. R. Lewis, John Iorwerth Williams a Tom Hughes-Jones, 'yr oedd swn barddoniaeth ym mhob man', meddai John Eilian yntau. (*Y Cymro*, 16-2-1945) Nid arhosodd Prosser yn hir heb gyfeillgarwch Morris T. Williams ychwaith, oblegid cyn pen dwy flynedd ar ôl iddo ymadael â Chaernarfon aeth yntau i weithio fel leinoteipydd ar *Y Faner*.

Ar ddechrau'i gyfnod newydd yn Aberystwyth, daeth Prosser gyntaf i gysylltiad â J. T. Jones (John Eilian), fel yr eglurodd hwnnw ym 1945 :

> Yn Aberystwyth y gwelais i Prosser Rhys gyntaf,— yn siarad yn swil ar ddiwedd darlith gan Tywi Jones, golygydd "Y Darian." Yr oedd Prosser newydd gyrraedd o Gaernarfon i weithio ar "Y Faner," a minnau yn y coleg,—wedi dyfod yno'n unswydd er mwyn cael bod yn agos at Gwynn Jones a Parry-Williams a Timothy Lewis. Trwy imi alw weithiau heibio i swyddfa'r "Faner" daeth Prosser a minnau'n ffrindiau mawr. Cenfigennai ef at fy rhyddid i, wrth gael bod yn y coleg gyda'r dynion mawr, a heb ddim i'w wneud ond gwrando a darllen. Cenfigennwn innau at ei ryddid yntau, wrth gael llenydda mewn swyddfa papur newydd a heb bryder am bres. (*Y Cymro*, 16-2-1945)

'Prin y daeth neb erioed yng Nghymru mor adnabyddus a J.T. cyn ieuenged,' meddai Euroswydd am ei gyfaill newydd, (LC, 18-10-1923) 'ond nid mantais i gyd a fu hynny iddo.' A Phrosser yn ysu am wneud 'rhywbeth mawr', dyma ef yn awgrymu i'w gyfaill y syniad o gyhoeddi casgliad o farddoniaeth ar y cyd, ac ym 1923, dyma'u cyfrol *Gwaed Ifanc* yn gweld golau dydd.

Teulu o Ryddfrydwyr oedd perchnogion *Y Faner* a'r *Cambrian News* pan ddechreuodd Prosser yn Aberystwyth, a gweinyddid y swyddfa gan Robert Read, 'gŵr main, tal, llym ei foes ac union ei rodiad'.[5] Sonnir mewn man arall am y croestynnu rhwng daliadau gwleidyddol perchnogion *Y Faner* a daliadau'i Golygydd newydd a digon yw nodi yma i'r *Faner* wisgo mantell genedlaethol a dod yn arweinydd o bwys mewn materion Cymreig hyd yn oed yn y cyfnod pan oedd yn rhaid i Brosser wneud i'r papur adlewyrchu Rhyddfrydiaeth y perchnogion. Yr oedd Prosser o'r farn fod y Gymraeg, diwylliant Cymru, ac ymdeimlad cenedlaethol Cymru 'mewn ansicrwydd, ac ar geulan tranc', (LC, 2-1-1934) a chredai'i bod yn ddyletswydd arno ddefnyddio'r *Faner* i geisio deffro'r Cymry i weithredu i achub eu hetifeddiaeth. O'r dechrau, pwysleisiai fod *Y Faner* yn newyddiadur cenedlaethol Cymru ac ymdrechai i'w wneud yn newyddiadur mwy blaengar nag y buasai hyd hynny. 'Bu'r "Faner" mewn dwylo ofnadwy o hen ffasiwn a llwfr hyd yn gymharol ddiweddar', ysgrifennodd at E. Morgan Humphreys ar Fehefin 8, 1923,

> Ceisiais ei gloywi hyd y gallwn yn ystod y misoedd a basiodd. O hyn allan fodd bynnag, fy mai i a fydd oni allaf ei chael i fyny a'r oes. Y mae'r baich yn drwm i lanc, ond y mae'r cyfle yn un gwych.[6]

I Brosser, nid ychydig o ddalennau print oedd *Y Faner* ond man trafod a dadlau y disgwylid i'r darllenwyr a'r gohebwyr ei ddefnyddio i leisio'u barn am bob pwnc dan haul. Triniai'r papur fel teulu, ac os ef oedd tad y teulu yr oedd bob amser yn barod i dderbyn awgrymiadau a syniadau aelodau eraill ohono. Cadwai ddrws ei swyddfa ar agor i groesawu'r darllenwyr cyffredin yn ogystal ag i dderbyn gohebwyr y papur a llenorion. 'Os digwydd i ohebwyr y " Faner" ddyfod i Aberystwyth ar eu gwyliau, neu ar drip, cofiwch fod croeso i chwi alw yma', sgrifennodd yn ' Led-led Cymru ' ar Orffennaf 23, 1925,

> Hoffem i bob gohebydd—gohebwyr y newyddion lleol, yn gystal ag awduron yr ysgrifau arbennig—deimlo'r [sic] fod yn aelod o un teulu mawr—teulu'i [sic] "Faner," a'i rwymedigaeth i alw yn y cartref bob amser pan fyddo'n gyfleus iddo. A'r darllenwyr hefyd, dim ond iddynt beidio a dyfod i gyd yr un pryd !

Nid yw'n rhyfedd fod Prosser yn gallu ymfalchïo na chredai fod gan yr un papur Cymraeg ohebwyr mwy teyrngar na gohebwyr *Y Faner*. Ym 1925 sicrhaodd y gohebwyr fod y newyddion diweddaraf posibl yn cyrraedd y papur, ac er i Brosser ddweud nad iddo ef yr oedd y clod am hynny ni ellir gwadu nad ef a oedd yn symbylu ac yn ysbrydoli'i gynorthwywyr. Drwy'r blynyddoedd, cynyddodd brwdfrydedd ac ymroddiad y gohebwyr a chynyddodd eu nifer hyd nes iddi, erbyn 1942, ddod yn broblem fawr i'r papur gynnwys eu holl adroddiadau.

Ymdrechai'r Golygydd yn gyson i gynhyrchu papur o safon a theimlai i'r byw wallau cysodi a blerwch argraffu. Yn sgîl y gofal a'r sylw a roddai i'w bapur yr oedd ffigurau'r cylchrediad eisoes erbyn diwedd 1924, yn dangos cynnydd sylweddol ac ym 1925 gallodd nodi bod cymaint o alw amdani nes bod yn rhaid i Lyfrgell Wrecsam ei chadw y tu ôl i'r cownter a gofyn i'r cyhoedd wneud cais amdani. Gellir cyferbynnu'r llwyddiant hwn â marweidd-dra'r wasg Gymraeg yn gyffredinol yn y cyfnod hwn pan oedd *Y Darian*, er enghraifft, eisoes ar ei gwely angau ac yn hysbysu'i darllenwyr mai marw a wnâi pe na chynyddai'i chylchrediad yn fawr ac yn fuan. Yn wyneb cyfyng-gyngor newyddiaduron Cymraeg y cyfnod, sylweddolir bod y drafferth a gymerai Prosser i sicrhau bod *Y Faner* yn cynnwys colofnau i drafod pethau newydd a phoblogaidd megis recordiau a rhaglenni'r radio, yn wirioneddol werth-chweil, ac y mae'n amlwg fod y darllenwyr hwythau'n gwerthfawrogi'i ymdrechion yn y cyfeiriad hwn.

Parai rhai erthyglau arbennig fod galw mawr am ôl-rifynnau o'r *Faner* a daeth y galw am rai o'r ôl-rifynnau mor fawr nes dihysbyddu'r stoc yn gyfan gwbl erbyn 1930. Hefyd cyfrannai'r amrywiaeth o erthyglau ac o storïau a geid yn y papur at ei boblogrwydd a'i werthiant, ond prif nodwedd *Y Faner* dan olygyddiaeth Prosser oedd yr amlygrwydd a roid ynddi i lenyddiaeth Gymraeg, amlygrwydd a oedd yn ddrych i ddiddordeb personol Prosser ond a apeliai hefyd at drwch y darllenwyr.

Nid peth newydd i bapurau Cymraeg oedd trin a thrafod llyfrau a llenyddiaeth, ond drwy fynegi'i farn ar gerddi, storïau, llyfrau newydd a hyd yn oed ar ffilmiau yn 'Led-led Cymru' agorodd Prosser ddrysau llên i gannoedd o Gymry na fyddent yn hidio dim am lyfrau. Daethant i edrych ymlaen bob wythnos at ddarllen colofnau Euroswydd i weld pwy a fyddai nesaf i ddod â chyfrol o'r wasg ac i glywed barn afieithus Prosser am awduron a'u gwaith. Ei nod fel Euroswydd oedd ennyn diddordeb ieuenctid a llenorion Cymru yng ngwaith celfyddydol eu cydwladwyr a theimlai mai drwy sgwrsio'n hamddenol â'i ddarllenwyr yn 'Led-led Cymru' y gallai wneud hynny orau. 'Rywsut neu'i gilydd,' sgrifennodd ar ddydd Calan 1935, 'y mae fy narllenwyr a minnau yn agosach at ein gilydd yn y colofnau hyn nag yn unman arall yng ngholofnau'r "Faner", er nad hon yw f'unig lith yn y papur.' Mewn llythyr ato ym 1943, cydymdeimlodd D. J. Williams, Abergwaun, â Phrosser yn ei salwch a rhoes ei farn ef ar 'Led-led Cymru' ac ar bwysigrwydd gwaith Golygydd llengar *Y Faner* :

> Er rhagored ac mor anhepgor yw 'Cwrs y Byd,' y mae rhywbeth yn naill adain 'Y Faner' heb y 'Led-led,' a'i eiriau gloyw, treiddgar, a brathog pan fo eisiau, ar ddigwyddiadau'r dydd. Nid oes amheuaeth, Proser, nad y 'Led-Led', y glonc wythnosol, lengar honno, a gadwodd 'Y Faner' yn fyw yn y blynyddoedd hynny cyn iddi ddod i'w theyrnas drachefn dan y berchenogaeth newydd. Ac i raddau pell iawn, 'Y Faner' heddiw, sy'n gyfrifol am y ffaith fod Cymru, er mor anodd y dyddiau, yn dechrau ymysgwyd o ddifrif i'w chyfrifoldeb. Felly, cysurwch eich hun, bob dydd wrth wella, drwy gofio fod i chi le nid annibwys yn hanes brwydr ddiwethaf Cymru i'w hachub ei hun.[7]

Credai Prosser fod ar newyddiadurwyr Cymraeg gyfrifoldeb mawr yn eu defnydd o'r iaith, a chafodd gyfle i egluro'i farn ar le'r iaith ym myd newyddiaduraeth tua dechrau Awst 1925 mewn cyfarfod o Anrhydeddus Gymdeithas y Cymmrodorion ym Mhwllheli. Yn y cyfarfod, traethodd y Parchedig D. Tecwyn Evans ar sefyllfa'r iaith a'r diffyg parch a ddangosid iddi fel arfer, ac ategwyd ei awgrymiadau gan Brosser :

> Diweddodd [y Parch. Tecwyn Evans] gydag apel ymarferol am Gymreigio'r darluniau byw a'r lledaenu diwifr, ac eangwyd yr awgrymiadau hyn gan Mr. Prosser Rhys, golygydd y "Faner," mewn araith nodedig o feddylgar ar yr hyn y gallai y papurau Cymraeg ei wne[u]thur er mwyn yr iaith. Rhoddodd ef ei fys yn union ar beth pwysig iawn. "Rhaid" meddai, "i'r sawl a fyn ddarllen am y bel droed neu chwaraeon ereill, am geir motor neu am faterion masnachol ac ariannol, wneuthur hynny yn Saesneg. Nid yw'r papurau Cymraeg yn darparu ar eu cyfer." Tybiai mai prinder geiriau at drin y materion hyn oedd yr anhawster mawr ac apeliodd am gydgyfarfodydd o awdurdodau ar yr iaith i chwilio am rai cymeradwy y gellid eu mabwysiadu gan bob swyddfa bapur newydd. (*Y Genedl Gymreig*, 10-8-1925)

Ynglŷn â geiriau, awgrymodd y dylid mabwysiadu polisi o ddodi'r gair Saesneg rhwng cromfachau ar ôl y gair Cymraeg hyd oni dderbynnid y gair newydd gan y cyhoedd. ' Y mae geiriau gwneuthur papurau newydd, megis isrif cyflog a rhai eraill bellach wedi myned yn rhan o'r iaith,' meddai. Ymresymodd fod yr ymadrodd ' cymryd lle ' wedi dod i fri drwy'i ddefnydd cyson yn y wasg a phe gellid hybu ymadrodd anffodus a di-alw-amdano fel hwnnw yn y wasg, pam na ellid poblogeiddio a thaenu termau ac ymadroddion Cymreigaidd hefyd ? I gloi, gofynnodd i'r Cymmrodorion benodi pwyllgor i ymchwilio i'r broblem. Ni wn beth a ddaeth o'r awgrym hwn ond ni chredaf iddo gael ei weithredu.

Yn ei feirniadaeth ar ' Rhaglen Gyhoeddi ar gyfer Cyhoeddwyr Cymru am Ddeng Mlynedd ' yn Eisteddfod Bangor, 1943, tynnodd Prosser sylw unwaith eto at yr angen am estyn ffiniau'r iaith a'i gwneud yn gyfrwng trafod pob dim. Yr oedd yn rhaid i'r iaith fod yn iaith cyfrifon ac yn iaith gwyddoniaeth yn ogystal â bod yn iaith barddoniaeth ac yn iaith y capel. Y mae'i sylwadau ar yr angen i drafod gwyddoniaeth yn Gymraeg yn y dyfyniad canlynol ar yr un egwyddor â'i sylwadau ar yr angen i'r newyddiaduron drafod pynciau poblogaidd a chyfoes yn yr iaith—egwyddor o estyn defnyddioldeb yr iaith a chylch ei dylanwad :

Mae'n hen bryd inni wynebu'r dasg hon o ddifrif, oherwydd ar ein gallu i berffeithio'r iaith Gymraeg fel cyfrwng i ymdrin ynddi â phynciau fel gwyddoniaeth y dibynna, i fesur helaeth, ddyfodol yr iaith. Hyd yn oed heddiw bydd llawer o Gymry yn synied am Gymraeg fel iaith y capel a'r Eisteddfod, iaith llên a "diwylliant" (beth bynnag a olygant wrth hynny); ond am fyd busnes a gwyddoniaeth a pheirianwaith, Saesneg yw iaith hwnnw. Dyma heresi y mae'n rhaid inni ei chael dan draed, oherwydd o'i choleddu daw diwedd ar siarad ac ymarfer Cymraeg yn yr union fannau hynny lle mae mwya'r galwad am ei siarad heddiw, ac o hynny nid yw dydd ei chynhebrwng ymhell.[8]

Defnyddiai Prosser *Y Faner* i dynnu sylw at anghenion arbennig Cymru, i fynnu hawliau i'r Gymraeg ac i feirniadu sefydliadau Seisnigaidd y wlad. Enghraifft o hyn yw ei feirniadaeth ar y B.B.C. a'r gwasanaeth radio. ' Nid digon canu ambell gân Gymraeg fel y gwneir weithiau yn swyddfa'r Cwmni Seisnig, y B.B.C., yng Nghaerdydd', sgrifennodd yn *Y Faner* ar Ebrill 10, 1924. Tynnodd sylw'r cyhoedd at y ffaith mai Sais oedd rheolwr y cwmni a rhagflaenydd rheolwr y cwmni yntau, a chan iddo weld mai drwy'r radio'n hytrach na thrwy bapur newydd dyddiol Cymraeg yr oedd achub yr iaith, credai y dylid mynnu, fel cam cyntaf at unioni cam y B.B.C., ' swyddfa a rydd i ni raglen Gymraeg bob nos—canu Cymraeg, adroddiadau Cymraeg, dramâu Cymraeg, anerchiadau gan Gymry adnabyddus ar bynciau'r dydd, pregeth fer a chanu cynnulleidfaol ar nos Sul'. Rhagwelai hefyd y posibilrwydd o gael cyrsiau dysgu Cymraeg ar y radio ' i Saeson Cymru'.

O dipyn i beth, enillwyd peth amser i'r Gymraeg ar y radio a sicrhaodd Prosser fod y rhaglenni Cymraeg yn cael sylw dyledus yn *Y Faner*—yn gyntaf yn ' Led-led Cymru' ac yn ddiweddarach mewn colofn arbennig, ' Congl y T.D.W.', rhywbeth hollol newydd mewn newyddiadur Cymraeg ac a werthfawrogid gan y darllenwyr. Er bod dyrnaid o raglenni Cymraeg ar gael bellach, nid oedd rheswm am ddifaterwch ynghylch lle'r Gymraeg ar y radio—nid yn unig yr oedd prinder rhaglenni yn yr iaith, ond mewn llawer o rannau o Gymru arhosai derbyniad rhaglenni'n wael neu'n ddiffygiol. ' Y peth sydd ar Gymru eisiau yw siarad ar wahanol bynciau Cymreig yn Gymraeg, symbylu llyfrau, operau a dramau Cymraeg, bwletin o newyddion Cymreig a Chymraeg, a hyrwyddiant i bob dim sy'n help at gadw Cymru'n Gymreig a bonheddig', meddai Euroswydd ar Fai 19, 1931,

Ac at hyn oll, gorsaf neu orsafau a yrro'r rhaglen hon drwy Gymru oll yn gwbl sicr.

Ym 1935, yn hytrach nag apelio'n ofer yn y dull arferol, ymosododd Prosser ar y B.B.C. drwy ddyfynnu cyfieithiad o eiriau Mr. E. R. Appleton, Cyfarwyddwr Stesion Radio'r Gorllewin, mewn ateb i'r adroddiad *Y Gymraeg mewn Addysg a Bywyd.* Barnai Mr. Appleton 'mai'r cwyn pennaf yw, fod dwyn i gartrefi'r bobl yr iaith Saesneg,—iaith Shakespeare a hanner y byd gwareiddiedig'. (LC, 11-6-1935) 'Mae Cymru,' meddai ymhellach, 'o'i dewis ei hun (!) yn rhan o'r Gyfundrefn Brydeinig o Genhedloedd, ac iaith swyddogol honno yw Saesneg.' Dylid talu teyrnged i Brosser am wneud ei orau i ddangos i'r Cymry drais y Gorfforaeth Ddarlledu Brydeinig, oherwydd er bod peth gwelliant yn yr ugeiniau a'r tridegau, gwaethygodd y sefyllfa eto yn ystod y rhyfel a chyfyngwyd ar raglenni Cymraeg. Yn Awst 1940 cynhyrchodd y B.B.C. raglen Saesneg a Seisnigaidd a'i galw'n 'Eisteddfod Genedlaethol'. 'Y mae'n ddiau y dylem fod yn ddiolchgar am ryw fath o Eisteddfod Genedlaethol yn yr awyr, er mai busnes anfoddhaol a fu, hyd yn hyn, beth bynnag', oedd ymateb Euroswydd. (LC, 14-8-1940) 'Yn un peth,' meddai yn yr un ysgrif, 'bu'r "B.B.C." yn grintach iawn hefo rhoddi amser yn ei rhaglenni i'r Eisteddfod, er fod y Gorfforaeth yn afradu amser ar y lol mwyaf melltigedig.'

Er nad yw o bwys mawr, dengys un digwyddiad bach ym 1935 faint o argraff a wnaeth cyhoeddusrwydd cyson *Y Faner* i le'r Gymraeg ym myd y radio. Cyhuddwyd Prosser neu 'Ddi-Wifrydd', a sgrifennai yn y papur, o geisio cael un o'r swyddi gwag a oedd yn mynd yn swyddfa'r B.B.C. yng Nghaerdydd. Gwrthododd Prosser yr ensyniad drwy ddweud na fuasai mor huawdl yn ei gwynion yn erbyn y cwmni hwnnw pe buasai arno eisiau swydd, a hawliodd 'mai myfi yw'r unig un sydd ar ol o'm cymdeithion, bron, nas clybuwyd ar y radio, a darfod imi wrthod cais i siarad ar y radio, yn cynnwys sgwrs drwy Daventry, ar dri achlysur'. (LC, 21-5-1935)

Soniwyd uchod am anogaeth Eifionydd i Brosser i fynd i Loegr i ennill arian drwy weithio ar y wasg Saesneg. Ar wahân i gael arian a swydd ar bapur â chylchrediad mawr, drwy fynd y tu hwnt i Glawdd Offa gallasai osgoi'r mil tasgau y disgwylid i Olygydd newyddiadur Cymraeg ymgymryd â hwy—y math o fân orchwylion y cyfeiriodd atynt yn ei 'Atgofion a Myfyrion':

> Nid ysgrifennu erthyglau golygyddol, nodiadau gwleidyddol neu lenyddol a phethau felly yw unig waith golygydd papur newydd Cymraeg. Geill y papurau Saesneg mawr fforddio cael ysgrifenwyr erthyglau arweiniol a gohebwyr arbennig eraill, gan adael i'r Golygydd y gwaith goruchwylio yn unig. Rhaid i Olygydd papur Cymraeg wneuthur tipyn o bopeth,—o ysgrifennu erthyglau arweiniol hyd at gyfieithu hysbysiadau 'Dr. Williams' Pink Pills.' Dyna paham,—o leiaf un rheswm paham—nad yw safon papur Cymraeg gyfuwch â safon y papurau Saesneg: ni all y Golygydd roddi ei orau i'w briod waith am nad oes ganddo'r amser. Wythnos neu ddwy o wyliau a gaiff ar y gorau, a rhaid iddo'i ladd ei hun i wneuthur gwaith ei wythnos neu wythnosau absennol, hyd y bo modd, ymlaen llaw.

Enwa Prosser gyfieithu hysbysebion yn un o'i fân orchwylion fel Golygydd, ond ni chyfieithai bob hysbyseb i'r Gymraeg ac nid oedd rhai heb ddannod iddo'r ffaith fod hysbysebion Saesneg yn britho tudalennau'r newyddiadur cenedlaethol. Credai Iorwerth Peate fod bai mawr ar Brosser am adael i'r Seisnigrwydd hwn anharddu papur cenedlaethol a safai dros ddiogelu'r iaith. Cyhoeddwyd ei feirniadaeth ar bolisi Prosser yn *Y Faner* ar Orffennaf 19, 1923, ac yn yr un rhifyn atebodd y Golygydd y sylwadau. Cofiodd Prosser fod Peate wedi bod yn Olygydd y *Dragon*, cylchgrawn Coleg Aberystwyth, a chofiodd ofyn iddo, adeg ei olygyddiaeth, pam nad oedd mwy o Gymraeg yn y cylchgrawn. Ateb Peate, meddai, oedd mai Saesneg oedd yr iaith fwyaf pwrpasol i'r cylchgrawn 'oherwydd mai hyhi a ddeallai *pawb*'. Yr oedd agwedd Prosser yn ddiamwys—ni ellid hepgor hysbysebion gwŷr busnes Lloegr a oedd yn aml am hysbysebu yn yr iaith a ddeallai pawb, ac er y cyfieithid hysbysebion bob tro y gofynnid hynny, nid gwaith newyddiadurwr oedd penderfynu ym mha iaith y dylid hysbysebu. Dadleuodd ymhellach fod yn rhaid codi statws swyddogol y Gymraeg cyn y gellid disgwyl i bobl redeg eu busnes yn yr iaith. Cydnabu ddiffuantrwydd Peate a'i barodrwydd i helpu, ond ystyriai nad oedd yn weddus iddo ddisgwyl i'r Gymraeg fod yn iaith swyddogol busnes cyn iddi gael ei dyrchafu'n iaith swyddogol addysg yng Nghymru.

Ddwy flynedd ar bymtheg ar ôl i Peate feirniadu'r *Faner* am gynnwys hysbysebion Saesneg, dywedodd Prosser rai pethau crafog am le amlwg y Saesneg yn yr Eisteddfod Genedlaethol a ddarlledwyd ar y radio ym 1940, a pharodd hyn i D. R. Hughes a Chynan, cyd-ysgrifenyddion Cyngor yr Eisteddfod, sgrifennu ato i ddweud y dylai'r *Faner* ymwrthod â'r ' gwrthuni o blastro'i thudalennau â'r helaeth hysbysebau Saesneg sy'n waeth na di-fudd i'w llu darllenwyr Cymraeg.' (LC, 11-9-1940) Y tro hwn, atebodd Euroswydd drwy gyfeirio at y nifer mawr o hysbysebion Cymraeg a gyhoeddid yn y papur a thrwy bwysleisio na ellid cael pob hysbysebwr i ddefnyddio'r Gymraeg ac na ellid fforddio gwrthod hysbysebion.

Os parai iaith a chynnwys hysbysebion beth dryswch o bryd i'w gilydd, nid dyna unig broblem y newyddiadur Cymraeg. Yr oedd Prosser o'r farn fod agwedd y cyhoedd tuag at ddynion y papurau newydd yn gyffredinol hefyd yn broblem a theimlai'i bod yn un o anfanteision ei alwedigaeth :

> Y mae'n ffasiwn yng Nghymru, a Lloegr, o ran hynny, ryw ffugio dirmyg at "bobl y papurau newydd". Tueddir i'w hystyried yn bobl fâs, anghyfrifol, rhad. Ond gwrthun o beth yw'r crystyn hwn ar yr wyneb, canys ychydig iawn o bobl amlwg a phwysig sydd na cheisiant ffafr pobl y papurau newydd, ac yn arbennig eu golygyddion. Ychydig o bobl, heblaw newyddiadurwyr eu hunain, sy'n ddifater o gyhoeddusrwydd. Gellid adrodd llawer stori dda am wŷr adnabyddus iawn yn y cyfeiriad hwn, ond disgwylir i olygyddion bob amser dewi ar faterion o'r fath. A thewi a wnaf innau. Ond da chwi, peidiwch a chredu naw o bob deg sy'n proffesu cymryd pobl y papurau newydd yn ysgafn. O dan yr wyneb dodir pwys arbennig iawn ar eu cefnogaeth a'u bendith.[9]

Hyd yn oed yn y cyfnod pan gyhoeddid *Y Faner* yn Aberystwyth, ymddengys fod caethiwed golygydd fel dyn busnes yn pwyso'n drymach ar ei feddwl na'i gaethiwed i berchnogion Rhyddfrydol y papur. ' Y mae Mr. J. T. Jones a minnau cyn rhydded ag unrhyw ddau newyddiadurwr yng Nghymru', sgrifennodd yn 'Ledled Cymru ' ar Fehefin 14, 1932, ond ' oni byddwn bob tro y cwrddwn yn son am bethau a anghymeradwywn yn helyntion y dydd, ond na eill ef, neu ni allaf i, ddywedyd y gwir plaen ar gyhoedd amdanynt, oherwydd bod yn rhaid inni geisio cadw ein busnesi i fynd, ac y gallai dinoethi, eu drygu ?'

(*ii*) Gwleidydda

(a) *Cymdeithas Cymru Well*

Gwelwyd eisoes fod Prosser ym 1922 am weld Cymru'n ymysgwyd i fynnu ei rhyddid, ac nid yw'n syndod felly iddo gymryd rhan yn rhai o'r mudiadau gwladgarol neu genedlgarol a ddechreuodd ymddangos yn ail chwarter y ganrif hon. Wrth reswm, ni ellir didoli twf y cymdeithasau hyn oddi wrth y dadeni llenyddol a oedd â'i wreiddiau yn ysgrifau Emrys ap Iwan, T. Gwynn Jones a Syr Owen M. Edwards. Yn wleidyddol, llwyddwyd i gael sefydlu amryw sefydliadau cenedlaethol Cymreig yng Nghymru, ac fel y gwyddys, ffurfiwyd Cymru Fydd yn fath ar gynddelw i'r Blaid Genedlaethol. Ar ôl i Gymru Fydd wywo a diflannu, nid oedd llawer o undod i'r frwydr genedlaethol, ac ar ôl sicrhau datgysylltu a dadwaddoli'r Eglwys, syrthio ar fin y ffordd a wnaeth yr ail ran o bolisi'r Rhyddfrydwyr Cymreig, sef ymreolaeth i Gymru.

Gyda threigl amser, cychwynnwyd dyrnaid o gymdeithasau a chanddynt y bwriad o ennill rhyddid i Gymru ac atgoffa'r Rhyddfrydwyr o'r angen mawr am senedd yn y wlad. Er bod y cymdeithasau hyn yn wan ar y dechrau, buan y diflannodd y rhai mwyaf tila ac ansylweddol ohonynt ac agorwyd y ffordd i ffyniant un mudiad cryf—y Blaid Genedlaethol. Bwriedir sylwi yma ar un o'r cymdeithasau a ragflaenodd sefydlu'r blaid honno, sef Cymdeithas Cymru Well—y gymdeithas agosaf at galon Prosser Rhys am flwyddyn neu ddwy.

Am gyfnod byr yr oedd Cymdeithas Cymru Well yn gymdeithas frwd ac uchelgeisiol, a chyda'i optimistiaeth egnïol arferol ymroes Prosser i wneud ei orau glas drosti. Sylwodd ar dwf y gymdeithas hon a sylfaenu Cymdeithas y Tair G yn ei atgofion fel Golygydd *Y Faner* :

> Yr oedd rhyfel mawr 1914-18 wedi darfod ers pum mlynedd, a Chymru a Phrydain a'r byd yn ceisio ymsefydlu ar ol drycinoedd y rhyfel hwnnw. Dechreuai Cymry ieuainc ymweled â'r Almaen ; yr oedd syniadau cydwladol yn ymledu a phasiffistiaeth yn ennill tir. Yr un pryd, yr oedd y mudiad cenedlaethol Cymreig newydd wedi dechrau codi ei ben. Yn Awst 1923, yn Eisteddfod Genedlaethol yr Wyddgrug, y clybuwyd am Gymdeithas y Tair G.—mudiad tra pheryglus yng ngolwg llawer. Yn Eisteddfod yr Wyddgrug y dechreuodd mudiad cenedlaethol arall, mudiad Cymry da o dueddiadau go gymhedrol,—Cymdeithas Cymru Well, o dan

arweiniad yr Henadur William George, a phobl fel y diweddar Syr John Morris-Jones ymhlith ei aelodau. Ac yn yr Ysgol Gwasanaeth Cymdeithasol yn niwedd Awst 1923 y traddodwyd papur anghyffredin iawn ar Dueddiadau yng Nghymru 1919-23, gan feirniad llenyddol ieuanc, un o Gymry Lerpwl a ddaethai i fyw i Gymru—J. S. Lewis, John Saunders Lewis, a ddaeth yn dra adnabyddus wedi hynny fel Saunders Lewis. Cafodd y papur hwn argraff arbennig iawn ar y golygydd ieuanc, a chan ddarfod ei gyhoeddi'n llawn yr wythnos ddilynol yn *Y Faner* fe'i darllenwyd yn eiddgar gan laweroedd o Gymry ieuainc. Yn wir, y papur hwn, i'm bryd i, a roddes gychwyn mewn ffurf ymarferol i'r mudiad cenedlaethol. Yr oedd yn draethawd pwysig, ac fe ddigwydd y llawysgrif fod gennyf er pan gefais ef [sic] gan Saunders Lewis yn Llandrindod.

. . . .

Yr oedd cwmni bach cenedlaethol arall mewn bod hefyd—a'i waith yn gudd, ond ni ellir gwneuthur mwy na chrybwyll hwnnw eto.

O angenrheidrwydd yr oedd Golygydd *Y Faner* mewn rhyw fath o gyswllt â'r holl fudiadau a thueddiadau hyn, ac fe adlewyrchid hynny yn ei bapur.

Cyn cychwyn mudiad Cymdeithas Cymru Well, yr oedd Prosser ei hun wedi awgrymu 'mai da o beth a fyddai cynull cenedlaetholwyr at ei gilydd i gyd-ystyried ein sefyllfa fel cenedl heddyw, ac i geisio uno ar bolisi pendant'. (*Y Faner*, 8-11-1923) Yr oedd hefyd wedi cynnig cynnull cynhadledd ond tynnodd ei gynnig yn ôl wedi clywed, ychydig ddyddiau yn ddiweddarach, fod William George ar fin sefydlu mudiad newydd. Fel y dywedir uchod, cymerwyd y cam pwysicaf tuag at sefydlu Cymdeithas Cymru Well yn yr Wyddgrug ar Awst 8, 1923. Sgrifennodd J. T. Jones mewn erthygl o'r enw 'Secret Society of Wales. Its Genesis and Collapse', a gyhoeddwyd yn y *Western Mail* ar Ragfyr 19, 1924, iddo gofio synnu, wythnos Eisteddfod Genedlaethol yr Wyddgrug, wrth weld nifer o ddynion amlwg yn dod allan o swyddfa Mr. Fred Llewelyn Jones, cyfreithiwr yn y dref, a rhoes eu henwau : Syr John Morris Jones, yr Athro T. Gwynn Jones, y Parchedig D. Tecwyn Evans, Mr. W. S. Gwynn Williams, y Parchedig Herbert Morgan, yr Athro D. Miall Edwards, yr Athro J. Lloyd Williams, yr Henadur W. J. Parry, Mr. Fred Llywelyn Jones, 'and, finally, linked arm-in-arm, Alderman William George and Mr. E. Prosser Rhys'. Taflwyd goleuni ar yr ymgynulliad annisgwyl a nodedig hwn, meddai, pan ymddangosodd 'an account of an ardently patriotic opening speech delivered by Alderman William George at a meeting held at Mold in connection with a new Better Wales Society', yn *Y Faner*, wythnos wedi'r cyfarfod.

Cyfarfu Cymdeithas Cymru Well nesaf yn Amwythig ar Dachwedd 2, 1923, ac ymhlith y rhai a wahoddwyd i'r cyfarfod hwn yr oedd y Parchedig J. Tywi Jones, Aberdâr, Golygydd *Y Darian*, a Mr. J. H. Jones, Golygydd *Y Brython*. Ceir copi o raglen y cyfarfod hwn ymhlith papurau Prosser :

> RHAGLEN/CYFARFOD O GYMRY/A GYNHELIR YN/ YSGOLDY EGLWYS ANNIBYNNOL CASTLE GATE,/ AMWYTHIG,/ Am bump o'r gloch, DDYDD GWENER, TACHWEDD 2, 1923. / CADEIRYDD : WILLIAM GEORGE, Ysw.

Yn y cyfarfod hwn, eglurwyd amcanion y gymdeithas, sef datblygu 'bywyd uchaf' Cymru, ymladd dros le'r Gymraeg ym myd addysg a thrafodaethau cyhoeddus ac atgoffa'r wlad o'i hen ddelfrydau a'i lle ymhlith cenhedloedd y byd. Cytunodd yr aelodau yn ogystal i hyrwyddo'r amcanion yn eu bywyd beunyddiol a'u rhoi o flaen cyfrifoldebau eraill. Yn olaf, datganasant eu cred fod angen i Gymry reoli Cymru er ei mwyn ei hun.

Yr oedd diwedd 1923 a dechrau 1924 yn gyfnod o gynnydd yn y gymdeithas ac ychwanegwyd nifer o enwau adnabyddus at y rhestr aelodau. I'r cyfarfod nesaf gwahoddwyd yr Athro Ifor Williams ; yr Athro T. H. Parry-Williams ; y Prifathro Thomas Rees ; Mr. R. J. Rowlands, Golygydd *Yr Herald Cymraeg* ; y Prifathro J. H. Davies ; Mr. Robert Williams Parry ; Mr. D. Arthen Evans ; y Prifathro Maurice Jones ; yr Athro Henry Lewis ; y Parchedig E. Tegla Davies ; yr Athro Morgan Watkin ; Mr. W. Ambrose Bebb ; a Mr. I. C. Peate. Ymateb y pedwar cyntaf a enwir oedd anwybyddu'r gwahoddiad, fe'i gwrthodwyd gan y pedwar nesaf, ac fe'i derbyniwyd gan y chwech arall. Efallai fod y gwahoddedigion anfodlon yn synhwyro tynged y gymdeithas, oblegid pan gyfarfu nesaf yn Amwythig, Ionawr 11, 1924, 'to discuss the connection between the Welsh language and religion in Wales, the development of Welsh music, and Professor T. Gwynn Jones's plans of a new system of Welsh education from elementary school to university based purely on Welsh grounds', (*The Western Mail*, 19-12-1924) daeth ei thynged yn eithaf amlwg. Er bod gan y gymdeithas bedwar ar bymtheg neu ugain o aelodau erbyn hynny nid aeth ond chwech ohonynt i'r cyfarfod : yr Henadur William George, yr Athro Henry Lewis, Saunders Lewis, y Parchedig J. Tywi Jones, Iorwerth Peate, ac yn ffyddlon hyd y diwedd, E. Prosser Rhys. Gan fod yr Athro T. Gwynn Jones yn absennol, rhoed i Brosser y gorchwyl o ddarllen ei gynlluniau addysg. Penderfynwyd cynnal cyfarfod arall tua'r Pasg ond ni ddaeth dim o'r cynllun.

Ni ellir gwadu nad oedd Cymdeithas Cymru Well wedi profi'n fethiant llwyr, ond yn Ionawr 1924 yr oedd Prosser yn dal yn ffyddiog y dôi rhywbeth ohoni a chodwyd ei wrychyn pan feiddiodd D. J. Williams, Abergwaun, wneud hwyl am ei phen. Yn 'Led-led Cymru' ar Ionawr 24, 1924, dyfynnodd Prosser ddarn o lythyr gan D. J. Williams wedi'i gyhoeddi yn y *South Wales News* ac yn dweud bod ar Gymru eisiau 'something other than brave words from timid hearts as expressed through the Union of Welsh Societies and "Better Wales" ', ac yn cwyno, er nad oedd llawer yn hysbys am y gymdeithas honno, ei bod yn ymddangos fel 'a body born in a frock coat and a topper, or like Tristram Shandy with its life history fully written before the day of its nativity'. Edliwiodd Euroswydd i D. J. ei sylwadau deifiol :

> Syn gennym weled Mr. D. J. Williams yn siarad fel hyn am Gymdeithas Cymru. [sic] Well . . . Pe gwyddai Mr. Williams pwy yw pawb o'r aelodau, a beth sy ganddynt mewn llaw ar hyn o bryd, fe wridai oherwydd ei gamgymeriad difrifol. (LC, 24-1-1924)

Ymddengys fod tipyn o ohebu wedi bod rhwng Prosser a D. J. Williams ar bwnc Cymdeithas Cymru Well a dengys y dyfyniad hwn o lythyr dyddiedig Chwefror 8, 1924, a anfonodd Prosser at J. T. Jones, ei fod yn methu'n lân â deall safbwynt D. J. Williams :

> Parthed y D. J. Wms hwn,—fe sgrifennodd rywbeth yn debig ataf i ddoe, ac fe'i hatebais gyda'r troad. Dywedais mai heb gael ei chyfle eto y mae Cymdeithas Cymru Well, ac mai taeog o beth oedd myned i gyhoeddi collfarn uwch ei phen cyn bryd, a hynny yng ngwersyll y gelyn—sef y papurau Saesneg.

> Anodd gwybod beth yw anian y bachgen hwn. Tery'r Undeb i lawr, tery Cymdeithas C.W. i lawr, ond nid awgryma ddim yn eu lle. Ni fynnwn i dybio dim drwg amdano, ond y mae rhywbeth yn Efnisienaidd yn ei sylwadau. Beth yw'r holl helynt sy arno ? Od oes ganddo weledigaeth newydd paham nas mynaig ? Ni wna ond dilorni'r mudiadau sy'n bod eisoes *a dim arall.*

Nid yn unig yr oedd Prosser am gondemnio D. J. ei hun ond yr oedd hefyd yn trefnu i J. T. Jones yntau sgrifennu amdano, a barnu'n ôl ail hanner yr un llythyr :

> Gelli di ddywedyd mai d'unig sail di dros ddywedyd dim am ei anwybodaeth oedd osod ohono Bebb fel arweinydd mudiad ieuenctid Cymru, a *Bebb yn aelod o Gymdeithas Cymru Well.* Cefais sicrwydd oddiwrth Bebb echdoe nad oes ganddo ef yr un bwriad i ffurfio mudiad newydd, a'i fod yn barod i gyd-weithio a Chymdeithas Cymru Well.

Erbyn Tachwedd 1924, yr oedd Prosser yn bur siomedig gan y diffyg ymateb i her y gymdeithas newydd, ac er yr ymddengys ei fod yn dal i obeithio y dôi rhywbeth ohoni, dyma ef yn sgrifennu at J. T. Jones i drefnu iddo ddadlennu difaterwch y Cymry pwysig a oedd wedi ymuno â hi :

> 'Baner ac Amserau Cymru '
> Terrace Road,
> Aberystwyth.
> Tachwedd 5ed 1924
>
> F'annwyl Sion o Fon,
>
> Addewais sgrifennu i ti heddiw parthed y 'documents'. Waeth gwneuthur yrwan ddim.
>
> Hoffwn bwysleisio natur breifat y busnes. Y mae holl aelodau'r Gymdeithas wedi tyngu llw i fod yn gwbl ddistaw ynghylch y Gymdeithas. Ni buaswn innau'n torri'r llw onibai fy mod yn tybio y gwna ddadlennu rhai pethau les mawr. Sylwa'n arbennig [ar] yr anawster i gael pobl ynghyd i drafod busnes eu gwlad eu hunain. Fe ant i wahanol bwyllgorau a byrddau'r Brifysgol a'r enwadau. Bu'r gymdeithas farw oherwydd methu a chael ein prif wladgarwyr ynghyd.
>
> Diau nad da i ti ddywedyd ei bod *wedi-marw*. Dywed mai cysgu y mae. Neu os hoffi ddilyn y ffasiwn Doriaidd o godi bwganod, dywed bod y "secrecy" sydd ynghylch y peth yn ddrwg-argoelus.
>
> Yn anad dim, gwna'r argraff mai'n "fragmentary" y cefaist ti'r hanes. Dywed nad oedd modd cael dim gwybodaeth swyddogol o gwbl, ac mai trwy holi amryw o'r aelodau y medraist lunio dy stori.
>
> Rho deyrnged i Wm George—bu'n gadeirydd ffyddlon bob cynnig ; yn ddoeth ac yn ehangfrydig. Dywedodd D. J. Wms mai gormod o

hetiau silc oedd yn y Gymdeithas. Y gwir yw mai y rhai sy'n proffesu caru Cymru'n ddiffuant a fu'n siomedig.

. . . .

Tri ohonom a ddaeth i'r holl gyrddau—W. George, Tywi a minnau. Digwydd bod ar berwylion eraill yn Amwythig yr oedd amryw o'r aelodau yn Nhachwedd 1923, hefyd, gyda llaw. Ond daethom ni yn un swydd bob tro.

Credaf mai gwell i mi fydd cael gweld d'ysgrif cyn ei mynd i'r Wasg. Byddaf fi'n siwr o gael fy nrwgdybio, ond pe cawn drem am yr ysgrif gallwn efallai wneud awgrym neu ddau a barai leihau'r ddrwgdybiaeth honno.

Cofion difarw atat ti a Parry,

Pross.

Gwelwyd eisoes sut y daeth J. T. Jones i ben â chuddio ffynhonnell ei wybodaeth am y gymdeithas drwy sôn amdano'i hun yn cerdded heibio i swyddfa cyfreithiwr yn yr Wyddgrug ac yn gweld aelodau Cymdeithas Cymru Well yn dod allan ohoni.

Y mae'n siwr fod Prosser yn amgyffred cwynion D. J. Williams yn well erbyn 1924 a chyn hir diflannodd eu hen elyniaeth yn llwyr. Ymhen blwyddyn neu ddwy eto, yr oedd y ddau'n cydweithio yn rhengoedd y Blaid Genedlaethol ac yn gohebu â'i gilydd yn gyfeillion o gyffelyb fryd.

(b) *Brwydro dros Gymru :* 1924-1936

Ymddiddorai Prosser yn fawr yn yr holl gymdeithasau a oedd yn gweithio dros Gymru yn yr ugeiniau cynnar ac er na ddaeth erioed yn aelod o Gymdeithas y Tair G, un o'r tair cymdeithas a ymunodd i ffurfio'r Blaid Genedlaethol, sgrifennodd at J. T. Jones ar Hydref 23, 1923, i roi gwybod iddo fod posibilrwydd y sefydlid cangen ohoni yn Aberystwyth :

Gwelaf D. R. weithiau, a daeth Peate i'm nol i gyfarfod o r Gymdeithas Geltaidd neithiwr i wrando Bebb yn siarad ar Genedlaetholdeb. Gwynn oedd yn y gadair. Cafodd Bebb gafodydd o gwestiynau ar y diwedd. Siaradodd Morgan Lewis ymhlith ereill. Cododd Iorwerth Edwards ar ei ôl a dywedodd yn ei ddull anefelychiadwy ei hun ei fod yn methu a deall y bobl hynny sy'n aelodau mewn eglwysi Saesneg pan siaradant dros y Gymraeg ; fe'i clywid ymhob rhyw gyfarfod o'r bron, ac yr oeddynt yn codi syrffed arno. Yr oedd yr hen Forgan yn gwingo. Awgrymodd

DR *ystyried y priodoldeb o* ffurfio cangen o Gymdeithas y Tair G yn Aber. Ac ebr y Gwynn. "Rhai garw ydan ni'r Cymry am '*ystyried y priodoldeb o*', ond y mae'r awgrym yn werth i chwi feddwl amdano." Daeth Peate a Bebb i delerau heddwch cyn y cyfarfod. Nid yw Bebb yn siaradwr cyhoeddus, nac yn atebwr cwestiynau. Efallai nad teg a fyddai disgwyl hynny oddiwrth ysgrifennwr godidoced. Y mae sgrifennu a siarad yn bur wahanol i'w gilydd.

Dyna grybwyll enwau rhai o'r Cymry adnabyddus a ddylanwadodd ar syniadau gwleidyddol Prosser pan oedd newydd ymsefydlu yn Aberystwyth. Yr oedd Cymro mawr arall yn byw yn Aberystwyth y pryd hynny,—Ifan ab Owen Edwards, ac yntau newydd sefydlu, ym 1922, Urdd Gobaith Cymru. Y mae'n wir dweud bod dolen gref yn cysylltu'r sefydliad hwnnw â'r Blaid Ryddfrydol, y blaid yr oedd Syr Owen M. Edwards yn aelod grymus ohoni ac i bob pwrpas yn hanesydd swyddogol iddi, ond gellir credu bod presenoldeb Ifan ab Owen Edwards yn Aberystwyth a'i ymdrechion i ledaenu'r Urdd ac i gadw'r cylchgronau a gychwynasai'i dad, yn anogaeth i Brosser yntau weithio'n wleidyddol ac i gyplysu gwleidyddiaeth a llên.

Fel y gŵyr y cyfarwydd, yr oedd ffrwd gweithwyr Arfon gydag H. R. Jones, Deiniolen, yn symbylydd ac yn arloesydd iddi, yn un arall o'r tair cymdeithas a ffurfiodd y Blaid Genedlaethol. Ym Medi 1924, trefnodd H. R. gyfarfod yng Nghaernarfon a dechreuwyd Byddin Ymreolwyr Cymru. Tuag Ebrill 1924 sgrifennodd H. R. Jones at Brosser i'w wahodd i ymuno â'r gymdeithas arfaethedig, ond gan fod Prosser yn dal i obeithio y gallai Cymdeithas Cymru Well ymysgwyd a chyflawni rhywbeth, teimlai y byddai'n well peidio ag ymhel â chylch newydd. Y mae ateb Prosser i H. R. yn ddiddorol hefyd oherwydd dywed ynddo nad yw'n bleidiol iawn i ymreolaeth i Gymru. Y mae'n syn ei weld yn dweud hyn ar ôl ei sylwadau ar ryddid Iwerddon ddwy flynedd ynghynt neu sylwadau fel yr eiddo yn *Y Faner* ar Orffennaf 5, 1923 :

Rhy ychydig o lawer o Gymry, ysywaeth, sydd yn eu hadnabod eu hunain ac yn adnabod eu cenedl yn ddigon da i sylweddoli eu bod hwy'n bobl hollol wahanol i'r Saeson. Goddefwn ormes cyfundrefnau a dylanwadau Lloegr bron ymhob cylch o'n bywyd yn ddirwgnach ; a chollasom ormod arnom ein hunain i dybio, neu i hitio o dybio, bod yr ormes honno yn ormes farwol inni y rhan amlaf.

O'i lythyr at H. R. Jones yn Ebrill 1924 ni ellir ond casglu bod Prosser naill ai wedi oeri tan ddylanwad parchusion Cymdeithas Cymru Well a'i fod yn tueddu ar y pryd i feddwl bod modd achub Cymru heb ennill nerth gwleidyddol iddi, neu ar y llaw arall ei fod yn credu bod ennill ymreolaeth yn fater rhy amhoblogaidd i gael llawer o gefnogaeth. Yn ddiau, yr oedd Prosser am fod yn bwyllog ac am i ryw gorff cryf ac unfryd ymffurfio yn lle bod lliaws o fudiadau bach rhanedig. Dyma'r llythyr yn ei grynswth :

Swyddfa'r "Faner"
Aberystwyth.
Ebrill yr 21ain 1924.

Annwyl Mr. H. R. Jones.

Diolch am eich llythyr. Sylwaf eich bod yn awyddus i sefydlu Cymdeithas o Ymreolwyr. Y mae gennyf gydymdeimlad diffuant â phob ymdrech a wneir i ddwyn cenedlaetholwyr Cymru at ei gilydd. Yr ydys wedi cael llawn digon, bellach, o siarad ar draws ac ar hyd—pob un a'i opiniwn, pob un a'i feddyginiaeth. Y peth sydd eisiau yw cytuno ar bolisi a cheisio'i weithredu'n ddyfal. Nid wyf i'n dwymn [sic] iawn o blaid Ymreolaeth, ond buaswn yn hollol fodlon cyd-weithio i'w ennill pe byddai mwyafrif cenedlaetholwyr Cymru amdano. Y mae fy hyder yn fawr yng Nghymdeithas Cymru Well—sy newydd ei sefydlu—a chredaf mai dewisach yw gwylied a ddichon hi rywbeth, cyn cychwyn mudiad arall mwy neu lai i'r un diben.

Yr eiddoch yn bur,
E. Prosser Rhys.[10]

Ymddengys mai H. R. Jones yn anad neb a oedd yn gyfrifol am droi syniadau cenedlgarol niwlog Prosser yn syniadau cenedlaetholwr ymarferol. Ychydig o amser wedi'r llythyr yn gwahodd Prosser i ymuno â'i fudiad newydd, galwodd H. R. Jones yn ei swyddfa a gwnaeth ef a'i ddadleuon gryn argraff arno :

Yn 1924 galwodd dyn main, gwelw heibio i'r swyddfa a ddywedai fod Plaid Genedlaethol Gymreig ar fin ei sefydlu,—teithiwr masnachol—H. R. Jones o Ddeiniolen. Ofnwn ar yr olwg gyntaf mai gŵr a'i frwdfrydedd yn rhoddi iddo hyder di-sail oedd H. R. Jones, ac fe'i croesholwyd yn ddigon caled ynghylch y blaid newydd, ond yn rhyfedd iawn yr oedd ganddo ateb cadarn a rhesymol i bob cwestiwn. Cytunais i ystyried ymuno â'r blaid newydd ac i roddi sylw iddi yn *Y Faner*. Yn ddiweddarach ar y dydd galwodd Peate yn y swyddfa, a chawsai yntau'r un profiad gyda H. R. Jones, ac fe addawodd yntau ystyried ymuno. Dyddiau cynnar iawn y Blaid Genedlaethol oedd y rheini ac am gyfnod fe dynnodd y Blaid y

> mwyafrif o Gymry ieuainc deallus fy nghenedlaeth i. Bu'n sianel i'r holl egnion a'r holl freuddwydio amryfal. Gwir i amryw ohonynt wrthgilio yn nes ymlaen, ond gwrthgilio a wnaethant ar adeg pan oedd y Blaid Genedlaethol yn ddigon grymus i allu fforddio eu colli.[11]

Gan ei fod yn olygydd papur cenedlaethol, yr oedd gan Brosser Rhys le allweddol yn y gwaith o ddod â'r mudiad cenedlaethol i sylw'r cyhoedd, ac er mai Rhyddfrydwyr Saesneg oedd ei gyflogwyr, nid ofnai leisio'i amheuon am rai agweddau ar y Blaid Ryddfrydol. Er bod yn rhaid iddo sgrifennu'r erthygl olygyddol wythnosol o blaid y Rhyddfrydwyr, manteisiai hyd yr eithaf ar y rhyddid a gâi gan berchnogion *Y Faner*. 'Ffyrm o Saeson oedd biau'r "Faner", a Rhyddfrydiaeth oedd eu credo wleidyddol', meddai,

> Caniataent fesur o ryddid i'r Golygydd gyda materion Cymreig, ac nid oeddynt yn wrthwynebol i hunan-lywodraeth o ryw fath i Gymru. Ond gan na allent ddarllen *Y Faner* ofnaf ddarfod cyhoeddi llawer iawn o bropaganda cenedlaethol yn y papur na allasent ar unrhyw gyfrif gytuno ag ef! Yn wir, bu cyhoeddusrwydd cyson i'r Blaid Genedlaethol yn *Y Faner* o'r dyddiau cyntaf un. Rhodded tudalennau o ofod i'w Hysgol Haf gyntaf ym Machynlleth, a cholofnau i'w chyfarfodydd.[12]

Un dull a ddefnyddiai Golygydd *Y Faner* i roi amlygrwydd i'r mudiad cenedlaethol heb dramgwyddo'i gyflogwyr oedd drwy egluro gwendidau'r Rhyddfrydwyr a thrwy ddangos i'r Blaid Ryddfrydol sut y gallai ennill mwy o gefnogaeth drwy roi heibio'i Seisnigrwydd a'i difaterwch. Yng Ngorffennaf 1924 yr oedd yn bryderus gan nad oedd ots gan yr arweinwyr Rhyddfrydol am ddyheadau cenedlaethol Cymru, yn Nhachwedd yr un flwyddyn yr oedd yn feirniadol o anghymreictod y Rhyddfrydwyr a'u hagwedd at ddewis lleol, pwnc y tir a'r Gymraeg yn y gyfundrefn addysg, ac yna, adeg Confensiwn y Rhyddfrydwyr yn Llundain yn Chwefror 1925, cwynodd fel hyn:

> Y mae rhywbeth o'i le yn rhywle. Dangosodd y Confensiwn inni o leiaf nad oedd un Rhyddfrydwr o Gymro ynddi a feiddiai ddwyn hawliau ei genedl ei hun, a hithau ar unfed awr ar ddeg ei hoedl—i sylw'r gynhadledd fawr a phwysig honno. (*Y Faner*, 5-2-1925)

Adeg etholiad 1924, fe'i cafodd ei hun rhwng dwy stôl—Rhyddfrydiaeth a Chymreictod—ond nid oedd dwywaith amdani, Cymreictod a oedd yn bwysicaf iddo. Canmolodd E. T. John, ymgeisydd Llafur Brycheiniog a Maesyfed, oherwydd ei fod 'bob amser yn gosod pwys neilltuol ar hawliau cenedlaethol Cymru', (LC, 30-10-1924) a dywedodd yn blaen nad oedd yn ystyried y Rhyddfrydwr Syr Alfred Mond yn gymwys i gynrychioli Sir Gaerfyrddin gan ei fod yn ddi-Gymraeg.

Er eu bod yn wan ac yn rhanedig, dôi cenedlaetholwyr Cymru'n gyson dan lach llawer o newyddiadurwyr Cymreig y cyfnod. Os dim, ymddengys fod y sylwadau anffafriol a gyhoeddid yn y papurau'n gyffredinol yn tanio angerdd a brwdfrydedd Prosser dros y mudiad cenedlaethol. Un o ddadleuon gwrthwynebwyr y mudiad oedd bod yn eu plith eithafwyr peryglus dan arweiniad Bebb a Saunders Lewis. 'Nid yw'r "Faner" am fod yn dawel pan gamliwier ein bechgyn ieuainc diwylliedig a gwlatgar', sgrifennodd Prosser ar Ionawr 17,1924, ac er bod *Y Faner* yn methu â chytuno â hwy ar ambell bwnc, meddai, 'cydnebydd eu cywirdeb a chytuna'n llwyr a'u hawydd i achub Cymru.'

Profodd Mawrth 1925 yn fis pwysig yn hanes Prosser Rhys ac yn hanes Plaid Cymru. Y mis hwnnw, clywodd Prosser Saunders Lewis yn traethu ar 'Egwyddorion Cenedligrwydd' a chyfaddefodd yn *Y Faner* ar Fawrth 5, 1925, 'fod gennym ni ers tro bellach ragfarn o blaid Mr. Saunders Lewis'. Ym Mawrth eto, newidiodd Byddin Ymreolwyr Cymru ei henw i Blaid Genedlaethol Cymru, a chyn pen dim yr oedd Prosser a Peate wrthi'n ceisio sefydlu cangen o'r Blaid yng Ngheredigion. Mewn llythyr at H. R. Jones, dyddiedig Mawrth 26, 1925, awgrymodd Prosser y byddai'n syniad da cael nifer o gyd-weithwyr selog yn sylfaen i'r gangen newydd cyn ceisio denu pobl o'r tu allan iddi:

> Neithiwr y gallais i gael ymgom â Peate ynghylch sefydlu cangen o'r Blaid Genedlaethol yma. Hyderaf, beth bynnag na bydd hyn o air yn rhy hwyr i'r pwyllgor ddydd Sadwrn.
>
> Fe drefnwn i gael cyfarfod cyhoeddus yma er sefydlu cangen. Credaf mai gwell a fydd i Beate a minnau gynnull nifer o genedlaetholwyr hysbys a adwaenom ni yn Aberystwyth a'r cylchoedd yn gyntaf; a gallant hwythau ledu'r sôn am yr ymgyrch yn eu hardaloedd hwythau wedi yr elont adref, A CHAEL CYFARFOD CYHOEDDUS WEDYN. A gytunwch chwi â hynyna?
>
> Gallaf eich sicrhau chwi a'r pwyllgor gweithiol y gwnawn ni yma bopeth y sydd yn ein gallu i hyrwyddo'r mudiad.[13]

Nid oedd Prosser wedi ymuno'n swyddogol â'r Blaid pan sgrifennodd y llythyr hwn, ond gan wybod bod cynllun ar y gweill i adffurfio'r Blaid Genedlaethol yn fudiad unedig a gwir genedlaethol yn Eisteddfod Pwllheli 1925, cymerodd Prosser y cam hollbwysig o ymaelodi. Sgrifennodd at H. R. Jones ddiwedd Gorffennaf 1925 i egluro'i fod yn credu'i bod yn hen bryd iddo ymuno'n ffurfiol â'r Blaid :

> Prysurdeb pur anghyffredin a fu achos fy nistawrwydd i. Byddaf yn dyfod i Bwllheli, a'm llety yw'r "Central Cafe." Bydd rhyw chwech ohonom yn aros yn yr unfan, ac yn rhannu ystafell eistedd.
>
> Beth yw tanysgrifiad y Blaid Genedlaethol ? Y mae arnaf eisiau uno'n *ffurfiol* cyn Pwllheli. Credaf y bydd trafod go frwd yn y cyfarfodydd preifat, a rhai pethau pur annisgwyliadwy yn cael eu noethi i'r amlwg.[14]

Rywbryd yn hanner cyntaf 1926 cyd-ddewiswyd Prosser Rhys yn un o chwe aelod newydd Pwyllgor Gwaith y Blaid, ac yn Chwefror y flwyddyn honno gyrrodd Prosser lythyr at H. R. Jones, yn traethu ei fwriad i roi amlygrwydd newydd i'r Blaid ar dudalennau'r *Faner*. 'Yr oeddwn yn llawn fwriadu gofyn am ganiatad i sgrifennu erthygl yn rhyw awgrymu bod y Blaid i ymladd am sedd Caerfyrddin', meddai,

> Iawn a fydd codi tipyn o ddychryn ar y pleidiau eraill. Fe wnaf yr erthygl at y "Faner" nesaf. Fe gedwir y gyfrinach yn ddiogel ddigon.[15]

Cyhoeddwyd nifer o sylwadau pryfoclyd ar sefyllfa wleidyddol Cymru yn y rhifyn nesaf o'r *Faner*. 'Rhaid a fydd llunio rhaglen genedlaethol Gymreig, at y rhaglen gyffredinol ragorol sydd gan y blaid eisoes', sgrifennodd am y Rhyddfrydwyr yn y golofn olygyddol,

> Oni wneir hyn, fe una pobl feddylgar a'r Blaid Genedlaethol, ac ymddeol yn llwyr (heb beidio a bod yn Rhyddfrydwyr) oddiwrth bleidiau Lloegr. (*Y Faner,* 11-2-1926)

Addawodd Prosser helpu taenu'r efengyl newydd yn *Y Faner* ond nid oedd Prosser, y dyn busnes, o blaid mentro cychwyn papur newydd i'r Blaid Genedlaethol pan awgrymwyd hynny ym 1926. Dadleuodd y byddai papur yn gostus a gwelodd fod modd cael cyhoeddusrwydd yn y papurau a oedd yn bod a chanddynt gylchrediad ehangach o lawer nag a fyddai gan bapur y

Blaid ; ond yn ddiweddarach y flwyddyn honno daeth i weld bod gwerth mewn cael cylchgrawn i'r Blaid ac fe'i dewiswyd ef ynghyd â Saunders Lewis a Iorwerth Peate yn fwrdd golygyddol cyntaf i'r *Ddraig Goch*, ac felly y ganed papur swyddogol cyntaf y Blaid Genedlaethol. Sgrifennai Peate yr ysgrif flaen a'r adolygiadau a gweithredai Prosser yn olygydd busnes.

Yn flynyddol o 1925 rhôi'r *Faner* sylw arbennig i Ysgol Haf y Blaid a sicrhaodd y Golygydd fod ei bapur yn cyflwyno'r Blaid fel nerth newydd a oedd ar fin disodli Rhyddfrydiaeth lesg a llugoer. Eto i gyd, yr oedd yn rhaid iddo gefnogi'r Rhyddfrydwyr hwythau er mwyn boddhau perchnogion *Y Faner* ac y mae'n anodd gwybod weithiau sut yn union yr oedd Prosser ei hun yn teimlo am y Blaid yn yr ugeiniau. Y mae'n wir, er enghraifft, iddo sgrifennu at H. R. Jones i'w gysuro ar ganlyniad etholiad yn Sir Gaernarfon ddechrau 1928, ond pan oedd gan y Blaid ymgeisydd yn Arfon ym 1929 poenai'r *Faner* a allai Cymru fforddio ymreolaeth oherwydd bod synnwyr cyffredin yn dweud wrth ' unrhyw un a ystyrio'r mater o ddifrif ac a edrycho ar ein cyflwr economaidd, nad yw Cymru, o beth dychrynllyd, yn hunangynhaliol heddiw'. (*Y Faner*, 7-5-1929) Gall fod yr anghysonderau'n adlewyrchu rhyw glaearu ym mrwdfrydedd gwreiddiol Prosser dros y Blaid neu ei anfodlonrwydd ar bolisi'r Blaid o beidio ag anfon i'r Senedd yn San Steffan unrhyw aelodau seneddol a enillai, ond ar y cyfan gellir mentro priodoli'r amrywiaeth barn ar wleidyddiaeth a geir yn *Y Faner* yn yr ugeiniau i'r gwahaniaeth rhwng barn swyddogol y papur a barn ei Olygydd. Fel yr oedd, cafodd y Blaid Genedlaethol gryn dipyn mwy o ganmoliaeth nag o feirniadaeth a phrofodd y cyhoeddusrwydd hwn yn allweddol mewn cyfnod pan oedd yn dal yn blaid fach a heb fawr o ddylanwad. Ym 1927, cynhwysodd bardd anhysbys Brosser ynghyd ag arweinwyr eraill y Blaid a oedd yn bresennol yn Ysgol Haf y Blaid yn Llangollen y flwyddyn honno, yn ' Emyn y Blaid Genedlaethol'. Argraffwyd yr ' emyn ' dan y ffugenw ' PWY YW'R AWDUR ?' yn ' Led-led Cymru' :

EMYN Y BLAID GENEDLAETHOL

(Yn ol awel o wynt a chwythodd drwy Ardd
Dinas Bran yr wythnos ddiwethaf.)

Ni bydd Saunders yn y nefoedd
Ni fydd Bebb yn Nhy fy Nhad,
Ni ddaw'r Trefnydd chwaith na'r Doctor
I gynteddau'r hyfryd wlad ;
Williams Parry
Ddaw i'r golwg yn y man.

Ni bydd clociau yn y nefoedd
Ni bydd cwrw yn Nhy fy Nhad,
Ni ddaw "cinio hanner coron"
Chwaith i mewn i'r Ganaan wlad,—
Moses Gruffydd
Fydd yn talu'r biliau i gyd.

Ni bydd "stori" am Kate Roberts,
Ni ddaw Mai i Dy fy Nhad,
Ni ddaw "Atgo" byth am Brosser
Oddimewn i'r Ganaan wlad ;
Valentino
A fedyddia'r saint i gyd. (LC, 16-8-1927)

Heblaw gweithio dros y Blaid yn *Y Faner*, gyda'r *Ddraig Goch* a thrwy fynychu'r ysgolion haf, gweithiai Prosser yn lleol hefyd. Fe'i hetholwyd yn Llywydd Pwyllgor Ceredigion o'r Blaid ar Hydref 15, 1932, pan ailsefydlwyd Pwyllgor Ceredigion, a gweithredodd yn Ysgrifennydd dros-dro ar yr un pwyllgor yn Hydref 1933.

Adlewyrchir cenedlaetholdeb Prosser yn y lle a roes i gefnogi D. J. Williams, Lewis Valentine, a Saunders Lewis yn *Y Faner* ar ôl llosgi'r Ysgol Fomio ym 1936. Adwaenai'r tri, ac eglurodd yn 'Led-led Cymru' i D. J. Williams alw i'w weld ar ei ffordd i'r frawdlys yng Nghaernarfon gyda llawysgrif cyfrol o storïau a gâi ei chyhoeddi gan Wasg Aberystwyth. Yr oedd ganddo ambell sylw crafog iawn am feirniaid y tri hefyd :

> Y mae'n ddoniol clywed Saeson yn dywedyd mor anffodus o beth oedd y tân yn Llŷn,—y bydd i'r teimlad a enynnodd y fusnes gadw cyfalafwyr Seisnig rhag dyfod i atgyfodi diwydiant yng Nghymru. Fe ddoi'r cyfalafwyr i Gymru yn ddigon wyneb-galed a di-hitio pe gwelent y ffordd yn glir i'n [h]ecsploitio. (*Y Faner*, 2-2-1937)

Gwrthwynebai Prosser bob elfen Ffasgaidd ac anghymedrol mewn gwleidyddiaeth a chredai'n bendant nad oedd lle i bobl adweithiol yn y Blaid Genedlaethol nac i ysgrifau adweithiol ym mhapurau'r Blaid. ' Am y mwyafrif o aelodau'r Blaid,—pobl o dueddiadau gwerinol a Radicalaidd ydynt, o duedd Chwith, os mynnwch', sgrifennodd yn ' Led-led Cymru ' ar Fawrth 8, 1938,

> Daeth llawer ohonynt i'r Blaid Genedlaethol o'r Blaid Lafur, daeth llawer o'r Blaid Ryddfrydol, ac yr oedd y mwyafrif o'r gweddill yn bobl na pherthynent i'r un blaid, ond yr oeddynt yn sicr o dueddiadau Radicalaidd. Ni ddaeth neb i'r blaid o ddisgyblion Arglwydd Rothermere a'r "Daily Mail," ac eto, i fesur, agwedd y "Daily Mail" yw'r agwedd a fabwysir ym mhapurau'r Blaid ar lawer o gwestiynau ar wahân i broblemau cartref Cymru. Y mae hyn yn gwbl groes i holl dueddfryd mwyafrif aelodau ['r] Blaid.

Poendod iddo oedd gweld Saunders Lewis a rhai eraill o arweinwyr y Blaid yn ymosod yn chwyrn ar yr elfen Farcsaidd yn rhengoedd y Blaid gan nad ystyriai fod yr elfen honno'n gryf nac yn ddylanwadol :

> Felly, dyma fy nghwyn,—bod ym mhapurau'r Blaid duedd bendant—bendant iawn ar adegau,—ymhlaid y galluoedd adweithiol a gwrthwerinol sy'n cynhyrfu'r cenhedloedd heddiw,—tuedd sy'n atgas i fwyafrif aelodau'r Blaid. Ni ddaw Marxiaeth i mewn i'r mater o gwbl.

Cyfeiriodd yn arbennig at y gainc dde o'r Blaid yn mynegi'i barn ar faterion tramor yn *Y Ddraig Goch* yn y llithoedd ' Drwy'r Spienddrych ' ac yn y nodiadau golygyddol. Teimlai fod sylwadau anwerinol Bebb yn arbennig o dramgwyddus ac yn amharu ar waith y papur :

> Dywedir wrthym nad yw'r Blaid Genedlaethol na Chwith na De. Eto, pa beth a alwech chwi bobl sy'n tueddu i ffafrio Franco yn Spaen, sydd yn ddifater o gyni'r Basgiaid, na ddywedant air angharedig am Ffasgiaeth, na welant lawer o'i le yng ngwaith Japan imperialaidd yn llyncu China,—pa beth a alwech chwi bobl fel hyn ond pobl y Dde ?

Ar ôl iddo gyhoeddi'r beirniadaethau llym hyn yn *Y Faner*, gofynnodd Saunders Lewis i Brosser am gyfeiriadau penodol at rannau o erthyglau ac ynddynt sylwadau Ffasgaidd neu adweithiol. Rhoddwyd y cyfeiriadau ond ni ddaethpwyd erioed i gytundeb yn eu cylch. Mewn llythyr at Morris T. Williams yn Chwefror 1930 mynegodd Prosser gryn anfodlonrwydd ar ddau o wŷr blaenllaw Plaid Cymru a dywed Iorwerth Peate yntau iddo dderbyn llythyrau ganddo ym 1938 yn datgan ' ei anfodlonrwydd llwyr ' ag arweinyddiaeth y Blaid.[16] Erbyn y deugeiniau, meddai Peate ymhellach, ' yr oedd wedi newid, gan gefnogi ' arweinwyr ' y Blaid gyda'r fath wres yn *Y Faner* nes peri i mi amau ai ceisio yr oedd ddileu effaith ei oerni yn y tridegau'. Gwenu a wnâi Prosser pan awgrymid hyn.

(*iii*) Beirniadu

Yn y blynyddoedd ar ôl 1924, dechreuodd Prosser sadio ac ymsefydlogi'n fwyfwy. Ym 1925 cyhoeddodd Hubert Morgan gerydd ar Biwritaniaid yn *Y Llenor*, ac yn awr, yn lle ymuno yn yr ymosodiad, awgrymodd Prosser efallai na ddylid mo'u ceryddu ond yn hytrach, geisio'u deall. Heblaw annog dealltwriaeth o wahanol safbwyntiau, mentrodd awgrymu'n ddireidus y gallai ef a Hubert Morgan fod yn Biwritaniaid eu hun ymhen deugain mlynedd, ac ysbrydolodd y sylw hwnnw y Parchedig David Jones, Clydachardawe, i gyfansoddi'r soned chwareus hon, gydag ymddiheuriad i Robert Williams Parry am y ddeuddegfed linell !

Prosser Rhys, Piwritan, o'r Morfa Du, ger
Moreia, Llanrhystud, Ceredigion.

Dros ' ros Moreia ', ni waeth beth fo'r hin
  Fe gyrch y capel llwyd o tan y bryn,
Mae yn ei lygaid argraff stormydd blin
  A welodd cyn bod barf a gwallt yn wyn,
Fe eistedd yno, yng nghynulleidfa'r saint
  A dyfyd air o gyngor, noson waith,
Wrth blant ei henfro, ar iddynt gyfri'n fraint
  Eu cadw o'r llwybrau gwamal ar eu taith :
Ond wrth ddychwelyd tua'r Morfa draw,
  A dim ond gwynt y nos yn gwrando'i gwyn,
Daw iddo wên, bryd hyn, er maint ei fraw
  Wrth "atgof *Atgof*" heno rhwng y brwyn,
A dros ei gan : Ai doethor ynteu ffwl
A'i galwai Fodern gynt, ym Mhontypwl ? (LC, 12-11-1925)

Os oedd Prosser yn dechrau sadio ac yn colli peth o'i ddelfrydiaeth tua'r amser hwn, yr oedd atal Cadair Eisteddfod Genedlaethol Treorci ym 1928 yn ddigon i'w bryfocio unwaith eto i gondemnio beirniadaeth lenyddol ragrithiol ac anniffuant. 'A gaf i hefyd ddywedyd er fy mod yn adnabod ac yn hoffi Gwenallt, nad ydym yn gyfeillion mynwesol, ac nad oes imi unrhyw resymau personol felly dros ymyrru yn y ddadl', sgrifennodd yn 'Led-led Cymru' ar Awst 28 y flwyddyn honno. Aeth ymlaen i lachio ar 'henfercheiddiwch' y beirniaid ac yn fwyaf arbennig i roi Syr John Morris Jones yn ei le:

> Ond a wnaeth Syr John lawer at godi'r awdl o'i rhigolau? (A chystal imi siarad yn blaen; y mae Syr John wedi arfer gwneuthur hynny bob amser). Ni chredais i hynny erioed. Nid oes lawer o gamp ar ei awdlau ef ei hun i ddechreu, a gwobrwyodd â chanmoliaeth awdlau sal ar lawer cyfrif, a chondemniodd awdlau da.

Daliai Prosser i fwynhau cwmni a hwyl llenorion a llengarwyr Cymru. Yr oedd Caradog Prichard, er enghraifft, wedi dod yn olynydd i Brosser yn Is-Olygydd *Yr Herald* yng Nghaernarfon, ac ar anogaeth Morris T. Williams anfonodd englyn at Brosser. Cyhoeddwyd yr englyn yn *Y Faner* a dyna ddechrau llythyra rhwng y ddau lenor. Anfonodd Prosser dri llyfr at Garadog Prichard a hyn, meddai, a ddysgodd iddo werthfawrogi llenyddiaeth Saesneg. Ym 1924, ar wahoddiad Prosser, aeth yn ohebydd arbennig *Y Faner* yn Nyffryn Conwy a phrofodd buddugoliaeth Prosser ym Mhont-y-pŵl y flwyddyn honno'n symbyliad iddo yntau gystadlu am y Goron Genedlaethol. Ymwelai Caradog Prichard â swyddfa'r *Faner* yn Aberystwyth, o dro i dro, a chynhaliai'r ddau lenor seiadau yn un o dafarnau'r dref—seiadau hamddenol fel yr un gyntaf:

> Ar derfyn y dydd gwaith aethom ar y Prom a throi ar y chwith nes cyrraedd y pen pellaf, tu draw i'r hen Goleg. Yno, troi i'r chwith drachefn o'r Prom ac i mewn i dafarn bach lle'r oedd gwestywr siriol i'n cyfarch yn nhafodiaith swynol y Cardi ac estyn peint yr un inni. Ac yna Marathon o sgwrs. Am ba beth ni chofiaf ddim. A phwy sy'n malio? Ail-berfformiwyd y ddefod yma ddegau o weithiau ar fy nhroeon dilynol i Aber ac i'r swyddfa. Nid oedd Prosser yn smociwr trwm, ond ar yr achlysuron hyn prynai paced ugain a'i roddi ar y bwrdd. Ac aem drwy'r paced a rhyw dri neu bedwar peint ar bob eisteddiad. Chwerthin, yn hytrach na geiriau sy'n glynu yn y cof o'r seiadau hyfryd hynny.[17]

Gan fod ar Garadog Prichard ofn Mr. Read, perchennog *Y Faner*, gweithredai Prosser yn gyfryngydd rhyngddynt pan fyddai angen, a phan y'i cafodd Caradog Prichard ei hun yn gyfrifol am losgi beic modur y cwmni yn Ninas Mawddwy, sgrifennodd at Brosser i ofyn iddo dorri'r newydd i Read.

Ar Ionawr 11, 1928, daeth sefydlogrwydd newydd i fywyd Prosser oherwydd y diwrnod hwnnw yng Nghapel Salem, Aberystwyth, priododd â Mary Prudence Hughes. Cwrddasai â hi gyntaf ym 1923 pan oedd hi'n gweithio'n glerc gyda'r *Cambrian News* ac yntau'n gweithio yn y blwch bach o stafell yn yr un adeilad. Mwy nag unwaith yr oedd merched mursennaidd wedi dod dan lach Prosser yn ei gerddi serch ac yn ei ysgrifau newyddiadurol, ac fel y gellid disgwyl, nid un o'r ' rhianedd coegfalch a dihitio ' hynny, (*Y Darian*, 3-7-1919) ond gwraig dawel a chartrefol a enilloddd ei galon ym 1928. Cymerodd Robert Williams Parry swydd y bardd gwlad ar gyfer achlysur y briodas a chanodd gyfarchiad addas iawn i'r telor serch a'i briod a'i gyhoeddi yn *Y Faner* ar Ionawr 17. Cyfeiriodd Williams Parry at y gerdd ' Blino Caru ' (a gyhoeddwyd yn *Gwaed Ifanc*) lle y dywedasai Prosser iddo garu merch o'r de, merch o'r gogledd a merch o Geredigion :

Canlynaist Ferch o'r Gogledd,
  Dilynaist Ferch o'r De
Ond merch o Geredigion
  O'th fodd a'th drodd i dre'.
Boreddydd eich breuddwydion
  A baro'n hir brynhawn,
Eich Gwaed o hyd yn Ifanc,
  A'ch Atgo'n felys iawn.

Yr oedd Prosser eisoes wedi symud o'i lety yn High Street (Stryd Uchel) i fyw yn Dinas Terrace (Ael Dinas) cyn priodi, ac yno, mewn tŷ o'r enw ' Gwar yr Allt ' (' Y Nyth ' erbyn heddiw), yr arhosodd ef a'i briod tan 1936. Yn yr un rhes o dai yn Dinas Terrace yr oedd Mr. T. I. Phillips, y bardd a'r ieithydd, yn byw ; daeth ef i adnabod Prosser yn dda, ac aml dro câi'r pleser o sgwrsio ag ef wrth gerdded i'r gwaith yn y bore. Drwy'r blynyddoedd nesaf ac yn enwedig ar ôl iddo gychwyn Gwasg Aberystwyth ym 1928, yr oedd cyfrifoldebau Prosser yn mynd ar gynnydd. Yr oedd wedi cadw mewn cyswllt gweddol agos â'i rieni ar hyd y blynyddoedd a byddai mynd adref i'r tyddyn yn wastad yn gysur iddo. Yn Ebrill 1930 daeth tro ar fyd, ac ar ôl cyfnod byr o salwch bu farw'i dad yn naw a thrigain oed. Yr un flwyddyn, chwe blynedd cyn symud o Dinas Terrace i North Parade (Rhodfa'r Gogledd), ganed merch i Brosser a Prudence Rhys, ac yn addas iawn, Eiddwen a ddewiswyd yn enw iddi.

Ar hyd blynyddoedd ei ieuenctid buasai Prosser yn un o bennaf beirniaid yr Orsedd a daeth yn sioc i bawb o'r bron pan benderfynodd ymuno â'r sefydliad hwnnw yn Awst 1930. Y mae'n wir iddo gytuno i sefyll arholiadau'r Orsedd flynyddoedd ynghynt pan oedd yn newyddiadurwr ifanc yng Nghaernarfon, ond eglurodd mai er mwyn rhoi boddhad i Eifionydd yn unig y bu hynny :

> Yr oedd yn well gennyf, yn yr achos hwn, wneuthur addewid heb feddwl ei chyflawnu, na pheri dolur i Eifionydd, druan, drwy ddywedyd wrtho'n blaen cyn lleied o olwg oedd gennyf ar yr Orsedd. Yr wyf wedi f'argyhoeddi ers tro mai peth ofer a pheth creulon yw i ddynion ieuainc ymyrru ag argyhoeddiadau hen bobl. (*Y Faner*, 30-11-1922)

Cwynai Prosser am yr Orsedd yn rhannol oherwydd ei bod yn mynnu gosod testunau gwael i brif gystadlaethau'r Eisteddfod—testunau megis rhai Eisteddfod Pwllheli 1925, sef ' Cantre'r Gwaelod ' neu ' Oes Heddwch ' ar gyfer yr awdl a ' Bro fy Mebyd ' neu ' Plant y Dydd ' ar gyfer y bryddest. ' Sieryd y testunau hyn yn hyawdl am anghymwyster Cyngor yr Orsedd i ymhel a thestunau'r Eisteddfod ', meddai, (LC, 24-1-1924) oherwydd na ' bu testunau cyn saled erioed yn y Brifwyl.' Dymunai Prosser weld diwygio'r Orsedd ac ad-drefniant ohoni a rôi gefnogaeth ac arweiniad i'r neb a ymhyfrydai yn y celfyddydau cain. Nid aeth y galwadau am droi'r Orsedd yn fath o Academi Gymreig yn ddi-sylw ychwaith ac eglurodd J. T. Jones sut y daeth ef a Phrosser i drafod diwygio'r sefydliad a rhai o'i arweinwyr. Dan y pennawd ' How to Improve the Gorsedd/Young Wales Demands a Change ', crynhodd J. T. Jones sut y'u hanogid i ymuno :

> I shall be betraying no secret when I say that during the Eisteddfod week Cynan and Mr. Prosser Rhys and myself discussed the Gorsedd in this fashion with Sir E. Vincent Evans and the Official Keeper of the Sword. They listened very willingly and seemed to agree with us. Cynan, although already a member of the Gorsedd, feels about it as we outsiders

> do. By way of reply Sir Vincent and his fellow-Gorseddwr exhorted Mr. Prosser Rhys and myself to join the Gorsedd, and, with Cynan, to bring our proposals before the Gorsedd committee. They would welcome us, they said, and listen to us.[18]

Penderfyniad ar y cyd gyda Charadog Prichard oedd ymuno â'r Orsedd yn Eisteddfod Llanelli, ac ymddengys nad oedd y naill na'r llall wedi bwriadu ymuno â hi cyn bore'r seremoni. Cyhoeddwyd y newydd ar Awst 8, 1930, yn y *Western Mail* dan bennawd dramataidd arall, sef 'PENITENT BARDS AT THE GORSEDD/CARADOG AND PROSSER CONVERTED.' Fel hyn y nododd J. Sandbrook, Dirprwy-Olygydd y *Western Mail*, lawenydd Gorsedd Beirdd Ynys Prydain oblegid bod y ddau bechadur wedi edifarhau :

> Pedrog, standing on the Maen Llog, wore a smile of triumph as the penitents came forward, submitted to the yoke, and departed as Caradog and Prosser, the bardic names bestowed upon them by the Archdruid. Thus ends a story of revolt. The rebels who, a few years ago, scoffed at the Gorsedd as a sham have sworn to be faithful to its traditions and its rules.

Cafodd Prosser bentwr o lythyrau'n mynegi syndod at ei benderfyniad i ymuno â'r Orsedd, cymaint o lythyrau, meddai, nes credu bod disgwyl iddo roi'r cyfan o golofnau 'Led-led Cymru' am yr wythnos honno i draethu pam yr oedd wedi newid ei feddwl. Yn fyr, atebodd ei fod yn credu ar hyd yr amser fod posibiliadau mawr i'r Orsedd, ac oni bai am hynny, na fyddai wedi bod mor feirniadol ohoni. Er nad oedd ei hochr basiannol yn apelio ato, ymresymodd mai haws fyddai diwygio'r Orsedd o'r tu mewn nag o'r tu allan. Am gyfnod ar ôl hynny, fe'i gwelwyd yn amddiffyn yr Orsedd rhag ei beirniaid ac yn gobeithio y câi ei had-drefnu. Erbyn 1933, fodd bynnag, teimlai fod ei frwdfrydedd wedi bod yn ofer a sgrifennodd yn 'Led-led Cymru' fod yr Orsedd yn mynd o ffolineb i ffolineb ac na allai caredigion yr Eisteddfod ond gweithio i wneud Cymdeithas yr Eisteddfod yn gryfach corff na hi.

Gwahoddwyd Prosser Rhys i feirniadu cystadlaethau yn yr Eisteddfod Genedlaethol ar nifer o achlysuron rhwng 1931 a 1944 a chredai'n bendant fod yr Eisteddfod wedi symbylu rhai o gerddi gorau'r Gymraeg. Yn ei dro, arweiniodd ei ganmoliaeth eithafol o rai o gerddi buddugol yr Eisteddfod Genedlaethol at anghytundeb rhyngddo ac I.C Peate ac W. J. Gruffydd ynglŷn â swydd yr Eisteddfod. Dengys y dyfyniad hwn o lawysgrif araith Prosser ar swydd yr Eisteddfod yr union safbwynt a ddaeth yn asgwrn y gynnen rhyngddo a'r ddau lenor arall :

> Bu cadair a choron yr Eisteddfod yn symbyliad ac yn achlysur i'r beirdd ganu cyfartaledd da o farddoniaeth Gymraeg orau'r ganrif hon. Nid yw pob cerdd a ennill y gadair neu'r goron yn gampwaith, ond y mae nifer o'r cerddi hyn yn benddifaddau yn fwy o dipyn nag "ymarferiadau prentisaidd". Nid "ymarferiadau prentisaidd" yw "Ymadawiad Arthur" a "Gwlad y Bryniau", "Yr Haf" ac "Eryri", "Yr Arwr" ac "I'r Duw nid Adweinir", i enwi rhai o brif *awdlau'r* Eisteddfod yn y ganrif hon ; a "Gwerin Cymru", "Y Ddinas", "Mab y Bwthyn", "Bro fy Mebyd", "Y Briodas" a'r "Anialwch", ie a'r "Arglwydd Rhys" ymhlith y *pryddestau.*[19]

Mynegodd Euroswydd syniadau tebyg i'r rhain yn *Y Faner* ym 1932 a beirniadodd I. C. Peate am ddweud mai prentiswaith oedd barddoniaeth yr Eisteddfod. Atebwyd Euroswydd gan W. J. Gruffydd yn ' Nodiadau'r Golygydd ' yn *Y Llenor :*

> Mewn rhifyn diweddar o'r *Faner* bu Mr. Prosser Rhys yn beirniadu Mr. Iorwerth Peate (am ddywedyd) mai prentiswaith yw barddoniaeth yr Eisteddfod. Nid galw Mr. Prosser Rhys i gyfrif yr ydwyf am ei syniadau uchel o waith yr Eisteddfod ; yr ydwyf yn ysgrifennu'r nodiad hwn am fod y mater yn bwysig yn fy ngolwg, ac am fy mod yn tybio ei fod ef yn camddeall ychydig ar yr hyn a feddylir.

Barnodd Gruffydd fod y term ' prentiswaith ' yn addas i'r rhan fwyaf o gerddi buddugol yr Eisteddfod a hefyd yn addas i awdl 'Yr Haf' ac awdl 'Y Ddinas', dwy o'r cerddi a ystyrid gan Brosser yn gampweithiau o'r radd flaenaf :

> Nid yw eu galw yn "brentiswaith" yn ddim sarhad arnynt ; *rhaid* i bob bardd fod yn brentis rywdro, ac yn ystod cyfnod ei brentiswaith y mae'n fwyaf tebyg o gystadlu . . . Enwa Mr. Prosser Rhys res hir o bryddestau ac awdlau gwobrwyedig a gofynna'n bur hyderus o'r ateb, "ai prentiswaith yw'r rhain ?" Yn eu plith y mae *Ymadawiad Arthur, Gwlad y Bryniau, Yr Haf,* fy mhryddestau innau *Trystan ac Esyllt* a'r *Arglwydd Rhys,* y *Ddinas, Eryri, Gwerin Cymru,* y *Mynach.* Fy ateb i yn ddibetrus yw mai prentiswaith yw'r rhain i gyd ond y ddwy gyntaf yn unig . . . ac yr wyf yn sicr y buasai pob un o awduron y gweithiau a grybwyllir ganddo yn cydweled â mi. Y mae rhai o'r gweithiau a enwir megis *Yr Haf, Y Ddinas*

(a dylid ychwanegu *Atgof*) yn esiamplau o brentiswaith gwir uwchraddol; ond a ydyw Mr. Rhys yn dal nad yw Mr. Williams Parry a Mr. Parry-Williams wedi tyfu'n anfesuradwy o ddyddiau eu gwaith eisteddfodol?[20]

Dichon fod edmygedd cynnar Prosser o rai o gewri llenyddol y dadeni wedi lliwio'i farn i raddau, oherwydd, ar y cyfan, y mae'n rhaid derbyn heddiw fod W. J. Gruffydd dipyn yn nes at y gwir wrth ddosbarthu 'Yr Haf', 'Y Ddinas' ac 'Atgof' yn 'esiamplau o brentiswaith gwir uwchraddol' nag yr oedd Prosser a oedd yn ystyried o leiaf y ddwy gyntaf yn gampweithiau dihafal.

Nid am safon cerddi'r Eisteddfod Genedlaethol yn unig yr oedd Prosser yn anghytuno â llawer o'i gyfoeswyr ond hefyd am swydd y llenor. Pwysleisiodd mewn nifer o'i ysgrifau cynnar nad ysgolhaig mohono ac y mae'n bosibl mai teimlad o israddoldeb ym macs ysgolheictod a barodd rai o'i sylwadau ar y pwnc ym 1932. Ni chondemniodd ysgolheictod ynddo'i hun, ond fel artist teimlai fod gormod o sylw i ymchwil yn gallu profi'n niweidiol i lenyddiaeth greadigol Gymraeg a oedd, yn ei farn, yn anhraethol uwch nag ysgolheictod. Dywedodd hyn yn 'Led-led Cymru' a gresynodd fod Gwenallt a T. H. Parry-Williams yn rhoi rhy ychydig o'u hamser i sgrifennu creadigol:

> Gwn yr ateb—rhaid i'r gwyr hyn weithio gyda'r pethau sych am eu bywioliaeth. Ond a raid iddynt roddi llawn cymaint o'u hamser i ysgolheictod, a chefnogi Philistiaid di-enwaededig byd dysg drwy ystyried celfyddyd yn eilbeth? A raid iddynt hwythau hefyd gyfrif bod olrhain cystlwn geiriau yn bwysicach na chreu celfyddyd o ddirgelwch di-ddarfod personoliaeth dyn?
>
> Y mae un soned gan Dr. Parry [-]Williams yn bwysicach na'i olygyddiaeth ar destun. Y mae un delyneg gan yr Athro W. J. Gruffydd yn bwysicach nag unrhyw adolygiad y digwyddo ei sgrifennu ar lyfr ysgolheigaidd. Y mae gwaith creadigol yn bwysicach na gwaith ysgolheigaidd. (LC, 10-5-1932)

Gan fod Iorwerth Peate yn anghytuno â syniad Prosser fod ysgolheictod a llenyddiaeth yn bethau na ellid eu cymodi, sgrifennodd yntau erthygl ar 'Celfyddyd ac Ysgolheictod' i'r *Llenor* yn ateb. Ynddi, beirniadodd Prosser am dybio bod modd rhannu bywyd yn 'watertight compartments' a dadleuodd yn erbyn y syniad fod gwaith creadigol a gwaith ysgolheigaidd yn perthyn i ddau fyd gwahanol. Aeth ymlaen i ddangos bod ysgolheictod yn gallu gwella safon gwaith creadigol a bod dull Euroswydd o wahaniaethau rhwng ysgolheictod a chelfyddyd yn ffug a chyfeiliornus. Sgrifennodd Peate fod y syniad o ysgolheictod fel galwedigaeth hefyd yn gamarweiniol a bod y gallu i fod yn ysgolhaig yn rhywbeth cynhenid yn hytrach nag yn fater o hyfforddiant. Heblaw hynny, yr oedd gan Peate bwynt dilys arall i'w wneud ynghylch beirniadaeth Prosser fod llenorion yn ymgolli mewn gwaith ysgolheigaidd ac yn anwybyddu neu'n esgeuluso celfyddyd—pwynt crafog a pherthnasol :

> Cyfeiria at W. J. Gruffydd, T.H. Parry-Williams, G. J. Williams a Gwenallt—ysgolheigion oll "dros eu pennau a'u clustiau yn eu gorchwylion." Ond nid yw *Euroswydd* yn beirniadu Mr. Prosser Rhys am iddo fynd "tros ei ben a'i glustiau" i newyddiaduraeth a pheidio â chyhoeddi dim barddoniaeth er dyddiau *Atgof* wyth mlynedd yn ôl. Nid yw yn beirniadu Mr. J. T. Jones am fod "tros ei ben a'i glustiau" ym myd cyhoeddi llyfrau a pheidio â chyhoeddi dim o bwys er dyddiau'r coleg ; nid yw'n beirniadu Mr. Saunders Lewis am adael ei *Flodeuwedd* am wleidyddiaeth, na Mr. T. Hughes-Jones am adael ei gerddi am fyd y pwyllgorau, neu'r Parchedigion Tom Davies a Dewi Williams am foddi eu celfyddyd stori fer ym myd y pulpud a'r hyfforddi diwinyddol.[21]

Yn nhyb Peate, nid oedd gwaith beunyddiol bardd o newyddiadurwr, neu fardd o wleidydd neu fardd o athro yn llesteirio'i awen ond, i'r gwrthwyneb, yn ei chyfoethogi a'i hybu.

Atebodd Prosser ddadleuon Peate yn 'Led-led Cymru' ar Orffennaf 5, 1932, drwy ddweud bod Peate yn pwyso gormod ar yr ymadrodd : 'Y mae gwaith creadigol yn bwysicach na gwaith ysgolheigaidd.' Dadl Prosser oedd mai gwŷr y celfyddydau cain yn hytrach na'r ysgolheigion a oedd yn 'rhoddi gweledigaeth i'r bobl, a heb weledigaeth, medd y gair doeth, y mae'r bobl yn marw'. Hyd y gallai weld, yr oedd syniadau Peate am feirdd ac am farddoniaeth yn 'rhyfedd ac ofnadwy', a dangosodd ffolineb y gred nad oedd gwaith beunyddiol yn llesteirio awen bardd drwy gymryd athro coleg a oedd yn fardd yn enghraifft :

> Hyn a hyn o amser i waith y Coleg, a hyn a hyn i farddoniaeth,—a dyna fo ! Gwasanaethwch y ddau fyd. Na, nid yw dywedyd hyn yn deg a Mr. Peate. Pethau'r un byd yw ysgolheictod . . . a chelfyddyd gain iddo ef. Y mae'r agwedd hon yn ddiau yn esbonio agwedd rhai pobl sydd yn ymhel a barddoniaeth yng Nghymru heddiw, ond nid yw'n esbonio bywyd na bu chedd y gwir fardd.

Eglurodd Euroswydd pam yr oedd wedi lladd ar ysgolheictod fel galwedigaeth sy'n peri i feirdd dewi a pham yr oedd wedi anwybyddu galwedigaethau eraill fel ei alwedigaethau'i hun yn newyddiadurwr a chyhoeddwr :

> Y mae'r ateb yn syml. Fe wnaeth ysgolheictod fwy o hafog yn y cyfeiriad hwn na'r lleill . . . Ysgolheictod yn unig sy'n bygwth PRESTIGE y bardd yng Nghymru. Ac wedi'r cwbl, crefft yw ysgolheictod ac nid celfyddyd.

Yn ddiau, anghytundeb sylfaenol oedd yr anghytundeb rhwng Prosser a Peate ynghylch perthynas y llenor a'r ysgolhaig, ond dylid cofio bod y naill mor ddiffuant ei farn â'r llall a'u bod, ill dau, yn siarad o brofiad personol.

(*iv*) Gwasg Aberystwyth

Pan sefydlodd Prosser Wasg Aberystwyth ym 1928 yr oedd yn cyflawni breuddwyd oes yn hytrach nag yn dilyn rhyw fympwy neu chwiw. Yr oedd ei hoffter o lyfrau a'i sêl dros godi'u gwerthiant yn amlwg ar hyd ei oes, ac o bosibl yn rhywbeth a etifeddodd yn rhannol oddi wrth O. M. Edwards a *Cymru'r Plant*. Aml yn ei arddegau a'i ugeiniau cynnar y canai Prosser glod Golygydd *Cymru* am ei frwdrfrydedd dros lyfrau Cymraeg, ac ym 1921 yr oedd wedi lleisio ei gefnogaeth i apêl Syr Ifan ab Owen Edwards at bob Cymro i ymuno ag 'Urdd y Cyni' drwy brynu o leiaf un llyfr Cymraeg bob mis o'r flwyddyn a'i ddarllen. Yn ei farn, nid ar y cyhoeddwyr yr oedd y bai am brinder llyfrau Cymraeg ond ar y cyhoedd nad oedd yn prynu'r llyfrau a gyhoeddid.

Ym 1924 sylwodd Euroswydd fod angen amgen trefniadau i werthu llyfrau Cymraeg a mynegodd ei bryder arbennig fod prinder nofelau yn yr iaith :

> Y mae nofela yn waith caled a manwl. Nid oes iddo ychwaith ddim bri yn yr Eisteddfod, ac y mae anawsterau cyhoeddi yn ein gwlad yn fawr. Trueni na ellid gwneuthur rhywbeth i symbylu sgrifennu nofelauCymraeg. Credwn y gwnai cyfres o nofelau byrrion [sic] rhad fel "Lona" a "John Homer" gymaint i gadw'r iaith yn fyw, ymhlith rhai wedi tyfu i fyny, a dim. (LC, 10-1-1924)

Nid oedd gwerthiant llyfrau Cymraeg yn uchel nac yn mynd i ysbrydoli neb i ymlafnio am fisoedd i sgrifennu nofel, meddai, ond eto nid oedd yn fodlon credu bod hynny'n esboniad digonol am y prinder nofelau Cymraeg. Sylwodd ar wendid traddodiad y nofel yng Nghymru a gofynnodd hefyd ai diogi meddwl ar ran llenorion Cymru, ynteu 'rhyw awydd gwag am fod yn "feirdd" ac yn "feirdd cadeiriol" yn enwedig' a barai iddynt brydyddu yn lle cyfansoddi rhyddiaith ? (LC, 31-1-1924) Yn wyneb y prinder nofelau a dramâu Cymraeg, yr oedd ef yn bleidiol i'r syniad o roi Coron yr Eisteddfod Genedlaethol am nofel neu am ddrama a gofynnodd farn darllenwyr *Y Faner* am y syniad hwn ym 1924. Awgrymodd ei hun y dylid hefyd argraffu'r ddrama a'r nofel goronog erbyn wythnos yr Eisteddfod fel y gwneid â'r awdl a'r bryddest. Ar wahân i awgrymu rhoi mwy o le i'r nofel yn yr Eisteddfod Genedlaethol, aeth ati hefyd i gyhoeddi nofelau yn *Y Faner* fesul pennod o wythnos i wythnos.

Yr oedd ffactorau eraill a allai fod wedi dylanwadu ar benderfyniad Prosser i sefydlu gwasg. Yn 'Led-led Cymru' ceir hanes diddorol ond tywyll am lawysgrif nofel yr ystyriai'r cyhoeddwyr ei bod yn rhy feiddgar i'w rhoi ar y farchnad. Tua diwedd 1926 derbyniodd Prosser lawysgrif o waith 'tebycach i waith D. H. Lawrence a James Joyce nag i waith Hardy a Galsworthy' ac yn adrodd hanes meddwl Cymro rhwng ugain a phump ar hugain oed yng Nghymru ac ar y Cyfandir. (LC, 6-1-1927) Ar Chwefror 3, 1927, sicrhaodd Euroswydd ei ddarllenwyr nad oedd yn y nofel 'ddim i lygru neb, ond y mae ynddi lawer i ddychrynnu'r dosbarth hwnnw o feirniaid llenyddol a gynrychiolir gan Feuryn a Gorseddogion amlwg eraill'. Er hynny, y newydd nesaf a gyhoeddwyd am y nofel oedd bod tri darllenydd wedi mynd drosti ar ran rhyw gyhoeddwyr dienw a bod dau o'r darllenwyr yn erbyn ei chyhoeddi. Yr oedd y trydydd darllenydd, Kate Roberts, o blaid ei chyhoeddi, ond gan ei bod yn y lleiafrif, gwrthodwyd y gwaith gan y cyhoeddwyr. Bellach, nid oedd llawer o obaith am weld y nofel gyfan mewn print ac wrth i Saunders Lewis awgrymu y dylid cyhoeddi darnau ohoni yn *Y Llenor*, awgrymodd Prosser mai teipio rhyw ddwsin o gopïau a'u cylchredeg fyddai orau. Er nad oedd gan Brosser ganiatâd i enwi'r awdur, ar Chwefror 7, 1928, datgelodd mai *Troi a Throsi* oedd teitl y nofel. Y pryd hynny, tybiai y gallai fod y nofel yn

12. Ysgol Haf y Blaid Genedlaethol, Llangollen, 1927. Ar y chwith yn y rhes ôl gwelir Bleddyn Jones Roberts ac ar y pen arall Ellis D. Jones, Glyndyfrdwy a Mrs. Hopkin Morris (gynt Phoebe Jones) ; yn y rhes flaen gwelir Dr. Lloyd Owen, Cricieth ; H. R. Jones ; Prosser Rhys ; Kate Roberts ; D. J. Williams a Mair Roberts.

13. Eisteddfod Genedlaethol Dinbych, 1939. Prosser Rhys, Morris T. Williams a John Gwyndaf Jones.

14. Prosser wrth stondin Gwasg Aberystwyth yn yr Eisteddfod Genedlaethol.

15. Portread

16. 33, Rhodfa'r Gogledd, Aberystwyth, 1977.

17. Bedd Prosser ym mynwent Aberystwyth.

anghyhoeddadwy oherwydd ei bod yn rhy hir i'w chyhoeddi am bris poblogaidd a hefyd oherwydd 'bod cryn lawer o gulni yng Nghymru o hyd, a chryn lawer o ofn wynebu'r gwir, yn enwedig ar faterion y byddo a wnelont â rhyw mewn rhyw ffordd neu'i gilydd.' Dyna Euroswydd, bedair blynedd ar ôl 'Atgof', yn dal i bleidio gonestrwydd mewn llenyddiaeth ac yn llachio ar gulni llawer o'i gydwladwyr. Er nad oes cyswllt uniongyrchol rhwng helynt *Troi a Throsi* a sylfaenu Gwasg Aberystwyth, yn ddiau gwnaeth i Brosser sylweddoli'r angen am wasg a fentrai gyhoeddi llyfrau beiddgar a blaengar ac a helpai i estyn ffiniau llenyddiaeth Gymraeg.

Yn ddiau, y mae gan Edward Prosser Rhys, y cyhoeddwr llyfrau, le yn ein hanes fel cymwynaswr i'r iaith. Ym 1927 pwysleisiodd yr adroddiad *Y Gymraeg mewn Addysg a Bywyd*, adroddiad y pwyllgor adrannol a benodwyd gan Lywydd y Bwrdd Addysg i chwilio i safle'r Gymraeg yn y gyfundrefn addysg ac i gynghori sut orau i'w hyrwyddo, fod angen am ddefnydd helaethach o'r iaith ym myd addysg. Ar yr un pryd amlygodd yr angen am fwy o lyfrau ysgol Cymraeg yn ymdrin ag amrywiaeth o bynciau. Y mae'n wir dweud bod Prosser Rhys yn un o'r ychydig a sylweddolodd werth ac arwyddocâd yr adroddiad hwn ac yn un o'r bobl brin ac anghyffredin hynny a aeth gam ymhellach na sylweddoli gwerth yr argymhellion drwy ymroi i weithredu arnynt.

'O gael cyflenwad o werslyfrau,' meddai paragraff 360 o'r adroddiad, 'gellid trefnu i ddysgu pob pwnc ym mhob rhyw ysgol yng Nghymru Gymreig trwy gyfrwng y Gymraeg.' Argymhellodd paragraff 375 fod Bwrdd Gwasg y Brifysgol yn ymgymryd â chynhyrchu llyfrau Cymraeg i blant ac i ddosbarthiadau allanol, a dangosodd argymhellion fel y rhain fod yr agwedd swyddogol at y Gymraeg, ac yn arbennig at ei defnydd yn yr ysgolion, yn dechrau newid. Er pwysiced yr adroddiad, dylid cofio nad oedd ganddo unrhyw rym, a hawdd y gallasai hel llwch yn llyfrgelloedd y wlad heb gael nemor ddim effaith ar neb. Gweithgaredd E. Prosser Rhys, i raddau helaeth, a roes wir ystyr i'r adroddiad, oherwydd oni bai am lyfrau Gwasg Aberystwyth, bach iawn fuasai'r cyflenwad o lyfrau Cymraeg poblogaidd, defnyddiol ac amrywiol yn y tridegau a'r deugeiniau, a chyfyngach byth fyddai hi wedi bod ar yr iaith yn yr ysgolion.

Cydweithiodd Prosser â D. J. Williams, Llandderfel, dros gyfnod o bymtheng mlynedd i lenwi'r bylchau niferus yn y mathau o lyfrau a oedd ar gael i ysgolion ac i roi mwy o ddewis o lyfrau i blant Cymru.

Fel yr awgrymwyd eisoes, nid am lyfrau ysgol yn unig y dylid talu teyrnged i Wasg Aberystwyth ond am gyflenwad toreithiog o lyfrau poblogaidd o bob math yn ogystal â nifer o weithiau llenyddol pwysig. Tynasai'r adroddiad *Y Gymraeg mewn Addysg a Bywyd* sylw at yr angen am ddramâu Cymraeg. 'Dywedai'r tystion fod y cwmnïoedd drama sydd mor aml yn gysylltiedig â'r capeli, wedi gwneuthur llawer i ddiogelu'r iaith ac i roddi bywyd newydd ynddi', meddai paragraff 376 o'r adroddiad,

> Y mae llawer o'r cwmnïoedd, a ffurfiwyd ar y cyntaf er cadw'r iaith, erbyn hyn yn chwar[a]e dramâu Saesneg, ond yn fynych nid yw'r gwaith a wneir ganddynt mor werthfawr.

Unwaith eto, gwelodd Prosser Rhys arwyddocâd y geiriau hyn a gweithiodd yn ddiymdroi i hybu dramâu poblogaidd Cymraeg drwy'i wasg.

Cannwyll llygad Prosser Rhys oedd Gwasg Aberystwyth, a chredai'n gywir fod ganddi ran bwysig ym mywyd llenyddol yr ugeinfed ganrif yng Nghymru. Cafwyd y sôn cyhoeddus cyntaf am sefydlu'r wasg yn 'Led-led Cymru' ar Hydref 30, 1928, ond yn Euroswydd i'r carn, ni ddatgelodd Prosser mai ef a oedd y tu ôl i'r fenter newydd yr oedd yn rhoi cyhoeddusrwydd iddi yn ei golofn wythnosol. Dyna sut y cyflwynodd y wasg i'r cyhoedd a sôn yn gynnil am ei llyfrau cyntaf:

> Ond y mae gwasg newydd ar fin ei [h]amlygu ei hun—Gwasg Aberystwyth. Dau bartner a'i piau hi— un yn ddyn busnes, a'r llall yn un sydd wedi ymhel cryn dipyn a llenyddiaeth. Ni allaf roddi'r enwau i chwi heddiw, na dywedyd dim am y llyfrau a gyhoeddir ganddynt. Bydd eu llyfr cyntaf allan ymhen rhai wythnosau, ac ni synnwn i ddim na bydd hwnnw'n "best seller" ebrwydd. Mi glywais bod ganddynt dri neu bedwar o lyfrau anghyffredin iawn ar law, ac ymddengys i mi bod Gwasg Aberystwyth yn mynd i gael cefnogaeth holl lenorion pwysicaf Cymru, bron.

Y dyn busnes dienw oedd H. R. Jones, y cenedlaetholwr mawr a ddarbwyllasai Prosser fod gan y Blaid Genedlaethol bolisïau ymarferol ac angenrheidiol, a'r 'best seller' dichonol a'r llyfr cyntaf i ddod o'r wasg oedd llyfryn bach clawr llipa 48 tudalen yn cynnwys dwy awdl Gwenallt, *Y Mynach a'r Sant*.

Dywedodd Gwenallt ei fod yn credu mai syniad H. R. Jones yn hytrach na syniad Prosser oedd cyhoeddi *Y Mynach a'r Sant* fel llyfr cyntaf Gwasg Aberystwyth, ond hyd yn oed os cytunir nad oedd y ddwy awdl yn debyg o fod â mynd mawr iawn arnynt, yr oedd beiddgarwch a newydd-deb y cerddi a'r anghyfiawnder a brofasai Gwenallt yn Nhreorci'n rhwym o apelio at Brosser. Yn fwy na hynny, dywedodd yn blaen yn ei atgofion mai efe oedd biau'r syniad o gyhoeddi awdl 'Y Sant' :

> Atalwyd cadair Eisteddfod Genedlaethol Treorci rhag Gwenallt am iddo beidio a bod yn ddigon neis wrth ganu i'r "Sant" . Beirniadwyd beirniaid yr awdl yn Nhreorci yn llym yn "Y Faner," ac yn arbennig Syr John Morris-Jones, a phenderfynais gyhoeddi awdl "Y Sant". A dyna'r llyfr cyntaf a ddaeth o Wasg Aberystwyth, a dyna'r sut y dechreuais ar ryw fath o yrfa fel cyhoeddwr.

Profodd Gwasg Aberystwyth yn llwyddiant diamheuol. Yr oedd Prosser yn ddyn busnes diwyd a medrus ac yr oedd hefyd yn ddyn o gymeriad hoffus ; ac oherwydd ei frwdfrydedd heintus denai sgrifenwyr a chydweithwyr brwd ac ymroddedig. Ym 1929, daeth Siop Lyfrau'r 'Ddraig Goch' yn 47, y Stryd Fawr, Aberystwyth, dan ofal Gwasg Aberystwyth.

Profodd dewis *Y Mynach a'r Sant* yn llyfr cyntaf Gwasg Aberystwyth yn dra ffodus oherwydd iddo ddechrau cyfathrach agos rhwng Gwasg Aberystwyth a Gwasg Gomer, y wasg a gymerodd Wasg Aberystwyth drosodd ar ôl marwolaeth Prosser. Ceir hanes dechrau'r cydweithredu yng ngeiriau Prosser ei hun :

> Trwy Gwenallt y deuthum i gymryd diddordeb yng Ngwasg Gomer gyntaf. Yr oedd Gwasg Aberystwyth ar fin cychwyn gyda chyfrol o ddwy awdl Gwenallt, "Y Mynach," a enillodd iddo gadair ryfeddol Eisteddfod Abertawe yn 1926, a'r "Sant," a oedd yn orau yng nghystadleuaeth y gadair yn Eisteddfod Genedlaethol Treorci yn 1928, pan ataliwyd y gadair iddi oherwydd nad oedd Syr John Morris-Jones a'i gyd-feirniaid yn hoffi'r "deunydd." Yr oedd Gwenallt wedi rhyw led-fwriadu cyhoeddi'r ddwy awdl ei hun a buasai mewn gohebiaeth â Gwasg Gomer. A phan gymerodd Gwasg Aberystwyth y llyfr drosodd, aeth i gyswllt â Gwasg Gomer parthed ei argraffu, gan fod y pris yn gwbl foddhaol. Gwasg Gomer felly a argraffodd lyfr cyntaf Gwasg Aberystwyth a'r ail a'r trydydd, a'r pryd hwnnw ar ddiwedd 1928,—bedair blynedd ar ddeg yn ôl, bron, fe gychwynnodd cyfnod o gydweithrediad o'r mwyaf hapus rhwng y ddwy wasg. (LC, 23-9-1942)

Adeg marwolaeth Dafydd Lewis, Llandysul, talodd Prosser deyrnged arbennig iddo am ei gymorth mawr a'i gynghorion parod. 'Yn bersonol', meddai, (*Y Faner*, 8-9-1943) 'bydd gwagle mawr yn fy mywyd hebddo—bu'n gydymaith i mi am bymtheg mlynedd, ac yn gydymaith cywir, parod i'm helpu mewn pob anhawster, ac i gyfnewid syniadau ar lu o faterion.'

Ychydig flynyddoedd ar ôl sefydlu Gwasg Aberystwyth prynwyd Gwasg Gee gan Morris T. Williams a Kate Roberts, ac o hynny ymlaen yr oedd partneriaeth agos rhwng y ddwy wasg hyn, partneriaeth a gryfhawyd pan aeth *Y Faner* yn ôl i Ddinbych ar ddiwedd 1938. Er agosed y bartneriaeth ac er mor gyson oedd y gyfathrach rhwng y ddwy wasg, ni fu hanes eu cydweithrediad heb ambell storm fach. Cyfnod o wir gyni oedd y rhyfel, ac o leiaf ar un adeg fe'i cafodd Gwasg Gee'i hun mewn sefyllfa ariannol ddifrifol.

Nodweddid Gwasg Aberystwyth gan amrywiaeth ei chyhoeddiadau. Daeth i arbenigo mewn llyfrau i ysgolion a dramâu poblogaidd ond nis cyfyngodd ei hun i un neu ddau o feysydd yn unig. Cyhoeddodd lyfrau megis *Y Mynach a'r Sant*, *Monica* a *Lili'r Grog* a oedd yn flaengar eu cynnwys, a phan wrthododd y B.B.C. ddarlledu *Lili'r Grog*, trosiad Cynan o *Good Friday* John Masefield, manteisiodd Prosser ar y gwrthodiad wrth hysbysebu'r llyfr. Ni cheisiodd guddio cynnwys dadleugar *Monica* ychwaith, a gwyddai'n dda fod creu chwilfrydedd drwy sôn yn gynnil am natur losg y llyfr yn rhwym o godi'i werthiant. 'Gan fod a wnelwyf a chyhoeddi'r llyfr hwn,' meddai Euroswydd ar Ragfyr 30, 1930,

> ni ddywedaf fwy na'i fod yn llyfr anghyffredin ar lawer ystyr. Diamau y bydd llawer yn tybio na ddylid cyhoeddi llyfr mor feiddgar . . .

Y mae'n amlwg fod Prosser yn benderfynol o'r dechrau fod y wasg yn mynd i fod mor eang ei hapêl ac mor amrywiol ei chynnyrch ag y bai modd. 'Nid yw'r wasg newydd—Gwasg Aberystwyth—am ei chyfyngu ei hun i gyhoeddi rhyddiaith a barddoniaeth yn unig', sgrifennodd yn 'Led-led Cymru' ar Chwefror 19, 1929, wrth roi gwybod y byddai opera i blant ar Ddafydd ap Gwilym 'nid oes dim tebig iddi'n Gymraeg', gan Mr. J. T. Rees a dau athro arall yn Ysgol Sir Tregaron, Mr. S.

M. Powell a Mr. D. Lloyd Jenkins, yn barod at y gaeaf nesaf. Os cofir am y wasg oherwydd iddi gyhoeddi llawer o lyfrau bach anarferol, dylid cofio'i bod hefyd yn gyfrifol am gyhoeddi clasuron megis *Y Dwymyn* gan T. Gwynn Jones a gyflwynwyd i 'M.T.W., K.R., a P.R.' a *Traed mewn Cyffion* a gyflwynwyd unwaith eto i Brosser Rhys. *Suntur a Chlai* oedd teitl arfaethedig y nofel honno yn Chwefror 1936, ond erbyn Ebrill fe'i hysbysebwyd wrth y teitl adnabyddus am 2/6 y copi. Ymhlith y cyfrolau pwysicaf a gyhoeddwyd gan y wasg, gellid enwi hefyd rai o gyfrolau Saunders Lewis o feirniadaeth lenyddol, *Daniel Owen/ Yr Artist yn Philistia* yn un, a *Ceiriog*, yr oedd galw eithriadol amdani, a'i diwyg o'r radd flaenaf, yn un arall. A throi at fyd barddoniaeth, dyna glasur mawr fel *Cerddi* T. H. Parry-Williams, a gyhoeddwyd gan Wasg Aberystwyth ym Mai 1931. Rhoddwyd y gyfrol honno ar y farchnad am 2/6 y copi a chyn pen mis gwerthwyd pob copi ohoni.

Cyhoeddodd y wasg nifer o ddetholiadau llenyddol hefyd, ac amcan ei 'Cyfres Deunaw' oedd cyfarfod â'r angen am ddetholiadau rhad o weithiau llenyddol nad oedd yn hawdd eu cael, angen gwirioneddol yng Nghymru 1929. Yr oedd Prosser ei hun yn gyfrifol am ddetholiad arall, sef *Beirdd ein Canrif*, detholiad o farddoniaeth Gymraeg y ganrif hon i'r ysgolion ac i'r darllenydd cyffredin, a'r casgliad cyntaf o farddoniaeth yr ugeinfed ganrif yn unig i'w gyhoeddi. Fel arfer, ni ddatgelodd Prosser mai ef a oedd wedi golygu *Beirdd ein Canrif*, fel y sylwodd 'Welsh Graduate' yn y *News Chronicle* ar Fedi 22, 1934, wrth adolygu'r ddwy gyfrol dan y pennawd 'The Riddle of a Poets' Anthology/WHO IS THE MODEST COMPILER?':

> WHO is the unnamed author of an excellent little anthology of Welsh poets, just issued in two volumes by Gwasg Aberystwyth entitled "Poets of Our Century"?
>
> It has an unsigned preface, short biographies of the poets, and explanatory notes that must have spelled some hard work to this modest compiler.
>
> His identity, however, can be easily guessed by a glance through these two volumes. Not only has he displayed poetic modesty in omitting to sign the preface, but he has gone a step further and omitted from the two volumes quotations from his own works. For the compiler is a young poet who created one of the sensations of the century in Welsh literature. If only for that reason I believe the omission is mistaken modesty.

Er nad oedd llawer o arian ar gael i'w gwario'n hael ar gynllunio cloriau, un o nodweddion llyfrau Gwasg Aberystwyth oedd eu taclusrwydd a'u dillynder. Ymhell cyn sefydlu'r wasg, rhoid sylw i lyfrau'n rheolaidd yn 'Led-led Cymru', ac wedi'i sefydlu, byddai Prosser ar ben ei ddigon yn rhoi amlygrwydd i ddestlusrwydd y llyfrau a ddôi o'i wasg ei hun. 'Hoffai'r awduron a ymboenai ynghylch ffurf ac wynebddalen', meddai Saunders Lewis, (*Y Faner*, 14-2-1945) ' . . . a rhoddai manyldra T. H. Parry-Williams bleser iddo.' Ochr yn ochr â destlusrwydd, yr oedd prisiau rhesymol yn un o egwyddorion sylfaenol Gwasg Aberystwyth ac amlygir hyn mewn cyfeiriad arall at y wasg yn 'Led-led Cymru':

> Yr wyf yn deall y bydd llyfr Mr. D. J. Williams, M.A., Abergwaun, ar "A.E. a Chymru" allan o Wasg Aberystwyth erbyn dydd Gwyl Ddewi . . . Y mae'n debig y ceir ef mewn diwyg destlus ac am bris o fewn cyrraedd pawb, canys y mae'r ddeubeth yna'n rhan o bolisi'r cwmni cyhoeddi newydd hwn. (LC, 5-2-1929)

Defnyddiai Prosser 'Led-led Cymru' i ennyn diddordeb darllenwyr *Y Faner* yn y byd cyhoeddi llyfrau Cymraeg yn gyffredinol, a phwysleisiai'n gyson fod llyfrau Gwasg Aberystwyth yn llawer rhatach na llyfrau cyfatebol yn Saesneg.

Y mae'n bwysig nodi sut y trodd Prosser ei wasg yn gyfrwng i symbylu llenorion ac i roi help a hyder i'r rhai a oedd yn newydd i'r byd cyhoeddi. Dywedir wrthyf mai ef a berswadiodd y llenores a sgrifennai dan y ffugenw Jane Ann Jones i sgrifennu'i chyfrol gyntaf o straeon ar ôl iddi ennill cystadleuaeth y stori fer yn *Y Cymro*, a dyna sut y daeth y gyfrol boblogaidd *Straeon Hen Ferch* i fodolaeth. Ymroes i symbylu llenorion ac âi o'i ffordd i gynorthwyo a chyfarwyddo'r anghyfarwydd hyd yn oed pan fwriadent gyhoeddi'u gwaith mewn gwasg arall.

Gan nad oedd Prosser Rhys yn ŵr cyfoethog, ni allai gyhoeddi popeth y dymunai'i gyhoeddi, ond yn hytrach fe'i gorfodid i ddewis ac i ddethol yn ofalus gan wneud ei orau i beidio â sathru ar gyrn neb. Byddai'r dewis weithiau'n anodd ac fe'i cafodd ei hun mewn penbleth ar fwy nag un achlysur. Dyna ef, ar un achlysur, a chanddo ddwy lawysgrif o weithiau teilwng i'w cyhoeddi ac yntau heb allu fforddio cyhoeddi ond un ohonynt. Nid oedd ganddo reol i benderfynu beth i'w gyhoeddi a dewisai weithiau ar sail lenyddol ac weithiau ar sail ymarferoldeb i'r Gymraeg. Ar yr achlysur hwn, bu'n rhaid anfon un llawysgrif yn ôl at ei hawdur gan egluro gwerth y gwaith ond yn dweud 'na allem ar y foment fforddio cyhoeddi gwaith nad oedd yn debyg o dalu ar ei ôl, ac na allwn fod yn hollol ddibris, mwy na neb arall, o gyfrifoldeb cyffredin bywyd'. (LC, 25-2-1936) Yn anffodus, y tro hwn, derbyniodd Prosser gerdyn yn cydnabod derbyn y llawysgrif yn ôl ond 'yn llawn dirmyg ac ensyniadau.' Awgrymmodd Prosser y gellid datrys y problemau ariannol mawr a wynebai gyhoeddi gweithiau gwych na thalent yn ôl drwy ffurfio cronfa at y diben hwnnw.

Wrth gofio nad oedd Prosser Rhys yn ddyn cefnog, sylweddolir maint menter Gwasg Aberystwyth ac nid yw'n syndod ei fod, fel dyn busnes ac fel dyn teulu, yn gorfod cynllunio'n ofalus fel nad âi i ddyled. 'Pe methai Gwasg Aberystwyth neu'r gwasgau eraill, byddai raid i'r perchenogion wynebu'r canlyniadau'n llawn,' meddai, (LC, 25-2-1936) 'ac y mae gennym ninnau, fel eraill, ein gwragedd a'n plant i'w cynnal, a chawn fel y mwyafrif o feibion dynion, afiechyd a gofynion eraill i'w dwyn.' Oni bai ei fod yn gwybod pryd i wrthod llyfr a sut i iawn-brisio siawns llyfr ar y farchnad, ni fyddai'i wasg wedi bod yn agos mor llwyddiannus ag y bu. Fel yr oedd, gwyddai'n dda, fel rheol, beth fyddai ymateb y cyhoedd i lyfrau o bob math a daeth Gwasg Aberystwyth yn un o brif weisg y wlad erbyn y deugeiniau.

Gwnaeth Prosser ei waith pwysicaf dros y Gymraeg drwy Wasg Aberystwyth, y Clwb Llyfrau a'r *Faner*, ond y mae'n ddiddorol sut y daeth i gredu'n fwyfwy mai fel iaith swyddogol y dylai'r Gymraeg ennill ei phlwyf yn y lle cyntaf. Pwysodd am roi lle canolog i'r iaith yn y gyfundrefn addysg ac ar y radio, er enghraifft, a dywed un o'i gyfeillion wrthyf ei fod hefyd ymhlith y rhai cyntaf i beintio dros arwyddion ffyrdd uniaith Saesneg. Serch hynny, y mae'n amlwg iddo gyfaddawdu, i ryw raddau, â'r Saesneg wrth i ganol oed a 'sinistr ddawn' busnes drechu tanbeidrwydd y 'gwaed ifanc'. 'Cred rhai pobl y dylai'r neb sydd yn ei alw ei hun yn genedlaetholwr Cymreig "wneud popeth yn Gymraeg" ', sgrifennodd yn 'Led-led Cymru' ar Chwefror 2, 1932,

Bum i unwaith yn dal mor gyndyn a neb dros yr agwedd hon, ond parodd rhywfaint o brofiad mewn busnes i mi newid fy meddwl.

Pan ddechreuodd ei fusnes gyhoeddi, yr oedd wedi penderfynu gweithio'n gyfan gwbl drwy gyfrwng y Gymraeg, ond pan yrrodd gylchlythyr Cymraeg at bob llyfrwerthwr o bwys yng Nghymru nis atebwyd gan nifer da ohonynt, a hyd yn oed pan sgrifennodd lythyr preifat i siopau a oedd eisoes yn gwerthu llyfrau Cymraeg ni chafodd ateb ganddynt :

Pan gyhoeddwyd ein llyfr nesaf, penderfynais cylchlythyru [sic] holl lyfrwerthwyr Cymru yn Saesneg, a bu'r canlyniad yn dra boddhaol. Cefais gwstwm y cwbl o'r siopau a oedd yn prynnu eisoes, ac enillais nifer sylweddol o gwsmeriaid newydd. Y mae'n wir i mi gael llythyr neu ddau go wawdus oddiwrth gwsmeriaid o Gymry pybyr oherwydd canfasio am werthiant i lyfr Cymraeg drwy'r Saesneg.

Ateb Prosser i'r broblem oedd mynnu statws swyddogol i'r Gymraeg. Ymresymai fod yn rhaid newid iaith gweinyddiaeth ac addysg y wlad cyn y gellid newid iaith masnach :

Gwneler y Gymraeg yn iaith swyddogol yng Nghymru. Rhodder iddi urddas llywodraeth ac awdurdod. Dechreuer yr adfer yn y top. Dyna'r ffordd i gael y Gymraeg yn ol. Ni bydd yn ddim ond iaith y gegin gefn tra fyddo hi'n esgymun yng nghylchoedd llywodraeth a swyddogaeth gwlad.

Aeth yn ei flaen i gyfeirio at blant Aberystwyth fel prawf nad oedd yn ddigon bellach i wneud y Gymraeg yn iaith yr aelwyd—yr oedd yn rhaid ei gwneud hefyd yn brif iaith swyddogol Cymru :

Siarader y Gymraeg ar yr aelwyd, meddir, a bydd y plant yn ddiogel. Y gwir yw mai lol botes yw hyn oll. Y mae pob mab a merch pedair ar ddeg oed yn Aberystwyth, a fagwyd ar aelwydydd hollol Gymraeg, ac y sydd yn mynychu capeli Cymraeg, heb unrhyw wybodaeth fuddiol o'r Gymraeg, ac yn siarad, sgrifennu, darllen a meddwl yn Saesneg. A chredaf nad yw Aberystwyth yn waeth na llawer eraill o drefi Gymru. Y mae dysgu Cymraeg ar yr aelwyd, heb ddysgu Cymraeg yn briodol yn yr ysgolion, yn gwbl ddi-fudd, heblaw mewn ychydig achosion eithriadol. Y mae i ddyn busnes fabwyso'r Gymraeg yn iaith ei fusnes yn gwbl ddi-effaith, oni byddo'r Gymraeg yn brif iaith lleoedd uchel busnes y wlad, hefyd.

NODIADAU

[1]Caradog Prichard, *Afal Drwg Adda*, (Dinbych, 1973) 72.

[2]Iorwerth C. Peate, *Rhwng Dau Fyd* (Dinbych, 1976), 65.

[3]Idem yn *Y Llwybrau Gynt,* i, gol. Alun Oldfield-Davies (Llandysul, 1971) 22-23.

[4]Casgliad Mrs. Rhys, llsgr., 'Atgofion a Myfyrion Golygydd *Y Faner*'.

[5]Caradog Prichard, op. cit., 74.

[6]Casgliad E. Morgan Humphreys, llythyr dyddiedig 8-6-1923.

[7]Casgliad Dr. Kate Roberts, llythyr dyddiedig 1-7-1943.

[8]William Morris (gol.), *Eisteddfod Genedlaethol* 1943 (. . .) *Cyfansoddiadau a Beirniadaethau* (s.l., [1943]), 174.

[9]Casgliad Mrs. Rhys, llsgr., 'Atgofion a Myfyrion Golygydd *Y Faner*'.

[10]Casgliad Plaid Cymru, gohebiaeth 1924-1925, llythyr dyddiedig 21-4-1924.

[11]Casgliad Mrs. Rhys, llsgr., 'Atgofion a Myfyrion Golygydd *Y Faner*'.

[12]Ibid., llsgr., 'Atgofion a Myfyrion Golygydd *Y Faner*'.

[13]Casgliad Plaid Cymru, gohebiaeth 1924-1925.

[14]Ibid., gohebiaeth 1924-1925, llythyr dyddiedig 22-7-1925.

[15]Ibid., gohebiaeth 1926, llythyr dyddiedig 3-2-1926.

[16]Iorwerth C. Peate, *Rhwng Dau Fyd,* 67.

[17]Caradog Prichard, op.cit., 73-74.

[18]Toriad o'r *Western Mail* yng Nghasgliad Mrs. Rhys.

[19]Casgliad Mrs. Rhys, llsgr.

[20]W. J. Gruffydd, 'Nodiadau'r Golygydd', *Y Llenor,* xi (1932), 67-68.

[21]Iorwerth C. Peate, 'Celfyddyd ac Ysgolheictod', *Y Llenor,* xi (1932), 101-102.

PENNOD 5. 1936—1945

(*i*) Barddoniaeth y Cyfnod Diweddar

Ni chyfansoddodd Prosser nemor ddim barddoniaeth o 1924 hyd 1939 ac ystyriwyd rhai o'r rhesymau dichonol am ei dawelwch wrth ymdrin ag 'Atgof'. Awgrymwyd bod pwysau'i waith yn drwm ac yn ei amddifadu o wir gyfle i ymroi i farddoni a bod 'Atgof' ei hun yn fath ar gyffes a ollyngodd yr hyn a oedd ar feddwl y bardd a'i adael heb symbyliad cryf i sgrifennu'n greadigol. Profodd yr ail ryfel byd yn symbyliad newydd i Brosser ailafael yn ei sgrifbin.

Yn ddiau, y mae gan y rhyfel le pwysig yn nhair o gerddi'r cyfnod diweddar, sef 'Y Dewin', 'Ar Brynhawn o Haf' ac 'Ar Bromenâd', a heblaw am hyn, parodd y rhyfel i'r frwydr genedlaethol fod yn fwy hanfodol ac yn galetach hyd yn oed nag y buasai cyn hynny. Mynegodd Prosser ei ymlyniad wrth yr achos cenedlaethol yn ei gerdd adnabyddus 'Cymru'. Y mae nifer o'r cerddi diweddar eraill wedi'u hysgogi gan farwolaeth a newid, a salwch, a hiraeth am ddyddiau annychwel a nwyf ieuenctid. Yr oedd poen meddwl 'Atgof' wedi llithro'n angof erbyn hyn ac yr oedd colli pleserau a newydd-deb ieuenctid yn rhywbeth i ofidio amdano. Yn 'Yr Adwaith', felly, teimlir hiraeth am newydd-deb profiadau ieuenctid, ac yn 'Hydref, 1943' tristéir wrth feddwl am fywyd cynefin, llwydaidd a sefydlog.

Cyfansoddwyd y soned 'Ymffrost' ym 1926, ond er bod ei harddull plaen a'i thestun myfïol yn bur debyg i soned fel 'Un ar Hugain' yn *Gwaed Ifanc*, y mae hi ar yr un pryd yn rhyw fath ar adwaith yn erbyn ei gerddi am siom serch. Bellach, y mae dadrithiad yn perthyn i'r gorffennol, a brolia'r bardd nad oes arno eisiau'i hen gariadon gwamal. Gan ei fod bron fel pe bai'n poeri ar ei orffennol ac yn herio ysbrydion ei gariadon, gofala fod sŵn y llinellau'n egr drwy ddefnydd helaeth o'r gytsain *ch*. 'Gwawdiwch fi', meddai,

> A ffugiwch na'm cymerech, codwch grach,
> Cliciwch â'r neb a fynnoch, byddwch ffri
> Eich ffyrdd, llurguniwch eich diddordeb bach.

Eir gam bach ymhellach oddi wrth ganu'r ' gwaed ifanc ' yn y gerdd ' Disgwyl ' y gellir ei chymharu â'r delyneg gynnar ' Min yr Afon ' a gyhoeddwyd yn *Y Darian* ar Ionawr 3, 1918. Ym ' Min yr Afon ' fe'i darlunia'r bardd ei hun yn disgwyl yn ofer am ferch ac er mai cefndir trefol yn hytrach na chefndir gwledig sydd i 'Disgwyl', ac er y daw'r ferch y mae'r bardd yn aros amdani y tro hwn, erys rhyw deimlad o siomiant ac oferedd am fod rhyw gynefindra sicr yng nghamau mân y ferch ac ' am mai gwael pob sicrwydd'. Yr oedd hud yn aros ofer 'Min yr Afon' :

Er yn gwybod na ddoi Gwenno,
  Aros fynnwn,—facwy synn !
Dygai murmur mwyn yr afon
Obaith cyfrin o Afallon
  Rhyw bêr-freuddwyd gwyn.

Poena bardd ' Disgwyl ' am fod yr hud ar goll yn ei bartneriaeth glos sefydlog â'r ferch y mae'n disgwyl amdani :

  A dyna sŵn cynefin gamau mân
Yn nesu'n sicr hyd ataf . . . saetha sioc,
  Rhyw oeraidd sioc o siomiant drwyddwy'n lân.

Soned baradocsaidd yw ' Disgwyl' : paradocsaidd am fod y disgwyl ' syn ' yn bleser ac am nad oes gwir eisiau i'r disgwyl ddod i ben er bod ar y bardd eisiau bod gyda'r ferch ac yn ' ei mynnu o lwyr serch'. Y mae'n siomedig oherwydd ei bod hi'n torri ar ei fyfyrdod unig, y math o fyfyrdod unig a'i gwnaeth yn fardd. Y mae'r englyn ' Noson Gartref ' yn perthyn i gyfnod Caernarfon, ond y mae'n debyg mai'r un math o deimlad a barodd iddo ddiwygio'r englyn hwnnw drwy ddileu cwmni'r ferch a rhoi unigrwydd hudolus ' awel lesg ' yn lle ' llais fwyn ' Gwen. Dyma'r fersiwn ar yr englyn a geir wedi'i sgrifennu yn llaw Prosser ar gefn amlen :

Rhowch imi hwyr aur uwch 'y mhen—a *llais* mwyn
    Llus haf, su gwenynen
  A rhowch i mi gwmni Gwen
  A llonyddwch Llyn Eiddwen.[1]

Cyferbynner hwn â'r fersiwn a gyhoeddwyd yn *Gwaed Ifanc :*

LLIWIAU'R hwyr, hanner lloer wen,—awel lesg,
    Hwyl ŵyn, si gwenynen,
  A myfi heb gwmni Gwen
  Uwch llonyddwch Llyn Eiddwen.

Er mai cerddi am y bardd ei hun sy'n dangos ei fod yn newid ac yn colli ansicrwydd ei ieuenctid yw 'Disgwyl' ac 'Ymffrost', y maent ill dwy'n gerddi ffiniol, rhwng y cyfnod cynnar a'r cyfnod diweddar. Datblygiad a thwf yn hytrach na llesgedd a marwolaeth yw eu thema, ond wrth i Brosser nesu at ei ganol oed caiff newidiadau yn y gymdeithas, a marwolaeth a salwch, fwy o le yn ei waith barddol. Y mae'r cerddi'n adlewyrchu hyn yn glir—cerdd goffa yw 'I Gofio Isander', marwolaeth yw thema 'Yn Angladd 'Nhad' a 'Cwyn Coll', 'Tranc ein cynefin fyd' yw thema 'Y Newid' a thranc 'Darganfod ac adnabod cynnar llanc' sydd dan sylw yn 'Yr Adwaith'. Cymer marwolaeth le amlwg yn y cerddi rhyfel hefyd. Yn niweddglo argoelus 'Ar Bromenâd', crynhoir breuder bywyd a'r hen deimlad o oferedd:

Beth ydym ? Ai stoiciaid a heria bob dirdra a'n deil ?
  Ai crinwellt goraeddfed i'r bladur ar ŵyr yn y maes ?

Fel yn ei farddoniaeth gynnar, rhoir cryn bwys ar hud a lledrith ac ar swynion dieithr ym marddoniaeth cyfnod diweddar Prosser. Darlunnir organydd 'Y Dewin' fel dewin am ei fod yn medru newid hwyl ac emosiwn ei gynulleidfa'n ôl ei ewyllys a'u cludo o wlad i wlad drwy 'rempiau a strempiau ei ddwylo'. Hiraethir am ddewin a allai newid hwyl a theimlad y bardd yn 'Yr Adwaith':

Gwae na bai hudlath heddiw a'm trawai i
  Yn ôl i ddyddiau'r diniweidrwydd mawr,
Pan oedd gorawen ym mhob antur ffri,
  A brath newydd-deb ym mhob hwyr a gwawr,
Ac na châi dwys benteulu beth o wanc
Darganfod ac adnabod cynnar llanc.

Mynegir dymuniad am ddewin unwaith yn rhagor yn 'Y Newid' ond yr ergyd yma yw anallu dewin i adfer y gorffennol. Hyd yn oed pe medrai adfer yr hen gymdeithas i gyd, ni fyddai'n ddigon, oherwydd bod y bardd yntau wedi newid:

Pe deuai rhyw gyweithas
  Ddewin i oes mor ffôl,
Ac adfer holl gymdeithas
  Fy mebyd yn ei hôl,—
Gwahanol fyddai popeth, gwn,
  Wedi'r aflêr gyfamser hwn.

Er bod atgofio'n elfen gyffredin yng ngherddi cynnar Prosser a hyd yn oed yn ei ysgrifau newyddiadurol, erbyn cyfnod y cerddi diweddar y mae atgofion wedi magu pwysigrwydd newydd. Bellach, ni theimla'r bardd

Na bydd y byd ond fel y bu erioed

fel y gwnâi yn ' Un ar Hugain '. Nid yw'r byd yn angor yn awr a thry at ei atgofion am gysur :

Ond er ysgytiau profion
  Cyfnewidioldeb dyn,
Angoraf yn f'atgofion,—
  Nid oes ond hwy a lŷn ;
Maent imi'n sefydlogrwydd siŵr
A diogelwch uwch y dŵr.

Mor wahanol yw'r atgofion hyn i rai ' Atgof '.

Yr oedd gan Brosser Rhys lygad craff a manteisiodd ar liwiau'n aml yn ei gerddi cynnar. Ceir defnydd tebyg o liwiau yn y cerddi diweddar, ond yr oedd ' boreau gwyn ' a ' gwyrddlesni têr ' y cerddi eisteddfodol wedi hen ddiflannu erbyn y cyfnod diweddar ac y mae lliwiau'r hydref yn amlycach nag o'r blaen. Yn ' Y Newid ' cyferbynnir yr hen gymdeithas liwgar wledig â chymdeithas unffurf lwyd y dref fodern. Defnyddir lliwiau yn ' Hydref, 1943 ' at bwrpas arbennig. Yn gyntaf, ceir haul melyn dechrau'r haf ar ffenestr ward yr ysbyty a dyma'r un haul melyn sy'n ' saethu areulder at donnau a bad ' yn ' Ar Brynhawn o Haf'. Yn ail bennill 'Hydref, 1943' y mae'r haul melyn yn cochi cnawd y bardd, ac yna, yn y trydydd pennill, y mae'r lliw wedi diflannu ac nid oes ond rhyw feithder llwydaidd a sŵn undonog y dail crin, yr hen sumbolau o fyrder einioes dyn a hagrwch henaint :

Mwy nid oes befr gwanwyn na hirdes haf,
  Na gyrr disgwyliadau mawr a mân,—
Dim, ond tristion sïon y dail ar balmant,
  A maith gynefindra cegin a thân.

Y mae'n debyg fod gofid dwys y bardd a'i hiraeth am ddyddiau ei ieuenctid yn fwy amlwg yn y pennill hwn nag yn unrhyw ran arall o'i waith.

Gwelir barddoniaeth Prosser ar ei gorau yn 'Cymru', 'Y Dewin' ac 'Ar Bromenâd' lle y mae'r neges yn glir a'r mynegiant yn ddiamwys. Erys 'Cymru' yn un o gerddi gorau'r Gymraeg a deil yn gerdd berthnasol i Gymry heddiw oherwydd ei bod yn codi'r cwestiwn o gymysgu a phurdeb o'r lefel bersonol a geir yn 'Y Ddeuoliaeth' i lefel genedlaethol a chymdeithasol. Yn lle ceisio dianc yn rhamantaidd i ddyddiau gwell y dyfodol neu gymdeithas anllygredig y wlad, dewisir yma wynebu bywyd fel y mae, ac yn lle edrych yn ôl fel y gwneir yn 'Y Newid', dewisir yma wynebu pethau fel y maent yn awr. Y mae'r gerdd yn ffrwyth profiad Prosser fel newyddiadurwr ac fel dyn busnes, ond yn anad dim, yn ffrwyth ei brofiad fel Cymro. Pwysleisia 'Ar Bromenâd' ddifaterwch y Cymry unwaith eto, nid cymaint am dynged eu gwlad eu hun y tro hwn ond am dynged Ewrop i gyd. Y mae'r bobl yn eu cysuro eu hun â'u hatgofion, eu newyddion, eu mân siarad beunyddiol, eu teyrngarwch Prydeinig a'u hunanoldeb bodlon :

> Ymhyfrydwn yng nghoch a fioled ymachlud Bae Ceredigion,
> Mwynhawn ein segura cyntentus a phleserau bychain ein tre !
> Beth bynnag a ddaw, byddwn ni o nifer y gwaredigion ;
> Ac ni bydd rhyfela yma. Ac os bydd, wel, dyna fe.

Cymharwyd Prosser Rhys â Robert Williams Parry uchod, ac er na chyffrowyd Prosser i farddoni gan achos y tri ym 1936 fel y cyffrowyd Williams Parry, y mae'r portread o ddifaterwch y Cymry'n ein hatgoffa o bortread Williams Parry ohono yn 'Cymru 1937', yn 'Y Gwyddau' ac yn 'Yr Ieir'. Nid heb reswm y disgrifiodd Williams Parry Brosser fel 'fy mrawd ysbrydol ifanc'. (*Y Faner*, 14-2-1945) Dengys y ddau fardd yr un hoffter o natur, lliw a goleuni, cyffroir y ddau gan ddifaterwch a llygredd y gymdeithas o'u cwmpas, a chân y naill a'r llall yn syml, yn synhwyrus ac yn delynegol gan ymdeimlo â gwae bywyd a'i freuder anorfod.

Y mae iaith cerddi diweddar Prosser yn symlach na iaith y cerddi cynnar ac y mae'n ddiddorol sylwi ar yr elfen o eiriau benthyg a geir yn eu geirfa. Yn 'Cymru' ceir 'Hysteria'r slogan' a 'phlwc gitâr' yn dod â'r bardd i fywyd beunyddiol Cymru'r ugeinfed ganrif, Cymru'r gitâr Hawaiaidd, y sinema, y chwaraewr recordiau a'r radio, a Chymru fasnachol a rhad. Disgrifir gwraig 'yn groch gan bowdwr a phaent' yn 'Ar Bromenâd' a chyfranna hyn at y syniad o faster arwynebol y bywyd modern. Gwelir bod Prosser yn fardd aeddfed ac yn grefftwr profiadol erbyn cyfnod ei gerddi diweddar.

(*ii*) Prynu'r Faner

Ym 1936, symudodd Prosser Rhys, a'i wraig a'i ferch o Dinas Terrace i 33, North Parade. Yr oedd y tŷ hwn yn fwy na'r tŷ cyntaf ac yr oedd mawr angen am y lle ychwanegol i gadw stoc lyfrau Gwasg Aberystwyth, ac o 1937 ymlaen, stoc y Clwb Llyfrau Cymreig. Yn Ionawr 1939 daeth parlwr y tŷ'n swyddfa newydd Golygydd *Y Faner* ac ailgyfeiriwyd y llif cyson o lenorion, gwleidyddion a gwerinwyr Cymraeg a ddymunai ymweld â'r dyn busnes croesawgar, o'r swyddfa fach yn Terrace Road i 33, North Parade. Daeth ei swyddfa newydd yn ganolfan i Gymry o Fôn i Fynwy, a chwedl D. J. Williams, Abergwaun, bu'r swyddfa honno, 'ystafell ffrynt 33, North Parade, Aberystwyth, yn fwy o senedd i Gymru na'r un llecyn arall yn y tir er dyddiau Senedd-dy Owen Glyn Dŵr ym Machynlleth, bum can mlynedd yn ôl.' (*Y Faner*, 21-2-1945)

Cofia Mrs. Prosser Rhys am y mynd a dod diderfyn a fu yn y tŷ yn nyddiau'i gŵr, oherwydd wrth i bobl basio drwy'r dref, galwent i gael sgwrs a chael croeso cynnes yn ddi-ffael. Gan fod Prosser yn weithiwr dygn ac yn medru bwrw drwy'i waith yn gyflym, gallai fforddio bod yn hamddenol ei groeso, a phrin y dylid synnu bod yr un a wrandawi'n gydymdeimladol ar bob math o gwynion, hanesion a chyfrinachau, yn ŵr mor boblogaidd. Yr oedd fel pe bai awyrgylch y swyddfa wedi datblygu o awyrgylch y seiadau bach llenyddol a gynhaliai ers llawer dydd ym Morfa-du, ond ar yr un pryd, yr oedd y lle'n ganolfan i Aberystwyth fel tref ac i Gymru fel cenedl. Yno yr âi cyfeillion niferus Prosser—Caradog Prichard, John Owen Griffith, T. Huws Davis, I. D. Hooson, Gwenallt, John Joseph Pontardawe, y ddau D. J. Williams (Abergwaun a Llanbedr) ac eraill. Yr oedd yn fan cyfarwydd i T. Gwynn Jones a chofiodd Saunders Lewis am brysurdeb a bywyd gweithdy'r Golygydd :

Rhyfedd y cyrchu a oedd i'w swyddfa ef yn Aberystwyth. Ychydig o lenorion nac o eisteddfodwyr a basiai drwy'r dref heb droi i mewn i gael sgwrs gyda Prosser Rhys. Dylifai'r cenedlaetholwyr yno o'u pwyllgorau. Galwai'r awduron o bob rhan o Gymru ac athrawon a gweinidogion a gwleidyddion. Byddai'n fan cyfarfod i lenorion a Chymreigwyr y dref ei hunan. (*Y Faner*, 14-2-1945)

O blith pobl y dref, âi'r Prifathro Gwilym Edwards, T. E. Nicholas, ac ar ôl 1937, aelodau'r Clwb Llyfrau Cymreig i ymweld ag ef. Yr oedd Sarnicol yn ymwelydd arall a âi i drafod enwau blodau neu hen eiriau tafodieithol.

Ym 1935 clywodd Prosser Rhys fod Gwasg Gee'n mynd ar werth a rhoes wybod am hyn i Kate Roberts a Morris T. Williams, ei gŵr. Cynilasai'r ddau hyn o'u henillion, y naill fel athrawes a'r llall fel argraffydd, ac aethant ati gyda'u cynilion i brynu'r wasg a'i rhedeg. Erbyn dechrau 1938 yr oedd newid mawr arall ar gerdded a Morris, Prosser a Kate Roberts yn ystyried prynu'r *Faner* hithau. Yn ffodus, ceir peth o hanes y gwerthu yn rhai o lythyrau Prosser at Morris T. Williams, a dengys y llythyrau hynny'n blaen awydd a brwdfrydedd Prosser i weld *Y Faner* yn symud yn ôl i Ddinbych. Y llythyr cyntaf yr awgrymir ynddo symudiad tuag at werthu'r *Faner* yw un dyddiedig Ionawr 22 yn hysbysu Morris na chlywsai ddim pellach gan Read am ei fwriad i werthu'r papur. Yna, ar Ionawr 25, ceir sôn am y bwriad eto. 'Galwyd fi i mewn ddoe i sgwrs breifat ar y mater,' meddai,[2] 'ond aflonyddwyd arnom yn fuan, a gohiriwyd pethau tan y prynhawn yma, ond pan yn sgrifennu newydd gyrraedd yr offis y mae Mr. Read.' Nid yw'n eglur pa mor bell yr oedd y trafodaethau wedi mynd erbyn Mawrth 1938, ond y mae'n amlwg o'i lythyr at Morris T. Williams ar Fawrth 23 fod Prosser yn disgwyl yn eiddgar am rywbeth i ddigwydd yn go fuan:

Yr wyf yn dyheu am weled y "Faner" yn cael ei phrynu,—er mwyn imi allu rhoddi trefn briodol ar bethau. O dan yr amgylchiadau hyn, y mae'n ymdrech bod yn sefydlog, a theimlaf ein bod ninnau i ryw raddau yn methu gwneuthur y gorau o Mr. Evans. Ni wn pryd y daw'r *costing man* yma—ond credaf y daw cyn y Pasg. Gellir bwrw ymlaen a phethau wedyn. Canys dyleit [sic] gael rhyw chwe wythnos i baratoi ar gyfer dyfod y papur i Ddinbych.[3]

Dri mis yn ddiweddrach, yr oedd y sefyllfa'n dal yn ansicr, a cheir awgrym mewn un llythyr fod Prosser a Morris yn bwriadu sefydlu newyddiadur newydd sbon oni byddai Mr. Read yn cynnig gwerthu'r *Faner* am bris rhesymol. 'Nid oes yr un newydd parthed y "Faner"', sgrifennodd at Morris ym Mehefin,

> Oni chawn fodlonrwydd, myned ymlaen â'r papur bach a fydd raid. Ni bydd hwnnw'n risg fawr o gwbl, ac fe dâl y ffordd, a daw R. R. i'w synhwyrau.[4]

Yr oedd penderfynu faint y gellid fforddio ei dalu am *Y Faner* yn broblem fawr i Brosser, Morris T. Williams a Kate Roberts, ond lleihawyd y baich ariannol pan gytunodd I. D. Hooson i ddod yn gyd-berchennog y papur. Ymddengys fod Morris T. Williams wedi penderfynu na allai Gee gynnig mwy na £1,250 am *Y Faner*, ond er i Read wrthod hynny fel pris hollol annerbyniol, daliai Prosser yn obeithiol y câi Gee'r *Faner* am y pris. Yn ôl yr hyn a ddywed yn y darn hwn o lythyr at Morris yng Ngorffennaf 1938 ymddengys fod Prosser wedi bwriadu gadael *Y Faner* yn Awst 1938 ond iddo gytuno i gydweithredu â Read i gael y papur allan am ddau fis arall gan gredu y byddai Read, yn y cyfamser, yn blino ar y trefniant ansefydlog hwn ac ymhen ychydig yn cytuno i werthu'r papur i Gee :

> Dywedais wrtho [Read] ei fod yn gwybod fy mod i yn darfod yn ail wythnos mis Awst, a chyffesai ei fod mor glaear parthed llenwi fy lle oherwydd y credai y byddai'r "Faner" wedi ei gwerthu erbyn hynny.
>
> Gofynnodd i mi a fuaswn i'n barod i gydweithredu ag ef i gael y "Faner" allan am gyfamser byr o ddeufis—drwy sgrifennu rhyw ychydig a sybio rhyw ychydig. Fy neges neithiwr oedd gofyn dy farn ar hyn [ar y ffôn] —yr wyf am fod yn hollol agored yn y mater. Rhaid oedd imi roddi ateb heddiw iddo. Penderfynais y gwnawn hyn hyd ddiwedd Medi, dim ond iddo dalu rhywfaint am hynny. Byddaf i o dan y trefniant hwn yn hollol rydd, ond ni byddai'n deg imi gymryd y cyflog llawn oddi wrth Gee, er tloted wyf ar y foment. Fy mhrif reswm dros gydsynio oedd fy mod yn sicr yn fy meddwl fy hun y bydd y "Faner" yn Ninbych ar fyrder, ac am hynny, y talai imi gadw llygad ar y papur yn y cyfamser. Ymhen deufis bydd R. R. wedi cael llond bol ar y trefniant hwn, canys pwysleisiais y byddaf yn rhydd ac na fyddaf at ei alwad fwy nag ychydig oriau mewn wythnos.[5]

Y mae'n glir fod Prosser yn mynd i weithio i Wasg Gee, ac y mae'n eithaf sicr y byddai wedi symud i Ddinbych ar ôl ychydig o amser pe bai am sgrifennu i'r *North Wales Times* ac am addrefnu Gwasg Gee fel y dywedodd ei fod yn yr un llythyr :

Yr wyt yn deall y byddaf yn hollol rydd i wasanaethu Gee i'r graddau llawn a fwriadit, a chredaf ei bod yn well imi ddyfod drosodd at Gee yn ol dy awgrym, yn hytrach nag oedi dim ymhellach—y mae hynny'n llawer tebycach o ddwyn pethau i bwynt nag i mi gadw ymlaen fel cynt. Nid wyf am ysbeilio Gee—ond yn fy marn i, credaf ei bod yn well imi ddyfod drosodd atoch ar unwaith am ryw 4p—i'w gynhyddu i 5p pan dderfydd y dealltwriaeth a Read. Credaf y bydd gennych ddigonedd imi i'w wneuthur—rhwng tipyn o sgrifennu i'r "North Wales Times", proflenni, helpu i ad-drefnu Gee fel cyhoeddwr, y "Ganllaw" ac yn y blaen.

Ar Fedi 3 sgrifennodd Prosser i hysbysu Morris fod y perchennog wedi cynnig y papur ar delerau derbyniol o'r diwedd. Dyna Brosser yn byrlymu â chynlluniau newydd a synnwyr busnes, ac yn egluro i'w gyd-weithiwr yn Ninbych sut y dylai fynd ati i symud y papur :

Hoffwn iti gael popeth yn barod ar gyfer trafodaeth gyflawn pan ddeuaf i fyny. Cymeraf yn ganiataol dy fod yn myned i dderbyn y cynnig, ac ystyriaf dy fod yn gwneuthur yn iawn. Y peth cyntaf oll iti ystyried ar ol hyn yw—pa bryd y daw'r "Faner" drosodd. Fy hun, teimlaf mai gorau po gyntaf, er bod yr amser yn fyr at ddiwedd y mis hwn, a theimlaf fod dechrau yn Ninbych ar Ionawr 1 yn taflu'r peth yn rhy bell. Ac adeg anhwylus iawn yw dechrau'r flwyddyn, rhwng gwyliau Nadolig a phopeth. Dibynna brys ein trafodaethau ar ba bryd y mae'r trosglwyddo i fod. A thi sydd i benderfynu hynny, O bennaeth urddasol a grymus!

Dywedais yr hoffwn iti gael popeth yn barod erbyn y deuaf i fyny. Gader imi wneuthur fy meddwl yn glir. Yn gyntaf, rhaid iti gael sgwrs ag isolygydd *prospective*. Ac yr wyf yn awgrymu iti gael sgwrs yn gyntaf a Roberts-Williams. Credaf y deuai ef i wneuthur y gwaith ar unwaith, ac y mae pen da ganddo. Wedyn, rhaid iddo gael hogun]sic] o gynorthwywr o'r 16 i'r 18 oed, a fedr sgrifennu Cymraeg a Saesneg yn dda, bachgen a fedrai gymryd lle Roberts-Williams ymhen rhyw ddwy flynedd petai ef am ado. Yn awr, dylid chwilio am hwn ar unwaith a'i benodi ar unwaith fel y cynefino beth a gwaith y wasg cyn dyfod y "Faner". Pe gofynnit i W.A. Evans, Macaulay Owen a Tom Ellis, diau y deuit ar draws bachgen da. Gallai ddysgu llaw fer wedyn, ond rhaid iddo fedru'r ddwy iaith yn weddol, canys o dan y cynllun gohebwyr sy gennyf mewn golwg byddai gofyn iddo gyfieithu i'r *North Wales* ac o'r *North Wales,* a byddai hynny yn arbediad mawr ar ohebwyr mewn blwyddyn. Rhaid iti wneuthur y ddeubeth hyn cyn imi ddyfod.[6]

Yr oedd gan Brosser gynlluniau am gynnwys y papur yn ogystal ag am ei staff, ac y mae'i awgrymiadau manwl yn tystio i'w synnwyr busnes :

Rhaid inni beidio â bod yn rhy uchelgeisiol i ddechrau hefo "features" canys ni all Gee fforddio colli hyd yn oed am flwyddyn ar y "Faner". Ond credaf y dylid ceisio sicrhau Percy Jones i wneuthur tudalen wythnosol i'r amaethwyr. Y mae'n bwysig cael tudalen *first class* i'r ffermwyr, a Percy yw'r dyn gorau yng Nghymru ar y pwnc. Dylit drafod hyn ag ef cyn ei fyned. Ystyriaf hyn o'r pwys mwyaf. Wedyn, y mae pwnc ad-drefnu'r staff ar gyfer cynyrchu'r papur gennyt i'w ystyried,—gorau po gyntaf i wneuthur hynny.

Dyna waith rhagbaratoawl y gellit ei wneuthur i sicrhau y cawn pan gwrddwn weithio ar sylfeini cadarn. Ni ddeuaf yr wythnos nesaf heblaw dy fod yn penderfynu cael y papur at ddechrau Hydref. Dyddiad y cymryd drosodd sy'n penderfynu maint y brys. Ond dealla y byddaf i y tu ôl iti ben a chalon, ac y cei fy ngorau fel na chafwyd ef yma erioed.

Ychydig o ddyddiau ar ôl sgrifennu'r llythyr uchod, dyna Brosser yn awgrymu y byddai Gwilym R. Jones yn addas fel Is-Olygydd *Y Faner* newydd :

Parthed is-olygydd, tybed a adai Hugh Evans i Gwilym ado—efallai y cynigient rhyw 1p o godiad iddo yn hytrach na'i golli. Efallai hefyd na buasai'n hoffi'r syniad o ddod yn is-olygydd, ond byddwn yn hollol barod i ildio'r teitl iddo, a gellir fy ngalw innau yn rhyw Olygydd Cyffredinol, neu Gyfarwyddwr Golygyddol Gee a'i Fab neu rywbeth o'r fath. Dylit gael sgwrs ag ef *ar unwaith.*[7]

Erbyn Mawrth 1939, yr oedd Gwilym R. Jones wedi ymsefydlu yn Ninbych yn Olygydd y *North Wales Times* ac yn Is-Olygydd *Y Faner*.

Dechreuwyd cyhoeddi'r *Faner* gan Wasg Gee ar ddechrau 1939 a gwnaethpwyd cytundeb rhwng Gwasg Gee a Gwasg Aberystwyth mai Prosser Rhys fyddai Golygydd *Y Faner* am £5 yr wythnos, y cyflog i'w gynyddu yn unig pan fyddai amgylchiadau'n caniatáu. Cytunwyd hefyd y rhôi Gwasg Aberystwyth hwylustod i Wasg Gee pan geisiai sefydlu swyddfa De Cymru i'r *Faner* yn Aberystwyth, a thrwy gytundeb arall, a wnaethpwyd ym 1940, trefnwyd mai Morris T. Williams a ddaliai'r rhan fwyaf o gyfranddaliadau Gee a'i Fab ac mai Prosser Rhys fyddai 'sole proprietor' Gwasg Aberystwyth.

Dywed Dr. Kate Roberts nad oedd cyhoeddi'r *Faner* yn Ninbych heb ei anawsterau, yn enwedig gan fod peiriannau Gwasg Gee'n hen a hwythau'r perchnogion heb ddigon o gyfalaf i fforddio peiriannau newydd yn eu lle. Ar y llaw arall yr oedd manteision o gael *Y Faner* yn ôl yn Ninbych. Symudwyd maen tramgwydd Rhyddfrydiaeth Seisnigaidd yr hen berchnogion, ac yr oedd symud y papur yn fanteisiol i Brosser mewn ffyrdd eraill hefyd fel yr eglurodd yn ei atgofion tua diwedd ei oes :

> Efallai ei bod yn well arnaf i na'r mwyafrif o olygyddion Cymru wedi symud "Y Faner" yn ôl i Ddinbych, ac i feddiant cwmni Cymreig. Y mae'r golygydd bellach allan o helynt y proflenni, y ffitio i mewn i dudalennau a'r argraffu, ac i raddau mawr allan o helynt cywiro cyfraniadau gohebwyr, er bod safon ysgrifennu gohebwyr bellach yn uchel, o gymharu â'r llithoedd anhygoel o wallus ac aflêr a dderbynid un mlynedd ar hugain yn ôl.

Yr oedd baich y gwaith o gynhyrchu'r papur bellach ar ysgwyddau Morris T. Williams, Gwilym R. Jones a gweddill y staff yn Ninbych, ac o ddarllen llythyrau Morris at Brosser, gwelir bod Prosser yn bur ffodus ei fod allan o helynt yr argraffu. ' Y mae'n ddiawl o gawl yma heddiw ', sgrifennodd at Brosser ar Fawrth 4, 1940,

> Bob Griffiths wedi mynd adre'n sâl hefo "german measles" ddiwedd yr wythnos diwethaf ac Ifan Bach adre'n sâl hefo'r un peth heddiw. Erbyn y prynhawn y mae Dic yn sâl o dan law'r Doctor. Felly os na fyddi wedi clywed gennyf, byddaf wedi troi'n operator unwaith eto ![8]

Yn Rhagfyr 1938 lluniodd Prosser restr o awgrymiadau am bolisi'r *Faner* a dengys y rhain y math o bapur y dymunai iddo fod. Yn fyr, awgrymodd y dylai'r *Faner :*

(i) ganolbwyntio ar newyddion a phroblemau Cymru a barnu datblygiadau o safbwynt y genedl Gymreig.

(ii) wrthwynebu ffurflywodraethau unbenaethol a democratiaethau imperialaidd.

(iii) sefyll dros hawl pob cenedl wâr i feddu ar yr hawl i'w llywodraethu ei hun.

(iv) sefyll yn erbyn Imperialaeth.

(v) roi sylw arbennig i fywyd a phroblemau gwledydd bychain Ewrop.

(vi) gytuno â datganiad arweinydd y Blaid Genedlaethol y dylai gwledydd Ewrop ffurfio comisiwn i weinyddu'r rhannau o Affrica lle yr oedd hynny'n angenrheidiol, er budd y trigolion, gyda golwg ar alluogi'r trigolion yn y pen draw i'w llywodraethu eu hunain.

(vii) gefnogi ailsefydlu Cynghrair y Cenhedloedd.

(viii) wrthwynebu rhyfel oherwydd ei fod yn gyfrwng hollol aneffeithiol i setlo anghydfodau cydwladol.

(ix) sefyll dros Gristnogaeth.

(x) gefnogi'r syniad y dylid mabwysiadu mwy ar y gyfundrefn gydweithredol ymhlith awdurdodau lleol Cymru.

(*iii*) BLYNYDDOEDD Y RHYFEL

Ychydig fisoedd ar ôl i Brosser awgrymu y dylai'r *Faner* wrthwynebu rhyfel ' oherwydd ei fod yn gyfrwng hollol aneffeithiol i setlo anghydfodau cydwladol ' yr oedd y rhyfel rhwng Prydain a'r Almaen wedi dechrau a pholisi'r *Faner* wedi ennill arwyddocâd newydd. Ym mlynyddoedd y rhyfel gallai Prosser ymfalchïo'n drist mai'r *Faner* 'oedd y cyntaf o'r papurau newydd Cymraeg i alw sylw at gyfodiad Hitler, pan nad oedd ond arweinydd plaid gymharol fechan ; ac i geisio esbonio ei boblogrwydd ',[9] ac ar hyd blynyddoedd cystuddiedig y rhyfel daliodd Prosser at ei egwyddorion heddychol ac nid ymataliodd rhag gwneud *Y Faner* yn llais i'r egwyddorion hynny. ' Dim ond ambell un fel tydi, Gwilym R. Jones, a J. P. Davies sydd wedi gwrthwynebu rhyfel o dan bob amgylchiad ', sgrifennodd Morris T. Williams ato ym Mehefin 1940.[10] Yn ei atgofion, ymhelaethodd Prosser ar sut y penderfynwyd ar bolisi'r *Faner* newydd tuag at yr ail ryfel byd :

> Gyda dychwelyd o'r "Faner" i Ddinbych dan berchnogaeth newydd daeth y rhyfel, ac nid cyfnod hawdd i Olygydd na fynnai i'w bapur gerdded gyda'r lli, a fu cyfnod y rhyfel. Fel y neshai'r rhyfel yn Awst 1939 yr oedd cyfarwyddwyr *Y Faner* yn bendant o'r farn y dylai'r "Faner" wrthwynebu'r rhyfel hwn, onid pob rhyfel arall. Yr oeddynt yr un mor bendant yn erbyn Natsiaeth a Ffasgaeth: nid oedd imperialaeth Hitler na Mussolini yn beth mwy gwiw yn ein golwg nag imperialaeth Lloegr. Ond credid nad drwy ryfel y gellid lladd y credoau gwleidyddol gwenwynllyd hyn—yn wir, na wnâi rhyfel, o angenrheidrwydd, ond eu lledaenu. Bernid mai drwy gynnull cynhadledd gydwladol i ystyried achosion yr anesmwythyd yn Ewrob, ac i unioni pa gam bynnag oedd yn bod, yr oedd y ffordd iawn i ymlid totalitariaeth o'r tir. Ar ôl pum mlynedd o ryfel, ni chawsom reswm dros newid ein barn. Bellach ni ellir myned yn ôl i 1939, ac y mae totalitariaeth er gorchfygu Hitler a Mussolini yn ymledu.

Ymhen byr o dro, daeth y newyddion o Lundain y byddai'n rhaid i bob llanc rhwng ugain ac un ar hugain oed yng Nghymru ddysgu bod yn filwr, a datganodd Prosser wrthwynebiad *Y Faner* i orfodaeth filwrol yn glir ac yn uchel :

> Ni ddylid gorfodi Cymry o gwbl i ymuno â byddin Lloegr. Ni ddylid hyd yn oed eu cymell i wneuthur hynny, ond bod rhyddid i unrhyw Gymro a fynnai ymuno â'r fyddin o wirfodd wneuthur hynny. Yn y rhyfel a ddaw—rhaid i Gymru fod yn niwtral. Ni chefnogwn neb a gymer ran yn y rhyfel ; nis gwrthwynebwn ychwaith. Ni all Lloegr ddisgwyl i Gymru ymladd drosti. Collodd ieuenctid Cymru eu gwaed yn hael yn y Rhyfel Mawr. Pa beth gwell yw Cymru heddiw am hynny ? Anwybyddir ei hawliau yn fwy nag erioed. Felly, dylid hawlio fod y Mesur Gorfodaeth Filwrol yn anghymwysiadwy i Gymru. Onid yw Cymru yn werth gwneuthur y sylw lleiaf ohoni yn amser heddwch,—ni ddylai Lloegr gymryd unrhyw sylw ohoni pan yw rhyfel yn y golwg ychwaith. Anwybyddir hi yn amser heddwch ; anwybydder hi hefyd yn amser rhyfel. Rhaid i Gymru, meddaf eto, fod yn niwtral, ac am hynny ni ddylid gorfodi ei phlant i fyddin Lloegr. (LC, 3-5-1939)

Gan fod teipysgrif o wrthwynebiad Prosser i wasanaeth milwrol wedi goroesi, y mae'n werth dyfynnu'n helaeth o'r datganiad. Prif ddadl Prosser oedd nad oedd gan Loegr hawl i ofyn am ei wasanaeth gan mai Cymro oedd :

> Gwrthwynebaf o gydwybod gael fy nodi ar Restr Filwrol Llywodraeth Loegr oherwydd nad oes gan Loegr hawl foesol o gwbl ar fy ngwasanaeth yn ei rhyfeloedd, nac mewn undim arall o'r eiddi, canys Cymro wyf i, Cymru yw fy ngwlad ac i Gymru yn unig y mae fy nheyrngarwch.
>
> Hyd nes i Loegr drwy ryfeloedd ymosodol chwanegu Cymru at ei thiriogaeth yr oedd Cymru yn wlad ac yn genedl annibynnol. Pe bodlonwn i gael fy nodi ar Restr Filwrol Llywodraeth Loegr, buaswn yn cydnabod hawl Lloegr i'w lladrad, drwy oruchafiaeth mewn rhyfel, o wlad a thynged cenedl y Cymry. *Ni allaf i byth gydnabod yr hawl honno,* mwy nag y geill Pwyliad neu Tsec neu Norwyad gydnabod hawl yr Almaen ar eu gwledydd a'u tynged hwythau.
>
> Nid yw'r ffaith bod lladrad Lloegr yn ganrifoedd oed yn ei wneuthur yn ddim gwell na lladrad. Pan sonia Lloegr am ryddhau cenhedloedd bychain Ewrob drwy'r rhyfel hwn, tra y ceidw hi Gymru yn dynn yn ei chrafangau a'i defnyddio i'w dibenion ei hun heb roddi'r ystyriaeth leiaf i fuddiannau'r genedl Gymreig—y mae'r holl son i mi megis efydd yn seinio a symbal yn tincian. A phan orfoda hi fechgyn Cymru i ymladd yn y rhyfel hwnnw—heb addo ohoni hyd yn oed gymaint a mesur bychan o hunanlywodraeth i Gymru wedi'r rhyfel—ystyriaf fod Lloegr yn euog o drais o'r math mwyaf haerllug a di-enaid, sy'n galw am fy holl egni i'w

ddinoethi a'i wrthwynebu—trais a barai i'r genedl gyfan godi fel un gwr yn ei erbyn, onibai am y ffaith bod canrifoedd o orchfygiad ac o ymwthiad Lloegr i'n holl fywyd, ac o bropaganda wedi pylu min cydwybod mwyafrif ein pobl.

Anwybodaeth am hanes eu cenedl, ac nid dim arall, sy'n peri bod mwyafrif yng Nghymru sy'n barod i gydweithredu a Lloegr yn y rhyfel hwn. Y mae'n anorfod, bron, i newyddiadurwr a thipyn o lenor Cymraeg wybod rhyw gymaint am orffennol ei genedl, ac y mae gan y wybodaeth honno, o angenrheidrwydd, ddylanwad di-droi-yn-ol ar ei gydwybod mewn mater fel hwn, yn chwanegol at dueddiadau naturiol un na wybu unrhyw fywyd ond y bywyd Cymreig. Fel Golygydd papur newydd cenedlaethol Cymraeg, "Y Faner" am dros ddeunaw mlynedd, fy mhennaf tasg fu ceisio gwrthweithio holl effeithiau adwythig gorchfygiad Cymru a'r Ddeddf Uno, a deffro'r Cymry i fynnu adfer hunan-barch y genedl ac ymwybod a'i gorffennol gwiw a'i thraddodiad cenedlaethol arbennig hi ei hun.

Mi fynnwn bwysleisio bod fy ngwrthwynebiad fel Cymro i gymryd rhan y[n] y rhyfel hwn yn un moesol—nid shiboleth wleidyddol yw cenedlaetholdeb Cymreig—ond ffaith foesol, ysbrydol, hanfodol. Gwrthwynebiad yw'r eiddof fi i drais cenedl gref ar genedl wan, i feddiant anghyfiawn Lloegr ar Gymru drwy nerth materol, i'r ormes a'r twyll sy'n arwain cenedl yn ei byrbwylltra a'i hanwybodaeth am ei hetifeddiaeth neilltuol ei hun, i gymryd rhan mewn rhyfel na byddai a wnelai hi ddim oll ag ef onibai ei chlymu *drwy orfod* a Lloegr. Byddwn yn gwadu fy modolaeth fel Cymro, byddwn yn gwadu bodolaeth fy nghenedl, byddwn yn gwadu sylfeini fy mhersonoliaeth a'n bywyd ysbrydol,—pe bodlonwn i gael fy ngorfodi gan Loegr i ymladd gyda hi yn y rhyfel hwn [.] Cyffelyb fuaswn i Tsec neu Norwyad a fynnai helpu'r Almaenwyr i ennill y dydd. Ac fe eilw Lloegr ei hun bobl felly yn fradwyr i'w cenhedloedd eu hunain. *Ni allaf i fod yn fradwr i Gymru.*[11]

Cyfeiriodd yn ogystal at anghysonder Lloegr wrth gydnabod hawl Gwyddelod Gogledd Iwerddon i beidio â chael eu gorfodi i'r rhyfel ac yna'n gwrthod yr un hawl i'r Cymry. Ac yntau'n wrthwynebwr cydwybodol i'r carn, gellid disgwyl iddo amddiffyn gwrthwynebwyr cydwybodol eraill, ac felly y gwnaeth. Cododd ei lais yn erbyn y driniaeth a gâi gwrthwynebwyr cydwybodol ar sail wleidyddol yn llys Artemus Jones. 'Mi hoffwn hysbysu Syr Thomas Artemus Jones', sgrifennodd yn 'Led-led Cymru' ar Galan Mai 1940, 'fod teimlad yn cryfhau, hefyd, yng Nghymru yn erbyn gwaith ei lys ef yn gomedd cydnabod gwrthwynebiad cydwybodol gwleidyddol.'

Y mae'n bwysig nodi i safiad Prosser Rhys yn erbyn y rhyfel arwain at dipyn o wrthdaro rhyngddo ef ac W. J. Gruffydd, Golygydd *Y Llenor*. Er gwaethaf y gwrthwynebiad cryf yr oedd wedi'i fynegi cyn hynny i baratoadau'r Llywodraeth ar gyfer rhyfel, yn rhifyn haf 1940 o'r *Llenor* datganodd Gruffydd ei fod bellach o blaid rhyfel gan ei fod yn credu mai cefnogi'r rhyfel oedd y ffordd orau i sefyll yn erbyn Hitleriaeth. Tynnwyd sylw at 'dröedigaeth' Gruffydd yn *Y Faner* ar Orffennaf 10, 1940, ac yn 'Led-led Cymru' ymhen wythnos arall, ond er ei bod yn amlwg i bawb fod y ddau Olygydd yn anghydweld yn sylfaenol ar y rhyfel, arhosodd pethau'n gymharol dawel hyd nes i Gruffydd gyhoeddi erthygl dan y teitl 'Mae'r Gwylliaid ar y Ffordd' yn y rhifyn nesaf o'r *Llenor*. Unwaith eto tynnodd Euroswydd sylw at safbwynt Gruffydd yn 'Led-led Cymru' a dyfynnodd y paragraff hwn o'i erthygl :

> Galwn y rhyfel hwn yn rhyfel imperialaidd, yn rhyfel i gadw'r gyfundrefn gyfalafol, i ymladd dros unigoliaeth, mae peth gwir yn y cwbl a ddywedwn. Ond cofiwn, wrth uchel waeddi'r ystrydebau hyn, ein bod, dan awgrym cyfrwys yr Adwaith, yn ein byddaru ein hunain rhag clywed rhaeadrau mawr llifogydd y trychineb sydd yn gyflym yn agosáu i orlifo dros bopeth a garwn yn y byd, dros bob cred ac egwyddor sy'n werthfawr i ni, dros bob Rhyddid a enillwyd i ni gan Reswm a Chariad at Ddyn yn y gorffennol.[12]

Cyferbynnodd Prosser ffordd W. J. Gruffydd o edrych ar y rhyfel fel 'crwsâd yn erbyn galluoedd y tywyllwch', (LC, 23-10-1940) ag agwedd sgrifennwr yn y *Times* a ddywedasai mai 'un o achosion sylfaenol y rhyfel a fu ymdrechion di-baid yr Almaen er 1918 i geisio cael marchnadoedd tramor er mwyn wynebu ei phroblemau ariannol, a hynny yn yr union adeg yr oedd ei holl gystadleuwyr hi dan orfod, oherwydd eu dyledion rhyfel hwythau, i geisio'n union yr un nod'. Dadleuodd Prosser ymhellach fod gohebydd y *Times*, ar yr achlysur hwn, gryn dipyn yn nes at y gwir na Gruffydd, ac aeth yn ei flaen i geisio profi nad 'Rhyddid a Rheswm' oedd y ddelfrydiaeth a barasai'r rhyfel drwy gyfeirio at nifer o achosion o ormes Lloegr oddi ar i'r rhyfel ddechrau :

> Ymhellach, a gaf i nodi rhai pethau a bair imi gredu bod yr Athro'n cyfeiliorni wrth ystyried y rhyfel hwn yn rhyfel crwsâd dros Rhyddid [sic] a Rheswm ? Ai nodweddiadol o grwsâd o'r fath yw carcharu ar fympwy pen cwnstabliaid adweithiol, heb gymaint â chyhuddiad yn eu herbyn, ddinasyddion cyfrifol y gwyddid nad oeddynt o'r un farn â'r

awdurdodau am y rhyfel? Ai nodweddiadol o grwsâd Rhyddid a Rheswm yw gyrru plismyn i chwilio tai dinasyddion a lladrata llyfrau fel yr eiddo William Morris a D. H. Lawrence, a Phamffledi Harlech? Ai nodweddiadol o grwsâd Rhyddid a Rheswm yw gwaith awdurdodau yn ceisio drwy fygythion a chynnig ffafrau gael gan bobl i roddi gwybodaeth am syniadau rhai o'u cyd-ddinasyddion?

Ar ôl sylwi ar nifer o achosion eraill o anghyfiawnder, talodd deyrnged i ddiffuantrwydd Gruffydd a'i ddawn lenyddol gan resynu ar yr un pryd nad bychan fyddai effaith ei erthygl:

Nid oes eisiau dywedyd i'r Athro Gruffydd sgrifennu ei erthygl gyda'i ddawn lenyddol ddiledryw a'i fin arferol. Ond effaith yr erthygl fydd tywyllu barn ar y rhyfel yng Nghymru a gwneuthur yr Athro'n boblogaidd ymhlith y jingoistiaid—llawer ohonynt yn elynion anghymodlon i ryddid Cymru—na chwenychodd ef erioed, ac na chwennych ef yn awr, yr wyf yn sicr, ddim o'u deheulaw.

Cyffrowyd darllenwyr *Y Faner* gan sylwadau newydd Euroswydd a derbyniodd lawer o lythyrau (y rhan fwyaf ohonynt yn cytuno ag ef) ynghylch yr hyn yr oedd wedi'i draethu ar y rhyfel. Ni phlesiwyd Gruffydd gan y llith ac yr oedd ganddo gryn dipyn i'w ddweud amdani yn ei nodiadau golygyddol yn y rhifyn nesaf o'r *Llenor*. Barnodd fod Prosser wedi penderfynu mai gwrthwynebu Llywodraeth Lloegr oedd polisi'r *Faner* a'i fod yn awr yn dadlau'n rhagfarnllyd ar sail y polisi hwnnw'n unig:

. . . nid oedd Mr. Prosser Rhys wedi meddwl o gwbl am y pwnc ymhellach na'r ffaith mai gwrthwynebiad i lywodraeth Lloegr yw polisi'r *Faner,* ac nad oedd ganddo na'r hamdden na'r awydd i ymgydnabyddu â hyd yn oed ei odre . . . Mae gan Mr. Prosser Rhys ddau sylw sy'n haeddu eu nodi yma; nid wyf am ddyfynnu ei eiriau'n llawn gan iddo roddi cryn ofod i'r mater. Yn gyntaf, dyfynnodd baragraff o'm heiddo lle y dywedais "galwn y rhyfel yn rhyfel imperialaidd, yn rhyfel i gadw'r gyfundrefn gyfalafol, i ymladd dros unigoliaeth,—*mae peth gwir* yn y cwbl a ddywedwn Ond cofiwn wrth uchel waeddi'r *ystrydebau* hyn, ein bod, . . . yn ein byddaru ein hunain rhag clywed . . . y trychineb sydd yn gyflym yn agosáu . . ." Dull Mr. Prosser Rhys o ymresymu yw cymryd yn ganiataol fod y geiriau hyn yn *gwadu bod dim* imperialaidd yn y rhyfel, a cheisio ateb ei gam-ddehongliad ei hun drwy fy nharo i lawr â phastwn annisgwyliadwy iawn yn llaw Golygydd y *Faner,* sef trwy ddyfynnu gohebydd swyddogol yn ysgrifennu yn Saesneg yn y *Times* i ddweud mai rhyfel i gael mwy o luniaeth ac o betrol ydyw. Â ymlaen yn garedig i ddweud fod y *Times* yn *sicr* o fod yn gwybod mwy am y mater na'r Athro Gruffydd.[13]

Clodd ei ateb drwy ofyn i Brosser pwy a fyddai debycaf o gael ei roi yn erbyn y mur i'w saethu pe bai'r Almaenwyr yn gorchfygu Prydain, 'ai Euroswydd y *Faner*, gyda'i feirniadaeth lem ar Mr. Churchill ac eraill o elynion yr Almaen, ai ni a gyhuddir ganddo o bleidio'r gelynion hynny ?'

Ddwy flynedd ar ôl y gwrthdaro rhwng Prosser a Gruffydd, dyma'r ddau yn eu cael eu hun yn anghytuno'n ffyrnig ar fater gwleidyddol arall cysylltiedig â'r rhyfel. Yn Hydref 1942 ymddeolodd Syr Thomas Artemus Jones o'i swydd fel barnwr yng Nghylchdaith Sirol Gogledd Cymru, ac yn ei le penodwyd Ernest Evans, Aelod Seneddol Rhyddfrydol dros Sedd y Brifysgol. Gan fod Evans wedi troi o fyd gwleidyddiaeth, yr oedd y Sedd yn awr yn wag a threfnwyd cynnal etholiad achlysurol yn Ionawr 1942. Yr oedd y pleidiau mawr wedi cytuno na fyddent yn brwydro'n erbyn ei gilydd yn ystod blynyddoedd y rhyfel ac felly nid oedd angen ond i'r Rhyddfrydwyr gael hyd i olynydd addas i Evans ac ymgeisydd a fyddai'n gallu tynnu'r pleidleisiau a âi fel arall i Saunders Lewis, a fyddai'n ymladd ar ran y Blaid Genedlaethol. Yn ôl ei arfer, rhoi Cymru'n gyntaf a wnaeth Prosser a phwysleisio'r angen i ethol dyn a safai'n gadarn ac yn gyson dros Gymreictod a dyn a chanddo 'brofiad academaidd a gweledigaeth ynglŷn â phroblemau addysg Cymru'. (*Y Faner*, 11-11-1942) O'r cyntaf un, felly, pleidiodd Saunders Lewis.

Parodd dewis gwrthwynebydd effeithiol i Saunders gryn benbleth i'r Rhyddfrydwyr am fod yn rhaid iddynt gael hyd i Gymro Cymraeg diwylliedig a phoblogaidd. Nid aeth y penbleth heb sylw yng ngholofn olygyddol *Y Faner* :

> Beth bynnag a wneir yn y diwedd, y mae'n werth cofio i'r Rhyddfrydwyr wneuthur ymdrech arbennig y waith hon i gael Cymro Cymraeg o nod yn ymgeisydd . . . a buwyd yn cymell pobl i ymgeisio na buasai dyn hyd yn oed mewn hunllef, yn eu gweled yn Aelodau Seneddol . . . Paham yr helynt am Gymro Cymraeg amlwg y waith hon ? Ni bu'r fath ddiwrnod lladd mochyn o fusnes pan fabwyswyd Mr. Ernest Evans yn ymgeisydd. (*Y Faner*, 25-11-1942)

O'r diwedd, cytunodd W. J. Gruffydd i sefyll yn ymgeisydd, yn y lle cyntaf yn ymgeisydd annibynnol, ac yna erbyn Rhagfyr 9 yn ymgeisydd swyddogol y Rhyddfrydwyr. I Brosser yr oedd yn amlwg mai ofn ethol Saunders Lewis oedd yr unig gymhelliad i ddewis W. J. Gruffydd ac ystyriai fod hyn yn anhygoel ar adeg argyfyngus yn hanes Cymru. Dadl Prosser oedd mai Saunders Lewis a safai dros Gymru a chan fod Gruffydd wedi cydsynio i ymladd yn ei erbyn, ymddangosai'n blaen iddo na rôi ef y lle blaenaf i fuddiannau Cymru. Ymgollodd Prosser yn llwyr ym mrwydr sedd y Brifysgol ac y mae'n amlwg nad oedd wedi anghofio'r anghydfod cynharach ynghylch y rhyfel. 'Tra bu'r Athro Gruffydd yn cwynfan oherwydd bod y "gwylliaid" ar y ffordd yn Ewrop,' sgrifennodd yn *Y Faner* ar Ragfyr 16, 'bu Mr. Saunders Lewis yn gwasanaethu'n ddyfal—er gorfod gweithio'n galed am fywoliaeth ddigon main, diolch i hynawsedd pobl dda Coleg Abertawe—ar gyrff a geisiai leddfu effeithiau peryglus y mesurau rhyfel ar y bywyd Cymreig.' Cyhoeddodd fwy o ymosodiadau crafog a pherthnasol yng ngholofn olygyddol *Y Faner* ar Ragfyr 23, pan dynnodd sylw at y ffaith fod W. J. Gruffydd yn dal yn aelod o'r Blaid Genedlaethol ac at ei gefnogaeth ychydig o flynyddoedd ynghynt i'r rhai a oedd wedi llosgi'r Ysgol Fomio.

Daeth dydd yr etholiad a dydd cyhoeddi'r canlyniadau. Cafodd Gruffydd 3,908 o bleidleisiau a Saunders Lewis 1,330. Wrth ystyried bod y Blaid Ryddfrydol wedi ymladd yn ffyrnig ac yn gyfrwys a chyda chefnogaeth frwd a chyson papur fel y *Western Mail*, barnodd Prosser fod mwy o werth moesol mewn colli'r etholiad na'i ennill yn nulliau'r Blaid Ryddfrydol. Daliai i fod yn llawdrwm ar Gruffydd. 'Nid oes gennym hawl i ddisgwyl dim oddi wrth yr Athro W. J. Gruffydd', sgrifennodd yng ngholofn olygyddol *Y Faner* ar Chwefror 3, 1943, 'chwarae teg iddo, ni addawodd ddim—dywedodd mai myned i'r Senedd i ddysgu gwaith Seneddwr y mae.'

Er bod gan *Y Faner* bolisïau pendant iawn ar y rhan fwyaf o bynciau'r dydd, ystyriai ei Golygydd y dylai apelio at y cyhoedd yn gyffredinol ac nid at gylch bach o genedlaetholwyr a heddychwyr. Llwyddodd yn rhyfeddol i droi'r papur yn fan cyfarfod a thrafod i bobl led-led y wlad er gwaethaf y polisïau amhoblogaidd y safai drostynt, a dyna'r nodwedd o'r *Faner* a gofnodwyd gan Robert Williams Parry :

> Ie, baner pob enwad—a phob plaid,
> A phob plwy'n yr henwlad.
> Hyd ei holaf dyrchafiad
> Hi ddeffry Gymry i'r gad. (*Y Faner*, 25-8-1943)

Ni chytunai pawb â Phrosser ac R. Williams Parry mai peth dymunol ac iachus oedd i newyddiadur roi ystyriaeth a gofod i amrywiaeth o safbwyntiau a barnau nad oedd weithiau ond eu Cymreictod yn rhoi unoliaeth iddynt. Sgrifennodd Iorwerth C. Peate at Brosser i gwyno am anghysonderau y credai eu bod yn niweidiol i'r *Faner*, a beirniadodd Saunders Lewis yntau barodrwydd y Golygydd i ganiatáu i'w ddarllenwyr fynegi'u syniadau'u hun ac i ddefnyddio colofnau'r *Faner* at eu dibenion eu hun :

> Nid oedd yn olygydd mawr—o leiaf dyna fy marn i. Ni cheisiodd fod. Ni cheisiai roi marc ei ofal a'i bersonoliaeth ar bob rhan o'i bapur. Syniad eclectig, os goddefir y gair, oedd ganddo ; gofalai ei hunan am yr erthygl flaen, am bolisi swyddogol y papur, am ymgyrchoedd arbennig. Ond credai mewn gwasgaru cyfrifoldeb a rhoi llaw rydd i'w gydweithwyr. A gwnâi amgylchiadau, megis y cyhoeddi yn Ninbych a swyddfa'r golygydd yn Aberystwyth, y polisi hwnnw'n rheidrwydd. (*Y Faner*, 14-2-1945)

O'm rhan i, ni allaf gytuno bod yr elfen oddefol a chyfrannol yng ngolygyddiaeth Prosser yn ei rwystro rhag bod yn olygydd mawr. Yr oedd caniatáu rhyddid barn ar dudalennau'r *Faner* yn ffordd effeithiol o amlygu cred y Golygydd fod rhyddid yn hawl sylfaenol, a golygai'r amrywiaeth a'r amlochredd fod apêl y papur yn llawer mwy nag y buasai fel arall. Yn fwy na hynny, dylid cofio bod polisi swyddogol y papur wrth sefyll dros Gymru, ei hiaith a'i diwylliant, dros y cenhedloedd bach, dros heddwch a thros Gristnogaeth yn hollol gyson a diwyro. Os cafwyd anghytundeb a gwrthdaro bob hyn a hyn yn *Y Faner*, gellid dadlau hefyd mai hanfod gafael papur newydd ar ei ddarllenwyr yw tyndra, anghytuno a thrafodaethau llosg.

Meddai Prosser, y Golygydd, ar y ddawn i ddenu amrywiaeth o sgrifenwyr o safon uchel i'r *Faner*, ac yr oedd llawer o lenorion adnabyddus yn eu plith. Yr oedd rhai o'r rhain yn cydweithio â Phrosser ac yn barod i awgrymu gwelliannau i'w bapur. Er nad oedd yn aelod o'r staff, yr oedd Iorwerth C. Peate yn gynghorydd ac yn gynorthwywr parod a fyddai'n anfon pytiau o wybodaeth gyfrinachol at Brosser o bryd i'w gilydd. Saunders Lewis oedd y sgrifennwr a brofodd fwyaf cyffrous a dadleugar, ac ar yr un pryd ef, yn ddiau, oedd gohebydd mwyaf llwyddiannus *Y Faner*. Yr oedd Saunders Lewis wedi colli'i swydd ym Mhrifysgol Abertawe adeg helynt yr ysgol fomio, ond er bod Prosser yn credu mai gwarth oedd ei ddiswyddo y mae'n sicr ei fod wrth ei fodd yn ei gael yn sgrifennwr cyson yn *Y Faner*.

Ymddangosodd colofnau Saunders Lewis, ' Cwrs y Byd ', am y waith gyntaf yn rhifyn Ionawr 4, 1939 o'r *Faner* ac edrychid ymlaen yn awchus at ddarllen y colofnau hyn gan lu o ddarllenwyr bob wythnos am y deuddeng mlynedd nesaf. Ymhen amser, cyhoeddwyd dau ddetholiad o ysgrifau Saunders yn *Y Faner*, y naill ar gyfer y Clwb Llyfrau Cymreig dan y teitl *Ysgrifau Dydd Mercher*, a'r llall, ac ynddo bum ysgrif ' Cwrs y Byd ' gan Wasg Aberystwyth, dan y teitl *Cymru wedi'r Rhyfel*. Dengys y rhagair i'r detholiad hwn fod Saunders Lewis yn ymwybodol iawn o natur losg ei erthyglau ac o'r beirniadu a fyddai arno o'u herwydd. ' Fe'm cyhuddwyd yn ddiweddar o fod yn Ffasgydd . . .', meddai,

> Anturiaf ddweud mai'r egwyddorion a bregethir yn y penodau hyn yw'r rhaglen fwyaf gwrth-ffasgaidd a gynigir o gwbl i Gymru heddiw, ac mai ar y llinellau hyn yn unig y gellir osgoi Ffasgiaeth.

Ac yntau wedi profi blynyddoedd hir o gaethiwed i bolisi hen berchnogion *Y Faner*, ystyriai Prosser fod rhoi rhyddid i Saunders Lewis i fynegi'i farn yn bwysig ac yn ddyledus. Yn y darn canlynol o'i atgofion, eglura Prosser sut y daeth Saunders Lewis i ddechrau'i erthyglau ' Cwrs y Byd ' a phwysleisia hefyd faint y rhyddid a roid iddo :

> Trannoeth i gyhoeddi rhyfel yn erbyn yr Almaen daeth Saunders Lewis i'r swyddfa. Cefais ei fod yntau, a oedd erbyn hyn yn un o ysgrifenwyr cyson y papur, o'r un farn â mi. Ysgrifenasai erthygl arweiniol ar gyfer "Baner" gyntaf y rhyfel—yn galw am gadoediad ! Wrth gwrs, fe'i cyhoeddwyd. Ymgymerth yntau o ddifrif a sgrifennu "Cwrs y Byd", a rhoddi heibio dros dro, ei erthyglau llenyddol. Cydnabyddir bellach nad oes dim yng ngwasg Prydain a fu'n ddadansoddiad disgleiriach ar "Gwrs y Byd" yn ystod blynyddoedd trafferthus y rhyfel na "Chwrs y Byd" *Y Faner* [.] Nid oes dim a ddarllennir mor gyffredinol gan bawb sy'n darllen Cymraeg—cytuno ag ef neu beidio. Ni chawsom ryw lawer o helbul gyda'r sensoriaeth—a rhaid cydnabod hynny'n agored. Ar y cyfan rhoed i awdur "Cwrs y Byd" fesur mawr o ryddid i drafod materion digon dadleuol—nid llwyr ryddid—ond mesur o ryddid sy'n gredyd i'r bobl gyfrifol. Ac er nad oedd y Golygydd yn gallu llwyr gytuno â "Chwrs y Byd" ar bob pwnc, cafodd awdur "Cwrs y Byd" bob rhyddid cyn belled ag yr oedd y Golygydd yn y cwestiwn.

Efallai i 'Cwrs y Byd' ennyn llid rhai o ddarllenwyr *Y Faner*, ond fel y crybwyllir uchod, yr oedd y llywodraeth, drwy swyddfa'r Weinyddiaeth Hysbysrwydd yng Nghaerdydd, hefyd yn gwylio'n gyson ac yn barod i sensro popeth a allai fod yn niweidiol i'r ymdrech ryfel. Fel arfer byddai'r Swyddfa Hysbysrwydd yn ceisio darbwyllo Prosser i newid ysgrifau Saunders Lewis drwy sgwrs ar y ffôn ond atebai Prosser bob tro fod yn rhaid iddo ofyn barn awdur 'Cwrs y Byd' yn gyntaf. 'Dwyf i ddim yn barod i newid un gair o'm sylwadau yr wythnos hon', meddir, fyddai ymateb Saunders Lewis.[14] Gweithiai Mr. William Eames yn swyddfa'r Weinyddiaeth Hysbysrwydd a byddai ef yn fynych yn awgrymu sut y dylai'r *Faner* ddangos ei gwrthwynebiad i Hitler. Cyfeirir at un o sgyrsiau William Eames yn y llythyr hwn a yrrodd Morris T. Williams at Brosser ym Mai 1940 :

> . . . cefais sgwrs ddiddorol a chyfrinachol hefo William Eames rhyw awr yn ol. (Nid yw'r pethau hyn i'w mynegi i neb). Y mae ef yn gorfod rhoi i'r Ministry of Information farn y papurau Cymraeg, ac y mae'n cael cryn anhawster i weld unrhyw beth yn "y Faner" sy'n condemnio Hitler, a "Chwrs y Byd" yn arbennig yn ei gyfiawnhau. Dywedais wrtho ein safbwynt yn hollol glir a dywedodd y buasai'n dda pe baem yn medru ei gwneud yn gliriach ein bod yn erbyn Hitleriaeth, a chytunai fod gennym bob rhyddid i ymosod ar y Llywodraeth ac ar imperialaeth Lloegr.[15]

Ym Mehefin 1940, llawenhaodd Euroswydd o ddeall bod D. T. Davies, y dramodydd, y llenor a'r cyn-arolygydd ysgolion wedi'i benodi'n sensor Cymraeg, oherwydd nad oedd 'berygl iddo ef gamesbonio dim a sgrifennir oherwydd anwybodaeth am ddyheadau cenedlaethol Cymru', (LC, 5-6-1940) ac oherwydd ei fod yn ffyddiog na welai 'bro-Hitleriaeth na chastiau'r "Bumed Colofn" lle ni byddont'. Eto i gyd, er bod dynion fel William Eames a D. T. Davies yn gysylltiedig â'r Weinyddiaeth Hysbysrwydd, nid oedd y corff hwnnw'n hollol ddof a gallai bigo pan welai angen. Y mae'n amlwg fod bwyell y sensoriaid wedi disgyn o leiaf unwaith ym 1940 oherwydd y mae ar gael lythyr protest Saesneg gan Brosser fel Golygydd *Y Faner*, a chyda'r llythyr ceir pum darn o erthygl am Lydaw a oedd wedi'i sensro. Yr oedd gwrthwynebiad Prosser i'r sensoriaeth yn ddiamwys a'i brotest yn ddifloesgni. Honnodd 'that nothing in the article as a whole, and nothing in any of these passages suppressed by your officer, infringes in any way the defence regulations or can be regarded as other than legitimate and right comment'.[16]

Mewn llythyr arall, at y Gwir Anrhydeddus Duff Cooper, A.S., y Gweinidog Hysbysrwydd, cwynodd Prosser am fod y darn canlynol o erthygl wedi'i ddileu gan y sensor :

> By now I am convinced that Wales will never receive a satisfactory Radio programme whilst she is ruled by the British Corporation, *and this will not come about until we have Self-Government*[17]

Y tro hwn, bu'n rhaid i'r Weinidogaeth ymddiheuro i Olygydd *Y Faner* ac egluro iddo nad sensoriaeth swyddogol oedd marciau'r sensor ar yr erthygl. Y mae'n amlwg nad oedd y Llywodraeth yn rhy hapus ynghylch *Y Faner* adeg y rhyfel a chred Mr. Gwilym R. Jones i W. J. Gruffydd arbed y papur rhag cael ei ddiddymu gan y Llywodraeth drwy ddadlau mewn is-bwyllgor yn Nhŷ'r Cyffredin nad oedd yn bapur pwysig nac yn ddylanwadol.

Yn rhyfedd ac yn eironig, ni fennai syniadau ' eithafol ' Saunders Lewis ddim ar werthiant *Y Faner* na'i phoblogrwydd, fel y sylwodd Prosser yn ei atgofion :

> Y peth hynod yw [bod] i'r feirniadaeth hon a beirniadaeth gyffredinol *Y Faner* ar y rhyfel ac ar lywodraeth Loegr a'i pholisi hi a'i chynghreiriaid dderbyniad cynnes anghyffredin yng Nghymru ; rhoddes "Cwrs y Byd" boblogrwydd newydd i'r "Faner". Er bod Cymru, bron fel un gŵr ym mhlaid y rhyfel, eto ni niweidiodd hynny ddim ar *Y Faner*, eithr bu, fel y dywedwyd, yn fantais faterol amlwg iddi. Cewch chwi esbonio hyn fel y mynnoch. A bechgyn y Lluoedd Arfog yw rhai o ddarllenwyr mwyaf brwdfrydig *Y Faner* a "Chwrs y Byd". Y mae'n wir i rai pobl wneuthur a allent i'n drysu, a bod problemau amryfal parhaus yn cyfodi nad oeddynt bob amser yn hawdd i'w datrys,—eto ni freuddwydiasom ar ddechrau'r rhyfel y cawsai polisi'r *Faner* dderbyniad mor frwdfrydig, ac y cawsem cyn lleied o anawsterau ag a gawsom.

Gwyddys bod ' prinder a drudaniaeth enbyd papur ' eisoes yn broblem i Brosser yn Nhachwedd 1939,[18] ac o'r holl broblemau a gododd y rhyfel i newyddiaduraeth ac i'r byd cyhoeddi'n gyffredinol, efallai mai'r ergyd drymaf oedd y dogni ar bapur. O safbwynt poblogeidd-dra yr oedd *Y Faner* yn ennill nerth a phrofodd y ffaith fod y Llywodraeth yn awr yn gyrru hysbysebion iddi yn gryn fantais ariannol. Yr oedd tua 3,700 o gopïau o'r papur yn cael eu cyhoeddi ym 1940 a'r rhif hwnnw'n codi'n gyson, ond cyn bo hir bu'n rhaid peidio â derbyn ôl-rifynnau'n ôl gan y swyddfa, ac ym Mawrth 1942 gostyngwyd cyflenwad papur *Y Faner* o ddeg y cant, cam a olygai fod yn rhaid argraffu deg y cant yn llai bob wythnos. Rhyfedd meddwl heddiw fod yn rhaid i Olygydd *Y Faner* gymell darllenwyr i roi benthyg eu copïau o'r papur oherwydd na ellid cynhyrchu digon ar eu cyfer.

Hyd yn oed oni fynnai roi'i stamp ei hun ar bopeth a gyhoeddid yn *Y Faner* ni ellir gwadu llwyddiant golygyddiaeth Prosser Rhys. Y mae'n wir i rai erthyglau yn y papur gael eu beirniadu am fod eu hiaith yn rhy fawreddog ac anodd i'w deall, ac i ambell un deimlo y dylai'r *Faner* gynnwys mwy o newyddion o Ddyfed, ac i Morris T. Williams ddymuno gweld ' mwy o bwyslais ar anghenion y gweithwyr—y bobl gyffredin fel ni',[19] er mwyn dangos bod rheolwyr y papur 'dros y werin (yng ngwir ystyr y gair) ac nid rhyw glic bach sych ac academaidd', ond ar y cyfan yr oedd safon y papur yn uchel a'i apêl yn amlwg. Llongyfarchwyd Prosser Rhys ar ei olygyddiaeth gan Degla, T. H. Evans (Golygydd Cymraeg y *Cardigan and Tivy-Side Advertiser*), R. Bryn Williams, Kate Roberts, T. J. Morgan, a llawer o Gymry adnabyddus eraill. Tystiodd T. Gwynn Jones yntau ' y medrai ddweud ar ddiwedd y rhyfel—fel un sydd yn gallu darllen 12 o ieithoedd, mai "Y Faner" oedd yr unig bapur a gadwodd ei ben a bod "Cwrs y Byd" yn wych a goleuedig.' [20]

(*iv*) Y Clwb Llyfrau Cymreig

Yn Chwefror 1937 cyhoeddodd Euroswydd fod sôn am ffurfio Clwb Llyfrau Cymreig, ond yn ôl ei arfer gostyngedig ni ddywedodd wrth ei ddarllenwyr mai ef a oedd y tu ôl i'r fenter newydd hon. Ar y pryd, yr oedd y cynllunwyr eisoes wedi sicrhau cymorth ysgolheigion ac economegwyr, meddai, ac ar Fawrth 9, yn ' Led-led Cymru ', amlinellodd nodweddion y Clwb ac apeliodd am aelodau :

> Ac eisoes y mae son am ffurfio Clwb Llyfrau Cymreig gan un o'r cyhoeddwyr Cymreig, fel yr hysbysais i chwi bythefnos yn ol. Cyn llunio cynllun pendant apelir am enwau y rhai sydd yn barod i dderbyn pedwar llyfr hanner coron am flwyddyn—traul o ddeg swllt y flwyddyn. Amcan y Clwb a fydd sicrhau cyhoedd o ddim llai na mil i lyfrau yn ym-

wneuthur a phroblemau cenedlaethol Cymru. Nid propaganda plaid a fydd yn yr un o'r llyfrau hyn, eithr cais at roddi cyfraniad at wneuthur Cymru yn amgen lle i'w thrigolion fyw ynddi.

Esboniodd fod y Clwb wedi'i hyrwyddo gan Wasg Aberystwyth ac mai cyflenwi llyfrau deniadol ar bob cylch o fywyd Cymro oedd ei nod. Yr oedd nifer o enwau'r rhai a ddymunai ymaelodi wrth law a chynyddid y nifer ar ôl i gylchlythyr gael ei ddosbarthu ymhen ychydig ddyddiau. Er bod nod pendant o fil o aelodau eisoes ym meddwl Prosser, nid oedd ef na'i gydweithwyr eto wedi penderfynu a ddylid cyhoeddi dau lyfr Saesneg a dau lyfr Cymraeg bob blwyddyn, neu a ddylid gwneud rhyw drefniant arall. Ymddengys nad ehangder apêl y llyfrau Saesneg na'u defnyddioldeb ariannol oedd yr ysgogiad dros gyhoeddi llyfrau yn yr iaith honno ond yr angen i oleuo pobl ddi-Gymraeg ar faterion Cymreig.

J. T. Jones oedd yr enw cyntaf ar rôl aelodau'r Clwb Llyfrau ac yr oedd un Aelod Seneddol, Syr Henry Morris-Jones, ymhlith y rhai cyntaf i ymuno. Cynyddodd y nifer o enwau'n feunyddiol ym misoedd cyntaf 1937, ac ar ddechrau Mawrth 1937 yr oedd Euroswydd yn gobeithio y byddai'r llyfr cyntaf yn barod ymhen deufis.

Yr oedd y Clwb Llyfrau'n sefydliad democrataidd o'r dechrau a phenderfynwyd dodi'r llyfrau yn llaw bwrdd golygyddol. Sicrhawyd gwasanaeth dynion medrus a llengar i'r bwrdd golygyddol. Ben Bowen Thomas, Warden Coleg Harlech ar y pryd, oedd y cyntaf i addo gweithio ar y bwrdd, ac yn ddiweddarach cafwyd gwasanaeth G. J. Williams ac E. Morgan Humphreys yn gyd-olygyddion gydag ef. Cymerodd Prosser y teitl 'Trefnydd'. Ar ddechrau 1939, pan fu'n rhaid i E. Morgan Humphreys ymddiswyddo, sicrhawyd olynydd teilwng iddo, sef Gwilym R. Jones a oedd yn Olygydd *Y Brython* y pryd hynny, ac ar ymddiswyddiad Ben Bowen Thomas ar ddiwedd 1942 cafwyd olynydd teilwng arall yn T. I. Ellis.

Yr oedd sefydlu bwrdd y golygyddion yn un cam at wneud y Clwb yn glwb democrataidd ond eglurodd hefyd y byddai gan bob aelod ei lais a chan bawb a berthynai i'r Clwb gyfle i awgrymu llyfrau y dylid ystyried eu cyhoeddi. Croesawai awgrymiadau o bob math a gobeithiai gael yr aelodau i draethu'u barn ar y llyfrau yng nghylchgrawn y Clwb, sef *Y Clwb* :

> Yr ydys eisiau i chwi, aelodau'r Clwb Llyfrau Cymreig, sgrifennu atom i'n swyddfa i 33 North Parade unrhyw awgrymiadau parthed llyfrau eraill a eill fod gennych. Rhoddir croeso arbennig i awgrymiadau, ac fe'u gyrrir ymlaen yn syth i'r Golygyddion.
>
> Hoffem hefyd i chwi ddefnyddio colofnau *Y Clwb*—eich papur *chwi* ydyw—i drafod cwestiynau cysylltiedig â llyfrau'r Clwb, ac yn wir, faterion cysylltiedig â Chymru heddiw. Gadewch inni gyfnewid meddyliau â'n gilydd yn y cylchgrawn hwn, a'n gwneuthur ein hunain yn gymdeithas gynnes.[21]

Mewn ymdrech i dynnu aelodau'r Clwb yn nes at ei reolwyr, trefnodd Prosser gystadleuaeth i'r aelodau lle yr oedd yn rhaid iddynt lunio rhestr o ddeuddeg o lyfrau y byddai'n addas i'r Clwb eu cyhoeddi. Cynigiwyd gwobr o ddau gini am y rhestr orau, a chyhoeddwyd y rhestr fuddugol yn yr ail rifyn o'r *Clwb* a rhai o'r rhestri gorau eraill mewn rhifyn diweddarach.

Dibynnai ffyniant y Clwb Llyfrau Cymreig ar gydweithrediad, ewyllys da a brwdfrydedd. Ymroes nifer o weithwyr unigol brwd i gasglu enwau aelodau newydd. Yr oedd D. J. Williams, Abergwaun, yn gasglwr enwau diwyd, a dywedir mai Wil *Y Cymro*, ar wahân i'r cyhoeddwr, a wnaeth fwyaf o bawb i gael aelodau i'r Clwb, ac a ddyblodd ei werthiant. Yr oedd rhai llyfrwerthwyr hwythau i'w diolch am ffyniant y fenter newydd, ac yn ôl y Trefnydd, yr oedd eu gwaith da dros y Clwb yn talu'n dda iddynt. 'Bu rhai llyfrwerthwyr hefyd yn nodedig o frwdfrydig', meddai,[22] 'a lle bynnag y cafwyd llyfrwerthwyr brwdfrydig, a oedd yn awyddus am ragor a rhagor o hyd o ffurflenni ymaelodi i'w gwasgar—*yno hefyd y cafwyd y nifer helaethaf o aelodau.*' Wrth gwrs, ni chafwyd cydweithrediad 'y ffyrm fawr Seisnig sydd a siopau llyfrau ganddi dros yr holl wlad', ond gyda help gwŷr cymwys ac ymroddedig cynyddodd maint y Clwb yn aruthrol.

Megis y dywedwyd, mil o aelodau oedd y nod gwreiddiol, ond er gwaethaf y llythyrau a ddôi bob bore i'w swyddfa, nid oedd y fil yn y golwg yn Ebrill 1937. Erbyn Tachwedd, sut bynnag, yr oedd aelodaeth y Clwb yn nesáu'n gyflym at y ddwy fil a phroblem y fil wedi mynd yn angof. Cyrhaeddwyd y ddwy fil yn Rhagfyr, cyn pen fawr o dro yr oedd yr aelodaeth dros y tair mil, ac ym Mehefin 1938 pedair mil o aelodau oedd nod newydd Trefnydd y Clwb.

Rhôi llyfrau'r Clwb gyfle i drafod dyfodol yr ardaloedd

diwydiannol a dirwasgedig, addysg, y gwasanaeth iechyd, diboblogi, ac ambell dro, cyhoeddai ' lyfrau o lenyddiaeth bur, trosiadau o ieithoedd tramor hefyd, a hanes ymdrechion cenhedloedd bychain eraill, mewn gwahanol gyfeiriadau'. (LC, 6-4-1937) Crynhowyd amcanion y Clwb yn y rhifyn cyntaf o'r *Clwb* yn Hydref 1937 :

> Nod y Clwb Llyfrau Cymreig yw cyhoeddi llyfrau a fyddo o werth arbennig at adeiladu'r Gymru newydd. Ni all neb ohonom, ni waeth i ba blaid wleidyddol y perthynom, deimlo'n fodlon ar gyflwr a rhagolwg Cymru heddiw. Teimlwn hefyd na allwn ni wneuthur y cyfraniad a ddymunem at godi Cymru o'r lle y mae heb ragor o wybodaeth am ei phroblemau, heb wybod rhagor am broblemau tebyg mewn cenhedloedd bychain eraill, a'r sut y dadryswyd hwy gan rai ohonynt, heb wybod rhagor am ein hetifeddiaeth ni ein hunain hefyd.

Gan fod rhai o'r clybiau llyfrau Seisnig yn cymryd safbwynt gwleidyddol arbennig, pwysleisiai Prosser o bryd i'w gilydd nad oedd y Clwb Llyfrau Cymreig yn dymuno hybu unrhyw blaid neu safbwynt gwleidyddol. ' Cyfrannu gwybodaeth ' ac ' ennyn meddylgarwch ' oedd nod y Clwb, nid cynnig atebion i broblemau.[23] Cynhwyswyd amlinelliad trefnus o amcanion y Clwb yn y pumed rhifyn o'r *Clwb* yn Hydref 1938, a phriodol yw ei gynnwys yma gan ei fod yn crynhoi'n derfynol brif bwrpas ei fodolaeth :

1. Cael trefn newydd ar fywyd economaidd a chymdeithasol Cymry fel y sicrha'r lliaws yr hyn sy gyfiawn iddynt.
2. Diogelu'r iaith Gymraeg a chefnogi llenyddiaeth Gymraeg.
3. Goleuo barn ar fywyd y byd y tu allan, fel y dysgom oddi wrth brofiad gwledydd bychain eraill ; ac y deallwn hefyd achosion anghydweled a drwgdybiaeth.
4. Sefyll dros heddwch oherwydd nad yw rhyfel yn setlo unrhyw anghydfod mewn gwirionedd, ac am ei fod yn drwyadl ddrwg ; a hefyd am y byddai rhyfel yn debyg o andwyo bywyd cenedlaethol Cymru sy'n ymladd am ei bywyd yn awr.

At yr amcanion hyn, teg yw ychwanegu'r amcan bara a chaws a argraffwyd ar y ffurflenni ymuno â'r Clwb :

> Amcan y Clwb Llyfrau Cymreig a sefydlwyd yn Hydref, 1937, yw rhoddi i Gymru lyfrau Cymraeg o'r radd flaenaf, *na ellid mentro eu cyhoeddi am bris isel heb sicrwydd cylchrediad ymlaen llaw.*

Rhan arbennig o gynllun Prosser ar gyfer y Clwb Llyfrau oedd sefydlu ' Cylchoedd Myfyr ' i drafod llyfrau'r Clwb—rhywbeth tebyg i'r cylchoedd trafod llyfrau a drefnir gan rai o lyfrgelloedd Cymru heddiw. ' Os ceir amlygiad fod llu o gylchoedd myfyr yn cael eu ffurfio', addawodd yn *Y Faner* ar Ebrill 6, 1937, ' fe rydd y Clwb iddynt bob symbyliad a help, ac fe drefnir cyd-gyfarfyddiadau o'r cylchoedd hyn yn awr ac yn y man.' Anogid yr aelodau i ffurfio cylchoedd myfyr ym mhob cwr o'r wlad a Mr. Wil Williams, Bangor, a Miss Phyllis Lewis, Godre'r-graig, a gynorthwyai Prosser i helpu'r aelodau i'w trefnu.

Ymddangosodd y rhifyn cyntaf o'r *Clwb*, papuryn chwarterol y Clwb Llyfrau Cymreig, yn Hydref 1937, ac erbyn Rhagfyr yr un flwyddyn yr oedd y Trefnydd eto'n cynllunio ac yn bwriadu helaethu ar ei faint a'i ddatblygu'n gylchgrawn llyfrau Cymraeg. Defnyddiodd y papuryn i gyhoeddi manylion am lyfrau newydd y Clwb, i drafod y llyfrau a oedd wedi ymddangos, i gynnull rhestri swyddogol o'r llyfrau Cymraeg a Chymreig a gyhoeddwyd ym 1937 er mwyn ceisio ' adfer i'r llyfr Cymraeg ei le ym mywyd y genedl',[24] ac i roi syniad i'r aelodau am dwf y Clwb a maint ei aelodaeth. Ymhlith yr erthyglau diddorol a ymddangosodd ynddo, gellir enwi erthygl D. Myrddin Lloyd ar Emrys ap Iwan yn y rhifyn cyntaf, ac erthygl Kate Roberts, ' Y Stori Fer ', yn y trydydd rhifyn.

Erthyglau Emrys ap Iwan I, dan olygyddiaeth D. Myrddin Lloyd, oedd y gyfrol gyntaf a gyhoeddwyd gan y Clwb Llyfrau, a disgwyliai'r aelodau'n eiddgar amdani. Daeth y gyfrol o'r wasg yn Hydref 1937 ond yr oedd cymaint yn awyddus i'w chael nes ei bod allan o brint erbyn Rhagfyr yr un flwyddyn. Er bod Mr. D. Myrddin Lloyd yn meddwl bod y rhif braidd yn isel, barnasai Prosser y byddai argraffu dwy fil o gopïau yn ddigon, mil naw cant o gyfrolau ar gyfer yr aelodau a chan cyfrol ar gyfer y llyfrgelloedd ac eraill ar werth am 4/- y copi. Ymddengys iddo benderfynu bod dwy fil yn rhif rhesymol yn y gobaith y byddai dwy fil o aelodau erbyn gwanwyn 1938, ond nid oedd ei synnwyr busnes yn dda y tro hwnnw oherwydd yr oedd eisoes ddwy fil o aelodau yn Rhagfyr 1937 a bu'n rhaid i dros gant ohonynt ddechrau'u haelodaeth â'r ail gyfrol, sef *Y Byd Ddoe Heddiw* gan y Parchedig Gwilym Davies.

Crybwyllwyd pwysigrwydd dylanwad Prosser yn symbylu

llenorion wrth drafod Gwasg Aberystwyth, a defnyddiodd y Clwb i'r un diben. Ef, er enghraifft, a berswadiodd R. Bryn Williams i gyhoeddi'i lyfr cyntaf. Pan aeth Bryn Williams i bwyllgor yn Aberystwyth yn haf 1940, dyma ef yn taro i mewn i'r swyddfa yn 33 North Parade a chael bod T. I. Ellis, Saunders Lewis a Phrosser yn cynnal seiat yno. Er nad oedd wedi cyhoeddi ond un erthygl ar y Wladfa, yn *Y Drysorfa,* yr oedd Saunders Lewis wedi'i darllen a chytunodd Prosser a T. I. Ellis ag ef y dylai sgrifennu llyfr ar y pwnc. Cytunodd Bryn Williams i sgrifennu'r tair pennod gyntaf a phe bai Saunders Lewis o'r farn y byddai'n werth-chweil iddo, âi yn ei flaen wedyn i gyflawni'r llyfr. Sgrifennwyd y penodau, a rhoes Saunders Lewis sêl ei fendith arnynt. Ymhen blwyddyn, dyma'r llawysgrif yn barod, ond sgrifennodd Prosser ato i egluro bod un o olygyddion y Clwb o'r farn nad oedd yn addas i'w chyhoeddi. Fel canlyniad, yr oedd yntau wedi aros ar ei draed tan bedwar o'r gloch yn y bore i ddarllen y gwaith ac wedi penderfynu mentro'i gyhoeddi. Dyn yn adnabod ei gyhoedd oedd Prosser Rhys a gwerthwyd pob copi o'r llyfr ymhen llai na mis. Ymhen ychydig flynyddoedd yr oedd wedi mynd i bedwar argraffiad a gwerthwyd dros chwe mil o gopïau ohono.

Y mae'n sicr y buasai Prosser Rhys yn falch o wybod am barhad a ffyniant ei Glwb ar ôl ei farwolaeth ddisyfyd ym 1945. Parhaodd dan ofal y Meistri J. D. Lewis tan 1952 pan ddarfu oherwydd diffyg cefnogaeth. Arhosodd G. J. Williams yn Olygydd y Clwb hyd y diwedd, ac ef, gyda Gwenallt, a anfonodd allan y cylchlythyr yn terfynu'r Clwb yn Ebrill 1952. Yr oedd eu methiant yn adlewyrchu'r nychdod a ddisgynnodd ar gyhoeddi Cymraeg wedi'r rhyfel, meddai Dr. David Jenkins, a gwelir rhai o'u prif anawsterau yn y darn hwn o'r cylchlythyr terfynol :

> Ein cynllun ni fel golygyddion *Y Clwb Llyfrau Cymraeg* oedd cyhoeddi llyfrau trwm ac ysgafn bob yn ail, ond methodd y cynllun. Ni lwyddasom i gael digon o lawysgrifau mewn llaw i fedru dewis ohonynt lyfrau sylweddol a difyr, a hefyd yr oedd yn haws o lawer gael llyfrau hanesyddol na llyfrau creadigol. Nid oes yng Nghymru ddigon o ysgrifenwyr a chanddynt hamdden i ysgrifennu llyfrau i Glwb. Cawsom addewid am lyfrau gan lawer, ond ni chywirwyd yr addewid am eu bod yn brysur gyda phwyllgorau a gwahanol fudiadau yn eu horiau hamdden. Ni lwyddwyd i gael yr un nofel, ac un gyfrol o ystraeon byrion a gafwyd. Dywedodd

rhai llenorion wrthym y cawsent fwy o arian wrth gyhoeddi eu hystorïau ar wahân i'r Clwb, ond ni chredwn iddynt i gyd lwyddo yn hyn o beth.[25]

Y mae'n hawdd cydymdeimlo â Gwenallt a G. J. Williams, ond tybed oni fyddai dawn a brwdfrydedd Prosser a *charisma* ei gymeriad wedi sicrhau oes hwy i'r Clwb ? Dengys llythyr Gwenallt a G. J. Williams eu bod yn amddifad o'r ddawn i symbylu ac i ysbrydoli awduron Cymru, ac yn enwedig awduron poblogaidd Cymraeg, i weithio i'r Clwb, a dyna'n union oedd dawn E. Prosser Rhys.

Ysgrifau Dydd Mercher Saunders Lewis oedd cyfrol gyntaf y Clwb na welodd Prosser Rhys mo'i phroflenni, a chyflwynwyd y gyfrol i'w goffadwriaeth. Prosser a oedd wedi gofyn i Saunders Lewis ddethol nifer o'i adolygiadau llenyddol i wneud y gyfrol honno, a phan y'i cyhoeddwyd cynhwyswyd ysgrif goffa Saunders am Brosser ynddi.

(*v*) Y BLYNYDDOEDD OLAF

Wrth olrhain bywyd Edward Prosser Rhys, y mae'n anodd ac eto'n hollbwysig cofio natur barhaol ac ysbeidiol ei afiechyd. Hyd yn oed yn y cyfnodau o iechyd cymharol dda, dioddefai lawer gan boenau yn ei arennau, a phob hyn a hyn gwaethygai'i gyflwr yn ddirfawr. ' Daeth yr adwyth cyffredin heibio i minnau,' sgrifennodd yn ' Led-led Cymru ' ar Chwefror 16, 1932, ' ac ni wn wrth sgrifennu'r geiriau hyn am ba hyd y gallaf bara ymlaen i sgrifennu.' Yr oedd ' yr adwyth ' yn gyffredin ac ymddengys fod ei byliau o salwch wedi dod yn amlach ac yn fwy difrifol yn ystod y tridegau. Ym 1936 bu'n wael eto a gorfu iddo fynd i Dde Lloegr am gyfnod i orffwys ac i adfer o'r gwaeledd. Dair blynedd yn ddiweddrach, ym Mawrth 1939, hysbyswyd darllenwyr *Y Faner* fod Euroswydd eto'n sâl, ac ym Mai'r un flwyddyn yr oedd y Golygydd dan driniaeth lawfeddygol yn Ysbyty Aberystwyth a cholofnau 'Led-led Cymru', am y tro, dan ofal sgrifenwyr eraill.

Er bod *Y Faner*, Gwasg Aberystwyth a'r Clwb Llyfrau Cymreig yn ffynnu, nid oes amheuaeth nad blynyddoedd gofidus oedd y deugeiniau i Brosser Rhys. Yn Hydref 1942 bu farw ei fam yn dair a phedwar ugain oed ac fe'i claddwyd ym mynwent Llangwyryfon. Clafychodd Prosser ym 1943 a bu'n rhaid iddo fynd i'r ysbyty eto am driniaeth. Er gwaethaf ei wendid, neu efallai yn sgîl natur y gwendid hwnnw, arhosodd brwdfrydedd tanbaid Prosser a'i awydd i fynd yn ôl at ei waith yn hollol ddianaf. Yr wythnos ar ôl i'r nodyn ymddangos ar dudalen blaen *Y Faner* yn dweud bod y Golygydd dan driniaeth lawfeddygol, ymddangosodd 'Led-led Cymru' wedi'i sgrifennu gan Brosser yn yr ysbyty :

> Yr wyf yn sgrifennu yn fy ngwely yn yr ysbyty—ar fy eistedd wrth un o'r byrddau bach olwynog cyfleus sydd at ein gwasanaeth. Y mae'r ffaith fy mod yn mynd ati i geisio sgrifennu 'Led-led Cymru' o gwbl yn arwydd i'r darllenwyr lawer a yrrodd lythyrau caredig imi, fy mod ar wellhad, ac na byddaf, gyda lwc, nemor yn hwy yn yr ysbyty. (LC, 30-6-1943)

Am y tro yr oedd y ffrwd ymwelwyr, y 'rhai annwyl ar yr hwyrol rawd', wedi'i sianelu o'r swyddfa i erchwyn y gwely yn yr ysbyty. Diolchodd yn arbennig i Saunders Lewis ac i T. I. Ellis am eu cymwynasau yn y cyfnod hwn ac yr oedd ganddo air da hefyd i staff yr ysbyty a'r llawfeddyg.

Yr oedd diogi'n groes i anian Prosser a gellir credu ei bod yn gryn straen arno pan fu'n rhaid iddo aros o'i waith o Ionawr hyd Fawrth ym 1944. Yn ddiau, yr oedd rhywbeth yn ei yrru i weithio ac ewyllysiodd ailgydio yn ei sgrifbin mor gynnar â chanol Chwefror yn ôl 'Y Gwyliwr' a oedd yn sgrifennu 'Led-led Cymru' yn ei absenoldeb. 'Bydd yn dda gan ei lu cyfeillion ddeall bod Euroswydd ar wellhâd ac mai dim ond gyda chryn drafferth yr wyf i'n cael gwylio'i golofnau drosto', sylwodd ar Chwefror 16,

> Y mae am *fynnu* cael gweithio a rhaid inni ei orfodi i orffwyso. Y mae'r holi cyson amdano yn brawf diamwys na all neb lenwi ei le a'i golofnau yn hollol fel y gwna ef.

Hyd yn hyn, profasai'n ddigon cryf i drechu'i salwch bob tro, ond er iddo gryfhau a thewychu beth rhwng haf 1943 a haf 1944, yr oedd yr amser yn nesu pan ddôi'r 'adwyth cyffredin' heibio am y tro olaf. Ar Ionawr 29-30, 1945, yr oedd Prosser Rhys wrth ei waith fel Golygydd *Y Faner*, ond ddiwedd yr wythnos honno bu'n rhaid iddo fynd i'w wely i orffwys. Erbyn dydd Llun yr oedd ei gyflwr wedi gwaethygu ac aethpwyd ag ef i Ysbyty Aberystwyth. Nid arhosodd yn fyw yno ond am ychydig oriau a bu farw am ddeng munud i bedwar, fore Mawrth, Chwefror 6, 1945.

Ar Chwefror 7 yr oedd 'Led-led Cymru' yn nwylo Kate Roberts, ac ar dudalen blaen *Y Faner*, cyhoeddodd pennawd farwolaeth y Golygydd. Y bore Sadwrn wedyn, cynhaliwyd yr angladd a chladdu Prosser nid ar Fynydd Bach fel y dymunasai ers llawer dydd, ond ym mynwent tref Aberystwyth, yn yr un fynwent lle y ceir heddiw feddau T. Gwynn Jones, Gwenallt, a Richard Hughes Williams. Yr oedd Prosser newydd farw pan aeth T. Gwynn Jones i'r ysbyty, ond pan aeth i'r marwdy i'w weld am y tro olaf, sylwodd fod gwên ar wyneb yr un a fu'n dioddef, a symbylodd y wên honno'i farwnad iddo :

Y WÊN

"Yr oedd ei wên ardderchog ar ei wyneb o hyd. Ni allwn feddwl ei fod wedi mynd."

Gorweddai yn llonydd a mud,
  Poen wedi peidio, gofid wedi mynd,
Diwedd y dewrder a'r gobaith i gyd ?
  Tyngem yn erbyn tynged ein ffrynd !

Y gobaith a'i cadwodd cyhyd yn fyw
  Er gorfod wynebu clwy ar ôl clwy,
Y dewrder addfwyn a'r sadrwydd doeth
  A ddarfu amdanynt, ers awr neu ddwy ?

Bu dost yr ing cyn bod esmwythâd,
  Ing y cof am lawenydd hen ;
A ddaliodd gobaith priod a thad
  Heb ôl yr ing, heb bylu o'r wên ?

Os mwy na thrist oedd yr olaf awr,
  Os creulon eithaf y dynged hen,
Gŵyrodd efô i'r Drugaredd Fawr,
  Ni ŵyr namyn Duw ddirgelwch y wên. (*Y Faner*,
14-2-1945)

Dyn brwd a gweithgar oedd Prosser Rhys yn byrlymu â chynlluniau a syniadau da a gwreiddiol er lles Cymru a'r Gymraeg. Golygai ei farwolaeth gynnar na chyflawnwyd llawer o'i gynlluniau a bod diwedd am byth ar ei ffrwd syniadau diddorol. Yn farddonol, yr oedd arno awydd rhoi cynnig ar ennill Cadair yr Eisteddfod Genedlaethol a dywedir bod yn ei fryd gyfansoddi pryddest fawr ar y testun 'Dwfr'. Bwriadai hefyd ailsefydlu'r *Geninen* a'i droi'n fan i gyhoeddi gwaith beirdd gwlad, barddoniaeth yn gyffredinol a beirniadaeth lenyddol. Gwyddys ei fod hefyd yn cynllunio i ehangu Gwasg Aberystwyth, i wella'r *Faner* ac i gychwyn comig misol o'r enw *Hwyl.*

Dichon y byddai Prosser wedi sgrifennu nofel yn disgrifio bywyd Mynydd Bach pe bai wedi cael byw. Ar ôl ennill Coron Eisteddfod Pont-y-pŵl ym 1924 traethodd ei fwriad i 'dreio fy llaw ym meysydd ereill llenyddiaeth' gan ganmol y nofel 'yn gyfrwng llenyddol ardderchog',[26] a hyd yn oed cyn hynny, yr oedd darllen *Jude the Obscure* a'i uniaethu'i hun â'r dyn ifanc sensitif, llengar ac uchelgeisiol a ddarlunnir yn y nofel honno wedi'i ysbrydoli ag awydd i gyfansoddi nofel am fywyd y wlad. 'Chwith yw bod hebod yma,' sgrifennodd at J. T. Jones ar Hydref 23, 1923, ar ôl symud i Aberystwyth,

> Buost gyfaill cywir i mi, cyfaill a'm deallodd hyd y mae dichon deall ar ryw "Jude the Obscure" fel myfi. Ac a ddarllenaist ti'r nofel a enwir felly? Fe'i darllenais i hi ddydd Sul diwethaf. Gwaith rhyfeddol ydyw, a pharodd i mi edmygu Thomas Hardy yn fwy nag o'r blaen hyd yn oed. Mynych y teimlaf innau ar fy nghalon awydd sgrifennu nofelau yn ymwneuthur â'r bywyd gwledig a adwaen i mor dda.

Dywed B. T. Hopkins wrthyf ei fod yn teimlo'n siŵr y byddai Prosser wedi sgrifennu nofel yn disgrifio bywyd gwledig Bethel a Moriah ac na roes y gorau i'r syniad yr oedd wedi'i gael yn ei ugeiniau cynnar. Yr oedd bywyd ei fro ym mêr ei esgyrn, a chyda'i allu i ddisgrifio'n graff ac i ddadansoddi bywyd yn deimladol, hawdd y gallasai brofi'n nofelwr campus.

NODIADAU

[1]Casgliad Mrs. Rhys, llsgr.

[2]Casgliad Dr. Kate Roberts, Llythyrau Prosser Rhys, llythyr dyddiedig 25-1-1938.

[3]Ibid., Llythyrau Prosser Rhys, llythyr dyddiedig 23-3-1938.

[4]Ibid., Llythyrau Prosser Rhys, llythyr dyddiedig 29-6-1938.

[5]Ibid., Llythyrau Prosser Rhys, llythyr dyddiedig 20-7-1938.

[6]Ibid., Llythyrau Prosser Rhys, llythyr dyddiedig 3-9-1938.

[7]Ibid., Llythyrau Prosser Rhys, llythyr dyddiedig 7-9-1938.

[8]Ibid., llythyr dyddiedig 4-3-1940.

[9]Casgliad Mrs. Rhys, llsgr., 'Atgofion a Myfyrion Golygydd *Y Faner*'.

[10]Casgliad Dr. Kate Roberts, llythyr dyddiedig 6-6-1940.

[11]Casgliad Mrs. Rhys, teipysgrif.

[12]W. J. Gruffydd, 'Mae'r Gwylliaid ar y Ffordd', *Y Llenor,* xix (1940), 126.

[13]Idem, 'Nodiadau'r Golygydd', *Y Llenor,* xix (1940), 165-166.

[14]Gwilym R. Jones, 'Yr Hen Faner', *Bro,* ii (Hydref, 1977), [11].

[15]Casgliad Dr. Kate Roberts, llythyr dyddiedig 4-5-1940.

[16]Ibid., llythyr s.d.

[17]Ibid., llythyr dyddiedig 20-8-1940.

[18]Casgliad T. Gwynn Jones, llythyr dyddiedig 17-11-1939.

[19]Casgliad Dr. Kate Roberts, llythyr dyddiedig 7-10-1940.

[20]Ibid., llythyr dyddiedig 6-8-1940 oddi wrth Morris T. Williams.

[21]*Y Clwb*, i (Hydref 1937), 2.

[22]Ibid., i (Hydref 1937), [1].

[23]Ibid., iii (Mai 1938), [1].

[24]Ibid., ii (Ionawr 1938), 2.

[25]Gweler David Jenkins, 'Braslun o Hanes Argraffu yn Sir Aberteifi', *The Journal of the Welsh Bibliographical Society,* vii (1950-1953), 189.

[26]Casgliad Mr. John Eilian, llythyr dyddiedig 29-7-1924.

LLYFRYDDIAETH DDETHOL

A. *Gwaith E. Prosser Rhys*

(i) *Cyffredinol*

1. 'Bore o Wanwyn o Ben Mynydd Bach', *The Ystwythian* (Aberystwyth, 1916), xii, rhif 3, 58-61. Argraffwyd yr ysgrif hon yn *Y Faner*, 19-8-1916.
2. 'Trefor Wyn a Minnau', *Y Darian*, 24-4-1919.
3. 'Eisteddfod Canolbarth Ceredigion', *Y Darian*, 28-8-1919.
4. 'Cyfres y Beirdd. Bardd y Mynydd Mawr. R. Isgarn Davies', *Y Darian*, 20-11-1919.
5. Rhys, E. Prosser a Jones, J. T., *Gwaed Ifanc* (Wrecsam, 1923).
6. Davies, Hywel (cyf.), *Memory : English Translation of Crown Poem by E. Prosser Rhys* (Pontypool, 1924).
7. Rhagymadrodd i Edwards, J. M., *Cerddi'r Bore* (Aber Dar, [1925]).
8. 'Credaf yng Ngorsedd y Beirdd', *Y Ford Gron*, 1930, rhif i, 8.
9. Rhagair i Haminiog, *Cerddi Haminiog* (Aberystwyth, 1930). Adargraffiad yw hwn o LC, 26-6-1928.
10. Golygydd *Beirdd ein Canrif I a II* (Aberystwyth, 1934).
11. Beirniadaeth yng nghyfrolau 'Cyfansoddiadau a Beirniadaethau' yr Eisteddfod Genedlaethol : 1936 ; 1938 ; 1942 ; 1943 ; a 1944.
12. Golygydd *Y Clwb*, 1937-1940.
13. 'Cynhaeaf yr Eisteddfod', *Tir Newydd*, Awst 1937, ix, 5-9.
14. 'Yr Eisteddfod a Chyhoeddi', *Heddiw*, 1938, iii, 34-36.
15. Edwards, J. M. (gol.), *Cerddi Prosser Rhys* (Dinbych, 1950).

(ii) *Newyddiaduraeth*

1. Colofnau yn *Y Cymro*, 'Llangwyryfon a'r Cylch', 18-10-1916—22-11-1916 ; a 'Nodion o Sir Aberteifi', 17-1-1917 a 23-5-1917.
2. Colofnau yn *Y Darian*, 'Chwaon o Geredigion', 1919 ; a 'Byd y Bardd a'r Llenor' a'r 'Ystafell Len', 1-12-1921—30-3-1922.
3. Colofnau yn *Yr Herald Cymraeg*, 'Chwaon o Geredigion' a 'Chwaon o'r Deheudir', 1920-1921.
4. Colofnau yn *Y Faner*, 'Led-led Cymru', 1921-1945; a'r Golofn Olygyddol, 1923-1945.

(iii) *Gwaith heb ei Gyhoeddi*

1. Llythyrau yng Nghasgliad Isgarn (R. Davies) yn Llyfrgell Genedlaethol Cymru. Y mae pob llythyr y dyfynnir ohono yn y llyfr hwn, gan Brosser at Isgarn, yn y blwch 'Correspondence & Diaries' yn y casgliad hwn.

2. Llythyrau yng Nghasgliad John Eilian (J. T. Jones) ac yn ei feddiant. Y mae pob llythyr y dyfynnir ohono yn y llyfr hwn, gan Brosser at John Eilian, yn y casgliad hwn.

3. Cerddi ac ysgrifau llawysgrif a theipysgrif yng Nghasgliad Mrs. Rhys ac yn ei meddiant. Ymhlith yr ysgrifau ceir 'Atgofion a Myfyrion Golygydd Y Faner'.

4. Llythyrau yn y casgliadau canlynol yn Llyfrgell Genedlaethol Cymru: (i) Casgliad Plaid Cymru; (ii) Casgliad D. J. Williams, Abergwaun; (iii) Casgliad D. J. Williams, Llandderfel; (iv) Casgliad T. Gwynn Jones; (v) Casgliad E. Morgan Humphreys; (vi) Casgliad T. W. Jones, Blaenau Ffestiniog; (vii) Casgliad Wil Ifan; (viii) Casgliad Thomas Owen (Hesgin); a (ix) Casgliad R. Williams Parry.

B. *Ar E. Prosser Rhys*

(i) *Cyffredinol*

1. Edwards, J. M., 'Cwmni Diddan', *Y Genhinen*, 1976, 26a, 139-140.

2. Idem, 'Edward Prosser Rhys', *Y Cardi*, Haf 1974, xii, 3-4.

3. Idem, 'E. Prosser Rhys', *Y Crefftwyr ac Ysgrifau Eraill* (Abertawe, 1976), 32-39.

4. Griffiths, J. Gwyn, adolygiad ar *Cerddi Prosser Rhys, Y Faner*, 8-11-1950.

5. Jones, J. T., teyrnged ac atgofion, *Y Cymro*, 16-2-1945.

6. Jones, R. Gerallt, 'Ail-ystyried,' adolygiad ar *Cerddi Prosser Rhys, Y Faner*, 15-12-1960.

7. Lewis, Saunders, 'Edward Prosser Rhys', *Ysgrifau Dydd Mercher* (Llandysul, 1945), 107-112. Adargraffiad yw hwn o erthygl yn *Y Faner*, 14-2-1945.

8. Phillips, Richard, 'E. Prosser Rhys, 1900-1945', *Dyn a'i Wreiddiau* (Dinbych, 1975), 247-248.

9. Williams, Gwyn 'E. Prosser Rhys: Rhai Ffeithiau', *Y Traethodydd*, Hydref 1977, cxxxii, rhif 565, 181-185.

10. Teyrngedau yn *Y Faner*, 14-2-1945; 28-2-1945; a 7-3-1945.

(ii) *Cerddi*

1. Davies Ifor, 'Llyn Eiddwen', *Cerddi '77*, gol. Nicholas, W. Rhys (Llandysul, 1977), 23.

2. Edwards, J. M., 'Er Cof am Brosser Rhys', *Peiriannau a Cherddi Eraill* (Caerdydd, 1947), 36.

3. Idem, 'Llyn Eiddwen', *Cerddi Ddoe a Heddiw* (Dinbych, 1975), 35-36.

4. Davies, Cledlyn, a Thomas, Stafford, dwy gerdd goffa o'r enw 'Prosser Rhys', a beirniadaeth Morgan, Dewi, *Beirniadaethau a Barddoniaeth Eist. Gen. Cymru* 1952, gol. Jones, E. D. (s.l., [1952]), 17-23; 94-95.

5. Parry, R. Williams, 'Annerch', *Y Faner,* 1-11-1927.

6. Prichard, Caradog, cerdd goffa o'r enw 'Prosser Rhys', *Y Cymro,* 15-8-1952.

7. Teyrngedau yn *Y Faner,* 14-2-1945 ; 28-2-1945 ; a 7-3-1945.

(iii) *Ar 'Gwaed Ifanc'*

Adolygiadau yn : *Y Brython,* 8-11-1923 ; *The Cambria Daily Leader,* 10-11-1923 ; *Y Clorianydd,* 14-11-1923, 12-12-1923 ; *Cymru,* Chwefror 1924, 51-53 ; *The Daily Post,* 12-11-1933 ; *Y Darian,* 22-11-1923 ; *Y Dinesydd Cymreig,* 21-11-1923 ; *Y Faner,* 8-11-1923 ; *Y Genedl Gymreig,* 18-12-1923 ; *Y Llenor,* 1924, iii, 188-194 ; *Y Tyst,* 14-11-1923 ; *The Weekly Mail,* 10-11-1923.

(iv) *Ar 'Atgof'*

1. Edwards, J. M., 'Atgof', *Barn* 151, Awst 1975, 770.

2. Gruffydd, W. J., Gwili a Chrwys, *Cofnodion a Chyfansoddiadau Eist. Gen.* 1924, gol. Evans, E. Vincent (s.l., [1924]), 24-50.

3. James, Dewi Emrys, dan y ffugenw 'Lle Brefa'r Hydd', *Atgof* (Caerdydd, [1924]), rhagair.

4. Adroddiadau, sylwadau a llythyrau yn : *Y Brython,* 4-9-1924, 11-9-1924, a 25-9-1924 ; *The Cambrian News,* 15-8-1924 ; *The Cardigan and Tivy-Side Advertiser,* 19-9-1924, a 7-11-1924 ; *Y Clorianydd,* 10-9-1924 ; *The Daily Courier,* 12-8-1924, 14-8-1924, a 20-8-1924 ; *The Daily News,* 12-8-1924 ; *Y Darian,* 14-8-1924, 21-8-1924, 28-8-1924, 4-9-1924, a 11-9-1924 ; *The Denbeighshire and Flintshire Free Press,* 6-9-1924 ; *Y Dinesydd Cymreig,* 13-8-1924, a 27-8-1924 ; *Y Drych,* 28-8-1924, 18-9-1924, a 16-10-1924 ; *Y Genedl Gymreig,* 29-9-1924 ; *Y Gloch,* 19-8-1924 ; *Yr Haul,* Hydref 1924, 295-298 ; *The Liverpool Daily Post,* 12-8- 1924 ; *Y Llan,* 15-8-1924, 19-8-1924, 29-8-1924, 26-9-1924, a 17-10-1924 ; *South Wales News,* 15-8-1924, 16-8-1924, 19-8-1924, 21-8-1924, 25-8-1924, a 26-8-1924 ; *The Sunday Observer,* 10-8-1924 ; *The Weekly Mail,* 22-11-1924 ; *The Western Mail,* 6-8-1924, 13-8-1924, 14-8-1924, 15-8-1924, 16-8-1924, 19-8-1924, 21-8-1924, a 23-8-1924.

C. *Cyffredinol*

1. Ellis, T. I., *Crwydro Ceredigion* (Llandybie, 1953).

2. George, William, *Atgof a Myfyr* (Wrecsam, 1948).

3. Griffiths, J. Gwyn, *I Ganol y Frwydr* (Llandybie, 1970).

4. Jenkins, David, 'Braslun o Hanes Argraffu yn Sir Aberteifi', *The Journal of the Welsh Bibliographical Society,* 1950-1953, vii, 174-190.

5. Idem, *Thomas Gwynn Jones* (Dinbych, 1973).

6. Jones, Gwilym R., ysgrif yn *Y Llwybrau Gynt,* ii, gol. Oldfield-Davies, Alun (Llandysul, 1972), 57-90.

7. Idem, 'Yr Hen Faner', *Bro,* ii, Hydref 1977 s.n.

8. Jones. J. E., *Tros Gymru, J. E. a'r Blaid* (Abertawe, 1970).

9. Jones, Tegwyn, ' Etholiad y Brifysgol, 1943,' *Y Faner,* 2-9-1977, 9-9-1977, a 16-9-1977.

10. Millward, E. G., *Pryddestau Eisteddfodol Detholedig* 1911-1953 (Lerpwl, 1973), rhagymadrodd.

11. Peate, Iorwerth C., *Rhwng Dau Fyd* (Dinbych, 1976).

12. Idem, ysgrif yn *Y Llwybrau Gynt,* i, gol. Oldfield-Davies, Alun (Llandysul, 1971), 7-30.

13. Phillips, Eluned, *Dewi Emrys* (Llandysul, 1971).

14. Prichard, Caradog, *Afal Drwg Adda* (Dinbych, 1973).

15. Idem, 'Coronau a Chadeiriau', *Trans. Cymm.,* 1970, rhan ii, 299-314.

16. Casgliad Dr. Kate Roberts yn Llyfrgell Genedlaethol Cymru : llythyrau gan M. T. Williams ac eraill at E. Prosser Rhys.

17. Williams, R. Bryn, ' Profiad Llenor', *Barn* 132, Hydref 1973, 548.

MYNEGAI

Aberaeron, 23.
Aberafan, 36.
Abertawe, 147, 171, 172.
Aberteifi, 37.
Aberystwyth : Coleg Diwinyddol y Methodistiaid Calfinaidd, 22, 52 ; Coleg Prifysgol Cymru, 58-60, 112-113, 119 ; Eisteddfod Genedlaethol (1952), 19 ; Gwasg Aberystwyth, 15, 16, 19, 133, 137, 143-152, 159, 163, 173, 177, 181, 182, 185 ; Llyfrgell, 47-48 ; Tref, 28-29, 34, 51-53, 61, 63-65, 67, 74, 75, 88, 107, 111-120, 126-127, 130, 136-138, 147, 152, 158-160 *passim*, 163, 172, 178, 181, 185 ; Mynwent, 184 ; Ysbyty, 182-184 ; Ysgol Sir, 22, 32-35, 37, 44, 47, 55, 67, 77.
Aberytridwr, 62.
Adams, David, gweler Hawen.
Adelphi, 112.
A. E. a Chymru, 150.
A. K. (gohebydd), 107.
Alfa (ffugenw), 57-58.
Almaen, Yr, 165, 166, 168, 170, 173.
Amanwy (David Rees Griffiths), 61.
Amerig, Yr, 15.
Amlwch, 62.
Amwythig, 123, 126.
Anellydd (ffugenw), 100.
Anthropos (Robert David Rowland), 70-71.
Anwyl, Bodvan, 56.
Ap Arthur, gweler Hopkins, B.T.
Ap Gwarnant (ffugenw), 61.
Ap Hefin (Henry Lloyd), 66.
A Portrait of the Artist as a Young Man, 88.
Appleton, E. R., 118.
Ardwyn, gw. Ysgol Sir Aberystwyth.
A Shropshire Lad, 51.
'Atgof', 73, 76-78 *passim*, 82, 85-109, 135, 137, 141, 142, 145, 154, 157.
Awen y Gwyddyl, 35.

Bangor, 89, 100, 116.
Balzac, Honoré de, 16.
Bancffosfelen, 57.
Banc y Grip, 21.
Baner ac Amserau Cymru, gweler *Faner, Y.*
Bardd y Mynydd Mawr, gweler Isgarn
Basgiaid, 134.
Bebb, W. Ambrose, 123, 125-127 *passim*, 130, 133, 134.
Beirdd ein Canrif, 149-150.
Bera, gweler Meuryn.
Bethania, 23.
Bethel, gweler Trefenter.
Birkenhead, gweler Penbedw.
Blaencaron, 44.
Blaengarw, 57, 77.
Blaenpennal, 55.
Blodeuwedd, 142.
Bronnant, 21.
Brooke, Rupert, 81.
Browning, Robert, 51.
Brython, Y, 62, 102-103, 123, 177.
'Byd y Bardd a'r Llenor', 74.
Byddin Ymreolwyr Cymru, 127, 130.
Bywyd a Marwolaeth Theomemphus, 102.

Cadfan (Hugh Williams), 100.
Caerdydd, 117, 118, 174.
Caernarfon, 14, 51, 62, 63, 66, 67-74, 79, 88, 109, 111-113 *passim*, 127, 133, 136, 138, 155.
Caledfryn (William Williams), 23-24.
Cambria Daily Leader, The, 82.
Cambrian News, The, 48, 53, 65, 74, 75, 112, 113, 137.

Cardigan and Tivy-Side Advertiser, The, 176.
Carnarvon and Denbigh Herald, The, 68,72.
Ceiriog (John Ceiriog Hughes), 29, 105.
Ceiriog (gan J. Saunders Lewis), 149.
Celt (ffugenw E. Prosser Rhys), 61.
Cenech (Thomas Davies), 61.
Cenedlaetholdeb, 56, 66, 67, 72, 74, 112, 113, 121-135, 151-152, 154, 158, 164, 166-167, 170-171, 175, gweler hefyd Plaid Genedlaethol Cymru.
Cerddi (gan T. H. Parry-Williams), 149.
Cerddi Prosser Rhys, 19.
Cerddi'r Bore, 51.
Churchill, Winston, 170.
Cilcennin, 29, 30.
Cilie, Y, 52.
Cledanydd (Thomas C. Evans), 48.
Cledlyn (David Cledlyn Davies), 19.
Clorianydd, Y, 83.
Clwb Llyfrau Cymreig, 15, 16, 19, 151, 159, 160, 173, 176-182.
Clwb, Y, 177-180.
Cofadail, 13, 23, 28, 29-32, 77, 79, gweler hefyd Moreia a Morfa-du.
'Congl y T.D.W.', 117.
Coleg Diwinyddol y Methodistiaid Calfinaidd, Aberystwyth, 22, 52.
Coleg Prifysgol Cymru, Aberystwyth, 58-60, 112-113, 119.
Confensiwn y Rhyddfrydwyr (1925), 129, gweler hefyd Rhyddfrydiaeth.
Cooper, Duff, 175.
Coplestone, Frederick, 68.
Corfforaeth Ddarlledu Brydeinig, 117-118, 148, 175.
Corwen, 61.
Craig y Gwcw (ffugenw E. Prosser Rhys), 57.
Cranogwen (Sarah Jane Rees), 44.
Criafol, 47.
Crwys (William Crwys Williams), 87, 92-95 *passim,* 98, 100, 140.
Cwmafon, 58.
Cwmgïedd, 78.
Cwm Ogwr, 22, 36.
Cwrdd Gweddi'r Mynydd, 28, 42, 48, gweler hefyd Mynydd Bach Llyn Eiddwen.
'Cwrs y Byd', 115, 173-176.
Cyffordd Dyfi, 14.
Cymdeithas Cymru Well, 121-126, 127, 128.
Cymdeithas Lenyddol Engedi, Caernarfon, 73, 89.
Cymdeithas y Tair G, 121, 126-127.
Cymmrodorion, Anrhydeddus Gymdeithas y, 116.
Cymraeg (iaith), 16, 19, 29-30, 32-34 *passim,* 44, 64, 66, 67, 113, 115-120, 126, 129-130, 143, 145-146, 151-152, 172, 179.
Cymro, Y, 26, 28, 32, 43, 54, 63, 66, 112, 113, 150, 178.
Cymrodorion Wrecsam, 81.
Cymrodyr y Rhyfel Mawr, 58.
Cymru, 76, 143.
Cymru Fydd, 121.
Cymru'r Plant, 13, 42, 53-54, 143.
Cymru wedi'r Rhyfel, 173.
Cynan (Albert Evans-Jones), 16, 43, 83, 103, 120, 138-140 *passim,* 148.

'Chwaon o Geredigion', 26, 40, 45, 48, 50, 52, 66-68 *passim,* 89.
'Chwaon o'r De', 68, 77.

Daily Courier, The, 68, 95, 98, 103, 108, 109.
Daily Mail, The, 134.
Daily News, The, 107.
Daily Post, The, gweler *Liverpool Daily Post, The.*
Daniel Owen/Yr Artist yn Philistia, 149. 108, 109.
Darfodedigaeth, 13, 14, 17, 24, 26-28 *passim,* 31, 35, 37-39, 40, 49, gweler hefyd Rhys, Edward Prosser: ei salwch.

Darian, Y, 26-29 *passim,* 32, 33, 40, 43, 44, 47, 48, 50-52 *passim,* 58-59, 61, 65-68 *passim,* 74, 89, 94, 97, 101, 113, 114, 123, 137, 155.
Davies, D. J., 32-33, 57.
Davies, D. T., 174.
Davies, David Cledlyn, gweler Cledlyn.
Davies, E. Tegla, 123, 176.
Davies, Elena Puw, 61.
Davies, George M. Ll., 18.
Davies, Gwilym, 180.
Davies, Hywel, 107, 112.
Davies, J. H., 123.
Davies, J. P., 165.
Davies, Osian, 37.
Davies, Richard, gweler Isgarn.
Davies, S. Gwilly, 46-47, 52.
Davies, Thomas, gweler Cenech.
Davies, Tom, 142.
Davies, W. H., 81.
Davis, T. Huws, 159.
Dedalus (ffugenw E. Prosser Rhys), 88, 91-93 *passim,* 95, 103, 104, 106.
Derfel, R. J., 51.
Dewi Emrys (David Emrys James), 104-107, 140.
Dewi Teifi, gweler Morgan, Dewi.
Deyrnas, Y, 56.
Dic, gweler Roberts, Richard.
Dic Tryfan, gweler Williams, Richard Hughes.
Dinas Mawddwy, 137.
Dinbych, 74, 75, 111, 112, 148, 160-164, 165, 172.
Dinesydd Cymreig, Y, 81, 93-96 *passim.*
Di-Wifrydd (ffugenw), 118.
Diwygiad Evan Roberts, 28.
Dragon, The, 119.
DRW (gohebydd), 107.
'Drwy'r Spienddrych', 134.
Drych, Y, 98-99, 101-102.
Drysorfa, Y, 181.

Ddraig Goch, Y, 132-134 *passim,* 147.

Eames, William, 174.
Edward, Y Tywysog, 67.
Edwards, D. Miall, 122.
Edwards, Gwilym, 160.
Edwards, Ifan ab Owen, 127, 143.
Edwards, Iorwerth, 126.
Edwards, J. M., 15, 19, 43, 49-51, 77, 88, 90-91, 95, 102, 104.
Edwards, Owen M., 53, 121, 143.
Eifion Wyn (Eliseus Williams), 78, 89.
Eifionydd (John Thomas), 69, 70, 118, 138.
Eilian, John, gweler Jones, J. T.
Eisteddfodau lleol, 13, 22, 25, 35, 39, 43, 45, 49-52 *passim,* 54-58, 61-64 *passim,* 73, 76-79 *passim,* 87-88, 103, 105.
Eisteddfod Genedlaethol Cymru : ar y radio (1940), 118, 120 ; barn Prosser Rhys ar ei cherddi buddugol, 139-141 ; yr angen iddi symbylu gweithiau rhyddiaith, 143-144 ; Abertawe (1926), 106-107, 147 ; Aberystwyth (1952), 19 ; Bangor (1890), 100; Bangor (1915), 89, 100, 101 ; Bangor (1943), 116-117 ; Caernarfon (1921), 62 ; Corwen (1919), 61 ; Llanelli (1930), 139 ; Pont-y-pŵl (1924), 76, 85-109 *passim,* 135, 136, 185 ; Pwllheli (1925), 131, 138; Treorci (1928), 136, 147 ; Yr Wyddgrug (1923), 121-123.
Elis Wyn o Wyrfai (Ellis Roberts), 100.
Ellis, Sam, 98-99, 101-102.
Ellis, T.I., 30, 162, 177, 181, 183.
E. M. H. (gohebydd), 83.
Emrys ap Iwan (Robert Ambrose Jones), 121, 180.
Erthyglau Emrys ap Iwan I, 180.
Esop, 43.
Essays of a Biologist, 89.
Euroswydd, gweler Rhys, Edward Prosser.
Evans, Beriah Gwynfe, 70, 71, 86.
Evans, Caradoc, 79-81 *passim.*
Evans, D. Arthen, 123.

Evans, D. Tecwyn, 116, 122.
Evans, E. Keri, 42.
Evans, E. Vincent, 138-139.
Evans, Ellis Humphrey, gweler Hedd Wyn.
Evans, Ernest, 170.
Evans, Evan, gweler Ieuan Fardd.
Evans, Gwenogvryn, 59.
Evans, Hugh, 163.
Evans, J. J., 111, 160.
Evans, T. H., 176.
Evans, Thomas, gweler Telynog.
Evans, Thomas, C., gw. Cledanydd.
Evans, W. A., 162.
Evans, William, gweler Wil Ifan.
Evans-Jones, Albert, gweler Cynan.

Faner, Y, 15, 19, 47-48, 53, 65, 67, 74, 75, 86-87, 111-120, 129-135, 136, 148, 159-176.
Faust, 35.
Francis, Gruffydd, W., 73.
Franco, 134.
Frythones, Y, 44.

Ffair Garon, 27.
Ffair-rhos, 47, 85.
Ffeiriau Calangaeaf, 27.
Ffrainc, 15, 34.

Galsworthy, John, 144.
Ganllaw, Y, 162.
Gee, Thomas, 64.
Genedl Gymreig, Y, 69, 83, 102, 116.
Geninen, Y, 45, 46, 69, 185.
George, William, 122-126.
Gloch, Y, 101.
Glofa'r ' Ocean ', 36-37.
Goginan, 51, 52.
Good Friday, gweler *Lili'r Grog.*
Gorsedd Beirdd Ynys Prydain, 86, 98, 138-139, 144.
Gray, Thomas, 51.
Griffith, John Owen, 159.
Griffiths, Bob, 164.
Griffiths, David Rees, gw. Amanwy.
Griffiths, John, 21.
Groeslon, Y, 73, 88.
Gruffydd, Moses, 133.
Gruffydd, W. J., 61, 78, 79, 81, 83, 85, 87, 91-94 *passim*, 97, 98, 104-106 *passim*, 140-142 *passim*, 167-171, 175.
Gwaed Ifanc, 14, 76-85, 86, 87, 90, 104, 108, 113, 137, 154, 155.
Gwasg Aberystwyth, 15, 16, 19, 133, 137, 143-152, 159, 163, 173, 177, 181, 182, 185.
Gwasg Gee, 15, 148, 160-164.
Gwasg Gomer, 19, 147-148, 181.
Gwasg Prifysgol Cymru, 145.
Gweinyddiaeth Hysbysrwydd, gweler Hysbysrwydd, Gweinyddiaeth.
Gweledydd, 61.
Gwenallt (David James Jones), 112, 136, 141, 142, 147, 159, 181-182, 184.
Gwerinwr (ffugenw), 95-97.
Gwili (John Gwili Jenkins), 29, 57, 87, 92-98 *passim*, 100, 101, 104, 105, 107.
Gwilym Ceri (Gwilym Ceri Jones), 52.
Gwynfor (Thomas Owen Jones), 70.

Haminiog (Tom Williams), 54.
Hardy, Thomas, 16, 35, 47, 85, 89, 144, 185.
Hawen (David Adams), 100.
Hedd Wyn (Ellis Humphrey Evans), 56.
Heddychiaeth, 33, 56-58 *passim*, 66, 83-84, 165-170, 171-173 *passim*, 179.
Hela Calennig, 13-14, 24-25.
Herald Cymraeg, Yr, 58-60, 65, 67-74, 77, 79, 80-81, 90, 123, 136.
Hitler, Adolf, 165, 174.
Holyhead Mail and Anglesey Herald, The, 68.

Hooson, I. D., 159, 161.
Hopkins, B. T., 33, 41-43 *passim*, 48-51 *passim*, 63, 77, 79, 185.
Housman, A. E., 51, 81.
Hughes, D. R., 120.
Hughes, John Ceiriog, gw. Ceiriog.
Hughes, Mary Prudence, gw. Rhys, Mary Prudence.
Hughes, W. T., 61.
Hughes-Jones, T., 61, 112, 142.
Hugo, Victor, 16.
Humphreys, E. Morgan, 113, 177.
Huxley, Aldous, 89, 103, 108.
Hwyl, 185.
Hysbysrwydd, Gweinyddiaeth, 174-175.

Iago Trichrug (James Lewis), 48.
Ieuan Fardd (Evan Evans), 21, 48, 54.
Ifan Bach (Ifan Jones), 164.
Ifanc Waed (ffugenw), 97.
Index (David Rhys Williams), 101.
Iolo Caernarfon (John John Roberts), 100.
Isander (Roger Williams), 156.
Isfoel (Dafydd Jones), 52.
Isgarn (Richard Davies), 13, 43, 44-46, 48, 50, 51, 55, 57, 60, 61, 63, 65, 67-69 *passim*, 73, 109.
Iwerddon, 35, 72, 74, 127, 167.

J. W. Llundain (gohebydd), 18.
James, David Emrys, gweler Dewi Emrys.
Jane Ann Jones (ffugenw), 17, 150.
Japan, 134.
Jenkins, D. Lloyd, 149.
Jenkins, David, 181.
Jenkins, Evan, 47, 61, 88-89.
Jenkins, John Gwili, gweler Gwili.
John, E. T., 130.
John Homer, 94, 143.
Jones, Miss (modryb i B. T. Hopkins), 49.
Jones, D. Llywelyn, 43.
Jones, Dafydd, gweler Isfoel.
Jones, David (ewythr i B. T. Hopkins), 49.
Jones, Y Parch. David, 47, 135, 140.
Jones, David James, gweler Gwenallt.
Jones, David Morris, 44.
Jones, Edwin Griffith, 33-34.
Jones, Eiddwen, gw. Rhys, Eiddwen.
Jones, Elizabeth, gweler Rees, Elizabeth.
Jones, Evan George, gw. Sioronwy.
Jones, Fred Llewelyn, 122.
Jones, Gwilym Ceri, gweler Gwilym Ceri.
Jones, Gwilym R., 15, 19, 163-165 *passim*, 175, 177.
Jones, Gwyndaf, 72.
Jones, H. R., 127-132 *passim*, 146-147.
Jones, I. Ehedydd, 52.
Jones, Idwal, 97, 112.
Jones, Ifan, gweler Ifan Bach.
Jones, J. H., 123.
Jones, J. Morris, 111.
Jones, J. T. (John Eilian), 14, 29, 35, 76-85, 91-94 *passim*, 105, 112-113, 120, 122, 124-126 *passim*, 138-139, 142, 177, 185.
Jones, J. Tywi, 66, 97, 113, 123, 124, 126.
Jones, Jane Ann, gweler Jane Ann Jones.
Jones, John (*Yr Herald Cymraeg*), 68-69, 72.
Jones, John Gwilym, 71.
Jones, Mary, 71.
Jones, Maurice, 123.
Jones, Nellie, 71.
Jones, Percy, 163.
Jones, Robert Ambrose, gweler Emrys ap Iwan.
Jones, Thomas, Artemus, 167, 170.
Jones, Thomas Gwynn, 16, 35, 46, 58, 60-61, 64, 66, 78, 94, 112, 113, 121-124 *passim*, 126-127, 140, 143, 149, 159, 176, 184.

Jones, Thomas Owen, gweler Gwynfor.
Jones, William Richard, gweler Pelidros.
Joseph, John, 159.
Joyce James, 88, 103, 108, 112, 144.
Jude The Obscure, 35, 47, 89, 185.

Keats, John, 51.
Khayyám, Omar, 81.

Lawrence, D. H., 103, 108, 144, 169.
'Led-led Cymru', 24, 85-86, 112, 115, 117, 150.
Lewis, D. R., 112, 126-127.
Lewis, Dafydd, 148.
Lewis, Henry, 66, 123, 124.
Lewis, J. D., 181.
Lewis, James, gweler Iago Trichrug.
Lewis, John Saunders, 18, 66, 81-82, 88, 104, 108, 122, 123, 130, 132-134 *passim*, 142, 144, 148-150 *passim*, 159-160, 163, 170-171, 172-176, 181-183 *passim*.
Lewis, Morgan, 126.
Lewis, Phyllis, 180.
Lewis, Timothy, 58-59, 113.
Lewis, W. A., 102-103.
Lili'r Grog (trosiad Cynan o *Good Friday* Masefield), 148.
Liverpool Courier, The, gweler *Daily Courier, The.*
Liverpool Daily Post, The, 71, 98.
Lloyd, D. Myrddin, 180.
Lloyd, Henry (Ap Hefin), 66.
Lloyd, J. E., 32.
Lloyd, W. Llewellyn, 87.
Lona, 143.
Loth, Joseph, 59.
Loyn, George M., 32.

Llainffwlbert, 21.
Llan, Y, 99-100.
Llandrindod, 122.
Llandysul, 19, 148.
Llanddewibrefi, 55, 87.
Llanelli, 139.
Llangeitho, 22.
Llangollen, 132-133.
Llangwyryfon, 13, 14, 21, 23, 32-33, 38, 54, 66, 182-183.
Llanilar, 55, 64.
Llan-non, 23, 43, 50.
Llanrhystud, 23, 40, 46, 49, 50, 52, 135.
Lle Brefa'r Hydd (ffugenw Dewi Emrys), 104-106.
Lledrod, 54-55.
Llenor, Y, 104, 134, 140-141, 144, 168-170.
'Llith y Llew', 59-60.
Lluest Newydd, 28.
Llwyd, Siôn, gweler Siôn Llwyd.
Llychwyn (ffugenw), 99.
Llydaw, 174.
Llyfrgell Aberystwyth, gweler Aberystwyth, Llyfrgell.
Llyfrgell Sir Caernarfon, 70.
Llyfrgell Wrecsam, 114.
Llyn Eiddwen, 23, 28, 39, 43, 155, gweler hefyd Mynydd Bach Llyn Eiddwen.

Macwy (ffugenw), 94.
Macwy'r Bannau (ffugenw E. Prosser Rhys), 55.
Machynlleth, 14, 159.
Maes-llyn, 21, 22.
Manod Wyllt (Rhys Williams), 48.
Marcsiaeth, 134.
Masefield, John, 51, 81, 148.
Meibion Llafur, 70.
Melin Ifan Ddu (Blackmill), 36.
Memory, 107.
Merioneth News & Herald, The, 68.
Merthyr Tudfil, 86.
Meuryn (R. J. Rowlands), 66, 71, 73-74, 78, 79-81, 86, 123, 144.
Mocyn Titshiar, gw. Morgan, M. D.
Mond, Alfred, 130.
Monica, 148.

Moreia, 23, 29, 49, 50, 52, 135, 185, gweler hefyd Cofadail a Morfa-du.
Morfa-du, 13, 26, 27, 31, 42, 46, 47, 51, 52, 63, 65, 73, 135, 159, gweler hefyd Cofadail a Moreia.
Morgan, D. C., 43.
Morgan, David, 30.
Morgan, Dewi (Dewi Teifi), 19, 32, 52-53, 87-88, 90, 112.
Morgan, Dewi Eiddwen, 42.
Morgan, Elena Puw, gweler Davies, Elena Puw.
Morgan, Herbert, 122.
Morgan, Hubert, 135.
Morgan, John Myfenydd, gweler Myfenydd.
Morgan, M. D., 13, 29, 30-32.
Morgan, T. J., 176.
Morgan, Y Parch. T. J., 52.
Morgan, W., 52.
Moriah, gweler Moreia.
Morris, J. R., 70.
Morris, William, 169.
Morris-Jones, Henry, 177.
Morris-Jones, John, 81, 122, 136, 147.
Mudiad Merched y De, 44.
Murray, Middleton, 112.
Mussolini, 165.
Myfenydd (John Myfenydd Morgan), 48.
Mynwy, 18, 34.
Mynydd Bach Llyn Eiddwen, 13, 21, 22-24, 26-30 *passim*, 35, 36, 38, 39, 42, 48, 51, 57, 63, 72, 79, 88, 184, 185, gweler hefyd Llyn Eiddwen.
Myrddin, Hywel, 52.

Nant-y-moel, 22, 35-39, 55, 58.
News Chronicle, 149.
Newyddiaduraeth, 13, 63-75, 111-120, 122, 129-135, 162-176.
Nicholas, T. E., 46, 51, 160.
North Wales Times, The, 161-162, 163.

O'Connell, Dr., 59.
Owen, David, 86.
Owen, John (Esgob Tyddewi), 99.
Owen, Macaulay, 162.

Pamffledi Harlech, 169.
Pantycelyn (William Williams), 102.
Parry, H., 29.
Parry, Joseph, 42.
Parry, Robert Williams, 18, 48, 58, 60-62 *passim*, 81, 83, 123, 133, 135, 137, 140-141, 158, 171-172.
Parry, T. Emrys, 18.
Parry, W. J., 122.
Parry-Williams, T. H., 58-60, 61, 73, 81, 89, 100, 101, 106, 113, 123, 140-142 *passim*, 149, 150.
Peate, Iorwerth Cyfeiliog, 61, 103, 104, 112, 119, 123, 124, 126-128 *passim*, 130, 132, 135, 140, 141-143, 172.
Pedrog (John Owen Williams), 139.
Pelidros (William Richard Jones), 57.
Penbedw, 62-63.
Pen-rhiw, 23.
Pentrefoelas, 87-88, 103.
Pentremynydd, 13, 21, 26, 41, 42, 47, 60, gweler hefyd Trefenter.
Penyberth, 133, 158, 171, 172.
Penybont-ar-Ogwr, 36.
Pen-y-garn, 52.
Perthog, 57.
Phillips, Richard, 38.
Phillips, T. I., 137.
Pla Gwyn, gweler Darfodedigaeth.
Plaid Genedlaethol Cymru, 14, 121, 126-135, 146, 164, 170-171.
Plaid Lafur, 130, 134.
Plaid Ryddfrydol, gweler Rhyddfrydiaeth.
Pont Llolwn, 23.
Pont-y-pŵl, 76, 85-109 *passim*, 135, 136, 185.
Powell, S. M., 54, 148-149.
Powell, T., 59.

Prichard, Caradog, 71, 79, 80, 103, 112, 136-137, 139, 140, 159.
Prichard, Mati, 16.
Prifysgol Cymru, Sedd yn San Steffan, 170-171.
Prys, Roland, 48.
Puw, Sem, 83.
Pwllheli, 116, 131, 138.
Pwy yw'r Awdur ? (ffugenw), 132.

Quiggin, E. C., 59.

Read, Robert, 113, 137, 160-162.
Rees, D. L., 61.
Rees, David (tad), 15, 21, 22, 26, 42, 138, 156.
Rees, David Wyre (brawd), 22, 42, 91.
Rees, Edward Prosser, gweler Rhys, Edward Prosser.
Rees, Elizabeth (mam), 15, 21, 22, 24, 26, 39, 182-183.
Rees, George, 63-65, 68.
Rees, J. T., 148.
Rees, Jane (chwaer), 22.
Rees, John (brawd), 22, 36.
Rees, Mary (chwaer), 22, 26, 29.
Rees, Sarah Jane, gw. Cranogwen.
Rees, Thomas, 123.
Rees, Tom (brawd), 22.
Rees, William (brawd), 22.
Resolfen, 57-58.
Roberts, David, 107.
Roberts, Ellis, gweler Elis Wyn o Wyrfai.
Roberts, Evan, 28.
Roberts, J. Llew, 73.
Roberts, John John, gweler Iolo Caernarfon.
Roberts, Kate, 14, 16, 17, 133, 144, 148, 149, 160, 161, 163, 176, 180, 184.
Roberts, Richard (Dic), 164.
Roberts, Robert Silyn, gw. Silyn.
Roberts-Williams, 162.
Rothermere, Arglwydd, 134.
Rousseau, Jean-Baptiste, 98.
Rowland, Robert David, gweler Anthropos.
Rowlands, R. J., gweler Meuryn.
Ruskin, John, 61.

Rhigymau'r Ffordd Fawr, 106-107.
Rhydlewis, 52.
Rhyddfrydiaeth, 113, 120, 121, 127, 129-132 *passim*, 134, 164, 170-171.
Rhyfel Byd 1914-1918, 13, 16, 25-26, 28, 33-34, 40-41, 49, 50, 54-56 *passim*, 63, 76, 121, 166.
Rhyfel Byd 1939-1945, 16, 17, 83-84, 154, 156, 158, 165-176.
Rhys, Edward Prosser: ei fam, 15, 21, 22, 24, 26, 39, 182-183; ei dad, 15, 21, 22, 26. 42, 138, 156; ei frodyr a'i chwiorydd, 21-22, 26, 29, 36, 42, 91; ei eni, 21; ei fedyddio, 21; hela calennig, 13-14, 24-25; chwaraeon, 25-26; Ysgol Cofadail, 13, 29-32, 77; Ysgol Sir Aberystwyth, 22,32-35, 47; cystadlu mewn eisteddfodau lleol, 13, 25, 39, 45, 49, 52, 54-58, 61-64 *passim*, 73, 76-79 *passim*, 87-88; dechrau cyhoeddi'i waith, 53-54; ei ddawn fel adroddwr, 13, 22, 42-43, 51, 65; sgrifennu i'r *Cymro*, 26, 28, 32, 43, 54, 63, 66; ei salwch, 13, 14, 17, 24, 26-27, 35-39, 40, 44, 49, 77, 109, 115, 154, 157, 182-184; ei ymweliad â Nant-y-moel, 22, 35-39; gweithio fel clerc yng Nglofa'r 'Ocean', 36; symud o Bentremynydd i Forfa-du, 13, 26; yn ddirprwy-bostmon, 56; seiadau llenyddol, 15, 48-52, 136; dechrau gweithio ar y *Welsh Gazette,* 63; dechrau sgrifennu i'r *Darian,* 26; sgrifennu 'Chwaon o Geredigion', 26, 40, 45, 48, 50, 52, 66-68

passim, 89 ; dechrau defnyddio'r ffugenw 'Euroswydd', 26 ; ei hoffter o'i dafodiaith, 13, 40, 73, 160 ; symud i Gaernarfon, 14, 67-68 ; dechrau gweithio ar *Yr Herald Cymraeg*, 67 ; sgrifennu 'Chwaon o'r De', 68, 77 ; cyfansoddi *Gwaed Ifanc* gyda J. T. Jones, 14, 76-85, 86, 87, 90, 104, 108, 113, 137, 154, 155 ; sgrifennu 'Byd y Bardd a'r Llenor' a'r 'Ystafell Len', 74; symud o Gaernarfon i Aberystwyth, 74-75, 185; dechrau gweithio ar *Y Faner*, 75, 111 ; dod yn Olygydd *Y Faner*, 15, 111 ; cyfansoddi 'Atgof', 85-91 ; tawelwch ei awen ar ôl cyfansoddi 'Atgof', 107-109, 154 ; ei briodas, 61, 109, 137 ; ei wraig, 15, 137, 138, 159 ; symud o High Street i Dinas Terrace, 137 ; symud o Dinas Terrace i North Parade, 138, 159 ; sefydlu Gwasg Aberystwyth, 15, 16, 137, 143-147 ; y sylw a roddai i ddestlusrwydd llyfrau, 91-92, 150 ; cyhoeddi *Beirdd ein Canrif*, 149-150 ; geni Eiddwen, ei ferch, 15, 138 ; ymuno â Gorsedd Beirdd Ynys Prydain, 138-139; ailddechrau barddoni, 17, 154 ; sefydlu'r Clwb Llyfrau Cymreig, 15, 176-180 ; ei farwolaeth, 19, 181, 184 ; cerddi coffa iddo, 19, 50, 184 ; ei ddiddordebau, 13, 15-16, 30, 160 ; ei gymeriad, 13-18, 24, 35, 39, 45-46, 65, 109, 147, 159, 183 ; ei grefydd, 18, 22, 23, 28-31 *passim*, 33, 43-44, 46, 55-57 *passim*, 66, 76-78 *passim*, 80, 83-84, 86-87, 96, 102, 135, 165, 172 ; ei genedlaetholdeb 56, 66, 67, 72, 74, 113, 121-135, 151-152, 154, 158, 164, 166-167, 170-171, 175; ei agwedd at ysgolheictod, 141-143.

Cerddi : 'Yr Adwaith', 154, 156 ; 'Anwyl imi yw ei llygaid llon' 65 ; 'Ar ben Ffair' 27 ; 'A'r Berth heb ei Difa', 57, 77 ; 'Ar Bromenâd', 154, 156-158 *passim* ; 'Ar Brynhawn o Haf', 154, 157 ; 'Atebodd ef i wŷs ei wlad', 34 ; 'Atgof', 73, 76-78 *passim*, 82, 85-109, 135, 137, 141, 142, 145, 154, 157 ; 'Blino Caru', 83, 137 ; 'Bygwth y Tanforolion', 55 ; 'Cloch yr Ysgol', 55 ; 'Coffadwriaeth i Lord Roberts', 54, 74 ; 'Cwyn Coll', 156 ; 'Cymru', 154, 158, 159 ; 'Daeth Gaeaf yn Ol', 53 ; 'Y Dewin', 154, 156, 157 ; 'Disgwyl', 155, 156 ; 'Duw Mudan', 14, 81-84 *passim* ; 'Dwfr', 185 ; 'Y Ddau Angerdd', 76, 81 ; 'Y Ddeuoliaeth', 158 ; 'Y Fam a'i Baban', 53 ; 'Felysed cofio'r dyddiau gynt', 31 ; 'Y Gof', 21, 26, 42 ; 'Y Gusan Hwyr', 85 ; 'Y Gweithiwr', 73; 'Y Gwerinwr', 60-61 ; 'Gwrando'r Gwcw', 84 ; 'Gwyn eu Byd y rhai a Erlidir o Achos Cyfiawnder', 33, 57 ; 'Heddwch' 55, 58 ; 'Hiraeth' (pryddest fuddugol yn Eisteddfod Had y Cymry, Penbedw, 1920), 62, 84 ; 'Hunanaberth', 58 ; 'Hydref, 1943', 154, 157 ; 'I Gofio Isander', 157 ; 'I Hen Gariad, 76, 84, 85 ; 'Jac a Joe', 42 ; 'Y Llynges Brydeinig', 55, 56, 74 ; 'Min yr Afon', 155 ; 'Mi'th gofiaf di yn dechreu cwrdd a'r delyn', 51 ; 'Y Nefoedd', 39 ; 'Y Newid', 156-158 *passim* ; 'Noson Gartref', 155 ; 'Y Pechadur', 78, 83, 84; 'Pen Dinas', 35, 55 ; 'Rwsia', 61 ; 'Y Seiat Grefyddol', 78 ; 'Strancio', 83 ; 'Y Tloty', 79-81, 84, 86, 89 ; 'Troi'r Gornel', 17, 39 ; 'Un ar Hugain', 83-84, 154, 157 ; 'Wedi'r Gawod', 85 ; 'Wyliedydd ! Pryd y Tyrr y

Wawr ?', 62 ; 'Ymadawodd y Milwr', 55 ; 'Ymarfer dy hun i Dduwioldeb', 55 ; 'Ymffrost', 154, 156 ; 'Ymgedwch yng Ngharaid Duw', 57, 77-78 ; 'Yn Angladd 'Nhad', 156.
Rhys, Eiddwen (merch), 15, 138.
Rhys Mary Prudence, (gwraig) 15, 137, 138, 159.

Samuel, David, 33.
Sandbrook, J. 139.
Sarnicol (Thomas Jacob Thomas), 57, 160.
Sbaen, 134.
Sieina, 134.
Silyn (Robert Silyn Roberts), 78, 81.
Siôn Llwyd (ffugenw), 67.
Siop Lyfrau'r 'Ddraig Goch', 147.
Sioronwy (Evan George Jones), 52.
Smith, W. H., 112, 178.
South Wales News, 104, 106, 107, 124.
Straeon Hen Ferch, 150.
Suntur a Chlai, gweler *Traed Mewn Cyffion.*
Swyddffynnon, 61.

Tegla, gweler Davies, E. Tegla.
Telynog (Thomas Evans), 37.
Thomas, Dr., 37.
Thomas, Ben Bowen, 112, 177.
Thomas, John, gweler Eifionydd.
Thomas, Stafford, 19.
Thomas, Thomas Jacob, gweler Sarnicol.
Times, The, 168, 169.
Tom Nefyn (Tom Nefyn Williams), 18.
Traed Mewn Cyffion, 149.
Trawsgoed, 40.
Tredwell, Mark John, 23.
Trefenter, 13, 21-23 *passim*, 26, 29, 31, 36, 39-50 *passim*, 54, 60, 90, 185.
Tregaron, 36, 45, 85.
Treorci, 136, 147.
Triael, Y, 41, 49, 51.
Troi a Throsi, 144-145.
Twtil, 71.
Tyddewi, Esgob, gweler Owen, John.
Tyst, Y, 86.

Ulysses, 88, 112.
Undeb o Gymdeithasau Cymreig, 124-125.
Union of Democratic Control, 56.
Un arall o Aberystwyth (ffugenw), 58-59.
Un o Aberystwyth (ffugenw E. Prosser Rhys), 58-60.
Urdd Gobaith Cymru, 127.

Valentine, Lewis, 18, 133.
Vendryes, J., 59.

Watkin Morgan, 123.
Watson, Mrs., 71.
Welsh Gazette, The, 31, 51, 63-66.
Welsh Graduate (ffugenw), 149.
Western Mail, The, 91, 92, 105, 108, 122-124 *passim*, 139, 171.
Whitman, Walt, 51.
Wil Bryan (ffugenw), 101.
Wilde, Oscar, 102.
Wil Ifan (William Evans), 62, 140.
Williams, D. J., (Abergwaun), 18, 115, 124-126, 133, 150, 159, 178.
Williams, D. J., (Llandderfel), 146, 159.
Williams, David Rhys, gweler Index.
Williams, Dewi, 142.
Williams, Eliseus, gweler Eifion Wyn
Williams, G. J., 142, 177, 181-182.
Williams, Hugh, gweler Cadfan.
Williams, Ifor, 61, 71, 123.
Williams, J. Lloyd, 122.
Williams, John, 29, 31.

Williams, John Iorwerth, 112.
Williams, John Owen, gw. Pedrog.
Williams, Llew G., 102.
Williams, Morris T., 14, 17, 71-73 passim, 79, 88, 108, 112, 135, 136, 148, 149, 160-164, 165, 174, 176.
Williams, R. Bryn, 17, 176, 181.
Williams, Richard Hughes (Dic Tryfan), 184.
Williams, Roger, gweler Isander.
Williams, Rhys, gw. Manod Wyllt.
Williams, Tom, gweler Haminiog.
Williams, Tom Nefyn, gweler Tom Nefyn.
Williams, W. G., 68-69, 73.
Williams, W. S. Gwynn, 122.
Williams, Wil, 180.
Williams, William, gw. Pantycelyn.
Williams, William, gw. Caledfryn.
Williams, William, gweler Wil *Y Cymro*
Williams, William Crwys, gweler Crwys.
Wil *Y Cymro* (William Williams), 178.
Winstanley, Lilian, 61.
Wrecsam, 81, 114.
Wyddgrug, Yr, 121-123, 126.
Wynne-Parry, Mr., 68.

Y Byd Ddoe a Heddiw, 180.
Y Dwymyn, 149.
Y Gwyliwr (ffugenw), 183.
Y Gymraeg mewn Addysg a Bywyd, 118, 145-146.
'Y Llen Lliain', 79-81.
Y Llew (ffugenw), 59-60.
Y Mynach a'r Sant, 147, 148.
Y Pum Tant (ffugenw E. Prosser Rhys), 62.
'Yr Ystafell Len', 74.
Ysbyty Aberystwyth, 182-184.
Ysgol Cofadail, 13, 23, 28, 29-32, 77, 79.
Ysgol Fomio Penyberth, 133, 158, 171, 172.
Ysgol Gwasanaeth Cymdeithasol, 122.
Ysgol Sir Aberystwyth, 22, 23-35, 37, 44, 47, 55, 67, 77.
Ysgrifau Dydd Mercher, 173, 182.
Ystwythian, The, 23-24, 29, 30, 34, 67.